Ernest Mandel
Oktober 1917 -- Staatstreich oder soziale Revolution

Ernest Mandel

Oktober 1917

Staatsstreich oder soziale Revolution

Zur Verteidigung der Oktoberrevolution

mit einer Einleitung von François Vercammen

ISP * Köln

Titel der Originalausgabe: *Octobre 1917: Coup d' État ou révolution sociale.* La légitimité de la révolution russe, Montreuil-sous-Bois 1992, Cahier d'Étude et de Recherche Nr. 17/18
Herausgegeben vom Institut International de Recherche et de Formation, Amsterdam
Aus dem Französischen übersetzt von Johnny Granzow unter Mitarbeit von Rudolf Segall
Lektorat und Bearbeitung der deutschen Ausgabe: Wilfried Dubois
Titelbild: Revolutionärer Propagandazug während des Bürgerkrieges

Die Deutsche Bibliothek - CIP Einheitsaufnahme
Mandel, Ernest:
Oktober 1917 : Staatsstreich oder soziale Revolution ; zur Verteidigung der Oktoberrevolution / Ernest Mandel. Mit einer Einl. von François Vercammen. [Aus dem Franz. von Johnny Granzow unter Mitarb. von Rudolf Segall]. - 1. Aufl. - Köln : ISP, 1992
Einheitssacht.: Octobre 1917 <dt.>
ISBN 3-929008-36-X

ISP

Neuer ISP Verlag GmbH, Aquinostr. 7-11, D-5000 Köln 1
1. Auflage, Oktober 1992

Satz: Neuer ISP Verlag GmbH
Druck- und Bindearbeiten: GAM MEDIA, Berlin

1 2 3 4 5 - 96 95 94 93 92

INHALTSVERZEICHNIS

Vorbemerkung 7

Einleitung

François Vercammen: Die Etappen der Revolution von 1917 9

Kapitel 1

Oktober 1917: - Staatsstreich oder soziale Revolution? 19

Kapitel 2

Die Grundfragen der Revolution - auf internationaler Ebene 32

Kapitel 3

Die Grundfragen der Revolution - auf nationaler Ebene 49

Kapitel 4

Die Grundfragen der Revolution - politisch gesehen 59

Kapitel 5

Der Kurs der Bolschewiki - eine kritische Analyse 71

Kapitel 6

Lenins Organisationsverständnis 85

Kapitel 7

Die Grundfragen der Revolution - unter strategischem Gesichtspunkt 103

Kapitel 8

Zum Schluß 121

Anhang

Alix Holt, Jacqueline Heinen: Oktober 1917 und Frauenbewegung 129

Zeittafel 132

Literaturverzeichnis 134

Personenregister mit Kurzbiographien 148

Abkürzungsverzeichnis 165

Glossar 165

Über den Autor 166

VORBEMERKUNG

Wir veröffentlichen hier aus Anlaß des 75. Jahrestags der russischen Oktoberrevolution einen kritischen und polemischen Essay.

Obwohl es oft nicht mehr "Mode" ist, sich positiv auf die russische Revolution zu beziehen, bleibt sie von großer Bedeutung für die Geschichte des 20. Jahrhunderts und für sozialistische Politik heute. Wer die heutige Welt verstehen will, wer nach dem Ende des Stalinismus am Sozialismus oder Kommunismus festhalten will, wer in Anbetracht der Verheerungen des "real existierenden Kapitalismus" das Projekt der revolutionären Veränderung der Welt weiter für notwendig hält, muß sich mit der russischen Revolution beschäftigen und ihre Probleme analysieren.

Es ist ein polemischer Essay, denn gegen diese Revolution richtet sich heute eine wahre ideologische Verleumdungskampagne. Die Sowjetrepublik wird mit dem Stalinismus, mit einer bürokratischen Diktatur gleichgesetzt. Daher muß Ernest Mandel auf die ganz elementare (und somit wesentliche) Frage zurückkommen: War der Oktober 1917 ein totalitärer Staatsstreich? Oder eine befreiende Erhebung der Gesellschaft?

Es ist ein kritischer Essay, denn es gibt nichts Armseligeres als eine apologetische Geschichtsbetrachtung, und sei es auch der Revolutionsgeschichte. Der Autor unterstreicht nachdrücklich, daß die russische Revolution zutiefst berechtigt war, und er verteidigt die generelle Linie der Politik der bolschewistischen Partei; zugleich ist er bemüht, die hauptsächlichen Fehler der kommunistischen Partei (vor allem in den Jahren 1917 bis 1921) zu benennen.

Ernest Mandel leistet damit einen wichtigen Beitrag zur Diskussion über die Lehren, die es aus der Geschichte der russischen revolutionären Bewegung und des Bolschewismus zu ziehen gilt.

* * *

Die Herausgeber der französischsprachigen Originalausgabe, Penny Duggan und Pierre Rousset, haben den ursprünglichen Text leicht bearbeitet. Sie haben unter anderem die Zwischentitel eingefügt und einige Anmerkungen angebracht. Sie haben ferner François Vercammen gebeten, eine kurze historische Einleitung zu verfassen. Sie ist an sich schon von Interesse, dürfte aber besonders für diejenigen Leserinnen und Leser von Nutzen sein, die wenig über die Ereignisse der damaligen Zeit wissen.

* * *

Nach dem Erscheinen der französischen Ausgabe hat der Autor einige Korrekturen und Ergänzungen angebracht. Vom Bearbeiter der deutschen Ausgabe sind an einigen Stellen Einzelheiten ergänzt worden; außerdem wurden einige Nachweise und Literaturhinweise hinzugefügt.

Wenig bekannte Fremdwörter (wie parametrisch, Substitutionismus, virtuell) werden im Glossar im Anhang erläutert.

Bereits die Originalfassung enthält an einer Reihe von Stellen die männliche und die weibliche Wortform; im Sinne eines nichtsexistischen Sprachgebrauchs wurden bei der Bearbeitung der Übersetzung da, wo es angemessen erschien, die weiblichen Bezeichnungen hinzugesetzt.

Die russischen Namen und Bezeichnungen werden nach der (in der DDR häufig verwendeten) Umschrift nach Steinitz wiedergegeben (Ausnahme: beispielsweise Trotzki). Alle Daten vor der Einführung des gregorianischen Kalenders in Sowjetrußland (1. Februar 1918) sind nach dem seinerzeit gebräuchlichen julianischen Kalender (im 20. Jahrhundert 13 Tage hinter dem Kalender "neuen Stils") angegeben.

der Verlag

EINLEITUNG

Die Etappen der Revolution von 1917

Im Februar 1917, mitten im Krieg, wird das autokratische russische Regime des Zaren durch Massenkundgebungen gestürzt. Acht Monate später, im Oktober, erobert die Arbeiterklasse, gestützt auf die Mobilisierung des Volks im ganzen Land, die politische Macht und beginnt den Aufbau einer neuen, einer sozialistischen Gesellschaft. Das 20. Jahrhundert nimmt einen anderen Verlauf.

Es war so gekommen, wie manche vorhergesehen und andere befürchtet hatten: Der Weltkrieg von 1914 brachte eine Revolution hervor.

Die russische Revolution von 1917 ist ein zugespitztes Moment einer dauerhaften Krise, von der die russische Gesellschaft seit der Mitte des 19. Jahrhunderts an geschüttelt wird. Rußland ist in Europa eine militärische Großmacht (aber auch in Asien von einiger Bedeutung), doch die Gesellschaft wird durch ihre Rückständigkeit blockiert, während weiter westlich die kapitalistische Produktionsweise Triumphe feiert. Von den Spitzen des zaristischen Staates her ist durchaus versucht worden, Reformen einzuführen: Agrarreform, Demokratisierung des Verwaltungsapparates, Modernisierung des Schulwesens, Sozialgesetzgebung, Anerkennung des Organisationsrechts der Arbeiter, Industrialisierung "von oben", kulturelle Autonomie für die Nationalitäten des Reiches usw. Jeder Reformversuch aber bleibt zögerlich und bruchstückhaft, und ihm folgt stets eine Gegenreform, die um so brutaler ist, als es um die Wiedergewinnung der Kontrolle über die sozialen und politischen Kräfte geht, die zeitweilig "freigesetzt" worden sind.

"Zu wenig und zu spät": 1905 bricht die Krise zum ersten Mal in ihrem ganzen Umfang aus. Diese Revolution scheitert, damit ist die Angelegenheit aber nur aufgeschoben. 1914 stoppt der Ausbruch des Krieges eine neue Welle revolutionärer Streiks. Drei Jahre später nimmt die Geschichte ihre Revanche: Der Weltkonflikt ist ein mächtiger Katalysator all der Übel,

Frustrationen und Bestrebungen geworden, die sich im Laufe der Jahre angesammelt haben.

Es herrscht eine Wirtschaftskrise: dem Regime gelingt es nicht mehr, seine Bevölkerung zu ernähren. Eine politisch-institutionelle Krise: der despotische Staat verliert jede Legitimität. Eine Agrarkrise: der Landhunger der Bauernschaft wird durch die alltägliche allgemeine Not verstärkt. Eine Nationalitätenkrise: die Nationalitäten ersticken immer mehr unter der zwangsweisen Russifizierung.

Das unerträglich gewordene Elend des Winters 1916/1917 führt im Februar zum Ausbruch der Revolution. Die Frauen - Arbeiterinnen und Hausfrauen - legen am "internationalen Frauentag" das Feuer an die Lunte eines Pulverfasses. Von der Textilindustrie breitet sich der Streik rasch und spontan auf das gesamte Proletariat von Petrograd, der damaligen Hauptstadt, aus. Mit dem Übergehen der Garnison auf die Seite der Revolution verwandelt sich der Massenstreik innerhalb weniger Tage in einen Aufstand. Zu dem Ruf nach "Brot" kommen schnell die Rufe "Frieden sofort" und "Nieder mit dem Zaren" hinzu. Im Gefolge des Aufstands vollbringen die Arbeiter wahre Wunderwerke an Selbstorganisation: Bildung der Sowjets (Räte) in den Fabriken, den Vierteln und auf Stadtebene sowie einer Roten Garde (einer revolutionären Miliz). An der Front wählen die Soldaten ihre Komitees und ... ihre Offiziere! Später, im Sommer 1917, kommt dann die Bauernschaft in Bewegung, womit dem Regime jede soziale Basis entzogen ist.

Zwischen Ende Februar und Ende Oktober 1917 erlebt Rußland eine besondere revolutionäre Situation: die Doppelherrschaft. Die Arbeiterklasse erweist sich im Februar zwar entschlossen genug, um das Zarenregime zu verjagen, sie ist jedoch nicht sofort bereit, die "ganze" Macht zu erobern. Sie überzieht aber die Fabriken und die Städte mit einem dichten Netz von Räten, das sich sehr schnell auf die Armee und schließlich auf das flache Land ausdehnt. Diese immer zahlreicheren und immer besser zentralisierten Sowjets, die eine regelrechte Gegenmacht darstellen, drohen die Bourgeoisie jederzeit zu stürzen.

Von diesen Sowjetstrukturen spielen zwei eine entscheidende Rolle: die auf territorialer Basis gewählten, die sofort eine politische Macht "in der Gesellschaft" ausüben, und die Fabrikräte, die die mächtige Dynamik verkörpern, die in der Arbeiterklasse wirksam ist.

Diese Räte, die aufgrund der drängenden Nöte der Massen entstanden sind, spiegeln auch ihren Bewußtseinsstand und ihre politischen Vorurteile wider. Damit die Aufgabe der Machtübernahme eindeutig gestellt wird, muß eine revolutionäre Partei sie in die Debatte bringen, sie zu einem vordringlichen Ziel werden lassen. Die Organisation, die dazu in der Lage ist, ist die bolschewistische Partei. Aber sie bleibt unter den Lohnarbeiterinnen und -arbeitern und in den Räten bis September 1917 in der Minderheit. So ist die Geschichte der Doppelherrschaft auch die Geschichte des Kampfes zwischen den verschiedenen politischen Parteien der Arbeiter- und Volksbewegung um die Lösung des "gordischen" Knotens des revolutionären Prozesses: für oder gegen die Machtübernahme durch die Räte.

Zunächst beherrschen die verschiedenen reformistischen Strömungen (Menschewiki, Sozial-Revolutionäre, Trudowiki) die Selbstorganisationsstrukturen. Sie führen die Sowjets und sind sehr schnell (ab Mai 1917) auch Teil der (bürgerlichen) Provisorischen Regierung. Sie versuchen, durch eine Politik der Klassenzusammenarbeit den Ansturm des Volks einzudämmen. Die Entwicklung der Lage innerhalb der Räte in der Zeit der Doppelherrschaft ist fortan eng mit dem Verlauf eines sich verschärfenden Klassenkampfes verbunden.

Anfang April 1917 kommen 480 Delegierte aus der Hauptstadt, 138 von Räten aus anderen Orten und 46 von der Armee zum ersten Sowjetkongreß zusammen, der sich "gesamtrussisch" nennt, in Wirklichkeit aber fast ausschließlich Petrograd repräsentiert. Er gewährt der bürgerlich-liberalen Regierung des Prinzen Lwow seine Unterstützung - während er gleichzeitig fordert, eine Kontrolle über sie ausüben zu können! Er befürwortet die Fortsetzung der militärischen Anstrengungen - und ruft gleichzeitig zur Ausdehnung der Rätebewegung auf das ganze Land auf.

Ende April versucht die Regierung, ihrer Kriegspolitik einen neuen Schwung zu verleihen, und ruft dadurch große Kundgebungen und eine hartnäckige Streikbewegung für wirtschaftliche Sofortforderungen hervor. Das Pendel schlägt nach links aus. Auf dem (ersten) Kongreß der Petrograder Fabrikkomitees erhalten die Bolschewiki aufgrund ihrer Unterstützung der Losungen "Achtstundentag ohne Vorbedingungen" und "Arbeiterkontrolle" bereits die Mehrheit (421 gegen 335 Stimmen). An der Spitze des Staates und auf der Ebene der nationalen Sowjetstrukturen führt dieser Linksruck paradoxerweise zunächst jedoch zu einer Stärkung der reformistischen Positionen (der Menschewiki, der Sozial-Revolutionäre) auf Kosten der Liberalen und infolgedessen zu ihrem Eintritt in eine "über den Klassen" stehende Regierungskoalition, in der sie von da an die führenden Kräfte sind.

Anfang Juni tritt der erste wirkliche Kongreß der Arbeiter- und Soldatendeputierten zusammen. Seine 1090 gewählten Delegierten (von denen 822 ein ordentliches Mandat und Stimmrecht besitzen) vertreten rund 20 Millionen Menschen. Da er auf der Grundlage des allgemeinen Wahlrechts gewählt worden ist, stellt er die demokratischste und repräsentativste

Körperschaft dar, die der russische Staat je gekannt hat. Drei Wochen lang (vom 3. bis 30. Juni) behandelt er auf der Grundlage eines vollständigen politischen Pluralismus alle lebenswichtigen Fragen der Bevölkerung. Ihm gehören 283 Sozial-Revolutionäre, 248 Menschewiki, 105 Bolschewiki, 73 Parteilose an, die übrigen zu verschiedenen sozialistischen Minderheitsgruppen. Sein Exekutivkomitee, das tatsächlich einer "Gegenregierung" entspricht, umfaßt 104 Menschewiki, 100 Sozial-Revolutionäre, 35 Bolschewiki, 18 Sozialisten anderer Strömungen. Es schließt sich wenig später mit dem Exekutivkomitee des Allrussischen Bauernkongresses zusammen, der getrennt stattgefunden hat und in dem die Sozial-Revolutionäre das absolute Monopol besitzen.

Die Koalitionsregierung, die anfangs sehr populär ist, verliert rasch an Ansehen. Dieselben Ursachen rufen wieder dieselben Wirkungen hervor - nun allerdings angereichert mit einem erwachenden Klassenbewußtsein: einmal mehr greifen die Volksmassen mit ihren eigenen Kampfmitteln direkt in das politische Geschehen ein. Unter dem Druck von unten willigt das Exekutivkomitee mit seiner reformistischen Führung in eine Kundgebung ein - mit der Absicht, politischen Einfluß zurückzugewinnen. Am 18. Juni dominieren in dieser Kundgebung (welche noch von den Reformisten geführt wird) in Petrograd jedoch die bolschewistischen Losungen, und zwar bei weitem - vor allem die Parole "Alle Macht den Sowjets".

Das neue Kräfteverhältnis erfährt während der "Julitage" seinen Test. Die Demonstration vom 18. Juni hat einen Anlauf bedeutet. Das Proletariat der Hauptstadt wertet diesen ersten Sieg als Beginn der Endoffensive. Es überrundet auch die bolschewistische Partei und versucht die Regierung zu stürzen. Jedoch hat sich diese Massenvorhut in bezug auf die Lage getäuscht. Sie hat sich zu weit vorgewagt. Infolgedessen schlägt das Pendel Anfang Juli schroff - und sehr weit - nach rechts aus. Die Bourgeoisie will Nutzen daraus ziehen, um das revolutionäre Feuer zu ersticken. Der Mann der Stunde heißt Kerenski.

Er wird Ministerpräsident und geht gegen die bolschewistische Partei und die anderen revolutionären Organisationen hart vor. Er versucht, den Zusammenhalt der Armee wiederherzustellen. Er führt die Todesstrafe wieder ein, löst die aufständischen Regimenter auf und ernennt den General Kornilow zum Chef des Generalstabs. Er beruft sich zwar auf die "Legalität" und die höchsten Organe der Arbeiterräte, versucht aber zugleich, ihre subversive Dynamik zu brechen. Das (reformistische) Exekutivkomitee der Sowjets arbeitet an dieser Politik aktiv mit und trägt so dazu bei, den Sowjets den revolutionären Charakter zu nehmen. Sie beginnen sich in den Augen der Arbeitervorhut zu diskreditieren.

Kerenski eröffnet damit einen allgemeinen Angriff auf die Errungenschaften, die die Massen seit Februar durchgesetzt hatten. Obendrein verschiebt er die Verwirklichung der Forderungen des Volks - die als berechtigt anerkannt wurden ... und deren Erfüllung wieder und wieder aufgeschoben wurde - auf den Sankt-Nimmerleins-Tag. Die Doppelherrschaft verblaßt immer mehr, sie verschwindet jedoch nicht völlig. Die bolschewistische Partei steckt in ernstlichen Schwierigkeiten, behält aber ihre Mehrheit in der Arbeiterklasse (wie die Gemeindewahlen zeigen, die sie Ende August gewinnt).

"Höheren Ortes" glauben manche, es habe die Stunde der radikalen Konterrevolution - des militärischen Staatsstreiches - geschlagen. Ende Juli 1917 versucht Kornilow sein Glück und entmachtet Kerenski (unwillkürlich denkt man an Allende und Pinochet in Chile im September 1973 oder an Ebert-Noske und Kapp in Deutschland im März 1920). Seine "Armee", die die Hauptstadt angreift, wird innerhalb von drei Tagen in die Flucht geschlagen. Die Petrograder Sowjets haben sich an die Spitze des Widerstandes gestellt. Sie werden so wiederum zum Zentrum der Arbeitergegenmacht.

Anfang September schlägt das Pendel ebenso weit nach links aus wie Anfang Juli nach rechts. In den Räten geht die Mehrheit an die bolschewistische Partei, zuerst in Petrograd und Moskau. Lenin, der sich noch in der Illegalität in Finnland befindet, setzt die Übernahme der Macht und den Aufstand auf die Tagesordnung. Er wirft die Frage auf: Wann? Wie? Die Partei hat von April bis September gelernt, mit der Methode der *Arbeiterdemokratie* um die Mehrheit in den Räten zu kämpfen. Nunmehr macht die *revolutionäre Initiative* die Organe dieser Demokratie zum neuen Staatsapparat.

An diesem Wendepunkt macht die Führung der bolschewistischen Partei eine ernste innere Krise durch, bevor sich eine klare Linie durchsetzt. Eine "rechte" Strömung, die von Sinowjew und Kamenjew geführt wird und zunächst im Zentralkomitee die Mehrheit besitzt, zögert, schiebt dieEntscheidung hinaus und will zurückstecken. Zwischen Lenin und Trotzki, die beide für die unmittelbare Vorbereitung des Aufstandes eintreten, kommt es zu einer zeitweise scharfen Kontroverse über die konkrete Taktik, die es zu verfolgen gilt. Schließlich setzt sich am 10. Oktober im Zentralkomitee die Parteilinke durch.

Für das Monatsende ist der Gesamtrusssiche Kongreß der Arbeiter-, Soldaten- und Bauernräte einberufen. Gleichzeitig reagiert das Revolutionäre Militärkomitee - ein Organ des Petrograder Sowjets mit Trotzki an der Spitze -, auf eine Provokation des Befehlshabers des Militärkreises Petrograd Pokolnikow (der die dortige Garnison, die ganz und gar für

Revolution gewonnen ist, aufsplittern will). So beginnt der Aufstand mit einer Maßnahme zur Selbstverteidigung. Innerhalb weniger Stunden ist der bürgerliche Unterdrückungsapparat in Petrograd zerschlagen. Die politische Macht ist zum Greifen nah. Es ist Sache des Gesamtrussischen Rätekongresses, die endgültige Entscheidung zu treffen. Seine politische Zusammensetzung unterscheidet sich deutlich von der im Juni 1917. Von den 650 Delegierten gehören noch nicht einmal 100 zum reformistischen Block (rechte Menschewiki und Sozial-Revolutionäre). Die Bolschewiki verfügen mit etwa 390 Delegierten über eine absolute Mehrheit. Ihnen schließen sich die linken Menschewiki und die Linken Sozial-Revolutionäre an. Die reformistische Minderheit verläßt den Kongreß und kippt auf die Seite der Konterrevolution.

Ein neues Exekutivkomitee der Räte - das gesetzgebende Zentrum der neuen Sowjetmacht - wird auf pluralistischer Grundlage gewählt: 67 Bolschewiki, 29 linke Sozial-Revolutionäre und 20 Sitze für verschiedene andere revolutionäre Gruppen. Dieses Exekutivkomitee wählt seinerseits die erste Regierung des neuen Arbeiterstaates. Lenin verkündet: *"In Rußland müssen wir jetzt den Aufbau des proletarischen sozialistischen Staates in Angriff nehmen."*

Ein fröhlicher und schmerzloser Beginn der Revolution! Sie wird aber noch durch die fürchterlichen Prüfungen des Bürgerkrieges in den Jahren 1918 bis 1920 gehen müssen, bevor sie sich festigen wird ...

Die demokratische Selbstorganisation der Volksmassen ist ein grundlegender und beispielhafter Aspekt der russischen Revolution. Aber sie alleine löst noch nicht die Frage, welche Politik diese "Gegenmacht" tatsächlich verfolgt. Die Selbstorganisation schließt mehrere Parteien mit ihren jeweiligen Programmen, Taktiken, Aktivitäten usw. ein. In der russischen Revolution ist die Dialektik zwischen den Parteien und den territorialen Räten entscheidend gewesen (da die Gewerkschaftsbewegung ihrerseits nur schwach entwickelt war und die Bewegung der Fabrikkomitees eine untergeordnete, wenngleich wichtige Rolle spielte).

Parteien haben sich sehr spät und auf recht eigentümliche Art gebildet (was aufgrund der damaligen russischen Gesellschaftsformation zu erklären ist: ein Staat, der zugleich despotisch, paternalistisch und totalitär ist und der die "Zivilgesellschaft" zermalmt, erstickt oder absorbiert).

Die Kadetten: 1917 stellen die Kadetten ("Konstitutionelle Demokraten", KD) neben den verschiedenen, zu Randerscheinungen gewordenen monarchistischen Gruppen die wichtigste Partei der herrschenden Klassen dar. Sie bilden die erste Provisorische Regierung, die aus der Februarrevolution 1917 hervorgeht. Ihr wichtigster Führer war der Professor, Historiker und "Ideologe" Miljukow.

Die Trudowiki: 1917 ist Kerenski der Führer der Volkssozialisten oder Trudowiki (von *trud* - Arbeit). Diese zahlenmäßig inzwischen sehr klein gewordene Partei hatte ihren Höhepunkt in den Scheinparlamenten der Jahre 1906 bis 1914 erlebt. Sie verkörperte dort die Bauernmasse, die nach 1905 ins politische Leben trat. Diese Partei vereinte politische Persönlichkeiten, die sich auf die Hoffnungen und Sorgen des konservativen Kleinbürgertums in der Provinz und auf dem Lande stützten. Kerenski selbst wurde zu dem Mann, auf den die Großbourgeoisie bauen konnte.

Die Parteien der II. Internationale: drei Parteien, die alle drei Mitglieder der II. Internationale waren, kämpfen miteinander um den Einfluß unter den Arbeiter- und Bauernmassen: die Menschewiki, die Bolschewiki und die Sozialrevolutionäre. Alle bekennen sich zum Sozialismus bzw. zum Marxismus und zur Revolution. Mit Ausnahme von kleinen Minderheiten hatten sie 1914 alle den imperialistischen Krieg abgelehnt. Der politische Klärungsprozeß war also schwierig. Er mußte sich über den Test der Erfahrungen in den acht Monaten der Doppelherrschaft vollziehen. Hier sind die Ereignisse des Sommers 1917 entscheidend: Spaltungen in eine Linke und eine Rechte bei den Sozial-Revolutionären und den Menschewiki, revolutionärer Zusammenschluß in der bolschewistischen Partei. Das schloß aber das Weiterbestehen einer gewissen politischen und organisatorischen Verworrenheit an der Basis und in der Provinz - innerhalb jeder dieser Parteien, aber auch zwischen ihnen - nicht aus.

Sozial-revolutionäre Partei: Sie wurde 1902 offiziell gegründet und stützt sie sich auf eine lange revolutionäre Tradition, die bis zur Mitte des 19. Jahrhunderts zurückreicht. Für die SDAPR (Sozialdemokratische Arbeiterpartei Rußlands) ist sie ein gefährlicher politischer Gegner. In der Bauernbewegung verfügt sie über eine absolute Hegemonie, aber auch in den städtischen Großbetrieben besitzt sie einen bedeutenden Einfluß. Sie ist wenig strukturiert und politisch konfus; zwischen Februar und August 1917 verschafft sie der Regierung der Klassenzusammenarbeit die unerläßliche soziale Basis - einer Regierung, deren politischen Kopf die Menschewiki abgeben. Im Sommer 1917 kommt es zur Spaltung in einen revolutionären linken Flügel (Spiridonowa, Kamkow), der den bolschewistischen Auffassungen nahesteht, und in einen reformistischen rechten Flügel (Tschernow, Gotz), der eng mit den Menschewiki zusammenarbeitet. Ende 1917 übertrifft der Einfluß der Linken Sozial-Revolutionäre den der rechten bei weitem.

Die Menschewiki: Sie bilden seit 1903 den "rechts-revolutionären" Flügel der SDAPR. Erst bei den entscheidenden Ereignissen im Jahr 1917 geht die Mehrheit (Dan, Lieber, Zeretelli) unwiderruflich zur Klassenzusammenarbeit über. Dies geschieht um den Preis einer linken Abspaltung unter Führung von Martow und Martynow. Diese sind echte "Zentristen"; sie lehnen den Krieg ab, unterstützen die Räte und sind 1917 für die sozialistische Revolution. Aber sie zögern und schwanken bei dem Schlüsselproblem der Revolution: der Übernahme und der Ausübung der Macht.

Die Bolschewiki: aus einer Fraktion, bis 1912 innerhalb der SDAPR, werden die Bolschewiki 1913/1914 zur entscheidenden revolutionären Partei, die in den Städten die Arbeiterkader für sich gewinnen und in Petrograd einen Generalstreik anführt. Die Festigung, Verwurzelung und Vergrößerung der Partei gelingt nur um den Preis harter innerer Kämpfe und Auseinandersetzungen: 1914 - Ausscheiden der chauvinistischen Rechten; März/April 1917 - Herausbildung eines neuen opportunistischen Flügels (Stalin, Kamenjew, Sinowjew), der die Mehrheit hat, der bereit ist, die liberale Regierung zu unterstützen und der Fortsetzung des Krieges zuzustimmen, der sich Lenins radikalen Thesen widersetzt; im Juli - Kampf gegen eine ultralinke Strömung, die versucht ist, die Macht sofort übernehmen zu wollen; Kampf gegen das Sektierertum eines Teils der alten Parteikader, die dem Zusammenschluß mit anderen Strömungen (darunter der von Trotzki) zurückhaltend gegenüberstehen; im August - Debatte über die revolutionäre Initiative und die Fabrikkomitees als Grundlage der Arbeiterdemokratie (anstatt der territorialen Räte); schließlich im Oktober - Debatte mit der Parteirechten um den Aufstand, eine Auseinandersetzung, die in den folgenden Jahren mehrmals wieder aufflammen sollte. Im Oktober jedoch ist es eine Massenpartei, die den Kampf um die Macht aufnimmt - eine Partei, die von den Volksmassen anerkannt und unterstützt wird.

Die Meshrayonzy: Trotzki ist 1903/1904 Mitglied der menschewistischen Fraktion gewesen, tritt dann für die Einheit aller Sozialdemokraten ein und vertrat seine eigene Konzeption der Revolution, organisierte im August 1912 einen Block mit den Menschewiki gegen Lenin. Anfang 1914 begannt er eine Zusammenarbeit mit der Petersburger fraktionslosen Gruppe Meshrayonka, im Juli 1917 schließt er sich mit den Meshrayonzy (wörtlich: "die zwischen den Rayons [Distrikten, Bezirken] Stehenden) der bolschewistischen Partei an. Diese revolutionär-marxistische Gruppe war in Petrograd aktiv und einflußreich, stellte aber eine kleine Minderheit dar: 1915 hatte sie 60 bis 80 Mitglieder, 150 unmittelbar vor der Februarrevolution, 300 im April (gegenüber 16 000 Bolschewiki, die es zu dieser Zeit in Petrograd gab), 4.000 im Juli, während die bolschewistische Partei im ganzen Land 180 000 Mitglieder hatte.

Die Minderheitsströmungen: Neben den Meshrayonzy gab es noch mehrere andere revolutionäre Strömungen und Gruppen, die im gesamten Land eine Randerscheinung waren, aber mitunter in einer Stadt, einem Betrieb, einem Sektor von Bedeutung waren. Zu ihnen zählen die Anarchisten, die revolutionären Syndikalisten, die "Maximalisten" (eine ultralinke Abspaltung von den Sozial-Revolutionären), die Menschewiki-Internationalisten (Martow, Martynow), die Vereinigten Sozialdemokraten - Internationalisten (klein, aber einflußreich wegen Maxim Gorkis Zeitung *Nowaja Shisn,* Neues Leben).

Der Sieg im Oktober 1917 hat eine mächtige internationale Schubkraft. Der Aufruf zur sofortigen Beendigung der Kriegsschlächterei und zur Bestrafung der Verantwortlichen - der herrschenden Klassen Europas - weckt in den Schützengräben Hoffnung und in den Betrieben Kampfbereitschaft. Im November 1918 unterzeichnen die Regierungen einen Waffenstillstand. Aber mehrere Länder werden bereits von der revolutionären Krise erschüttert, in erster Linie das kaiserliche Deutschland. Zusammen mit dem russischen Zarismus ist der preußische Militarismus seit 1789 (der französischen Revolution) auf dem europäischen Kontinent das wichtigste Bollwerk gegen die Subversion. Das Land wird durch rasch aufeinanderfolgende Kämpfe destabilisiert. Zwischen 1918 und 1923 versucht das deutsche Proletariat "russisch zu reden". Es fehlt ihm aber eine revolutionäre Partei, die auf der Höhe seiner Kampfbereitschaft und seiner organisatorischen Tradition ist. Die revolutionäre Welle wird ein erstes Mal im Januar 1919 gebrochen. Sie ist mächtig und schlägt 1920 nochmals hoch, und dann 1921 und 1923.

Die mögliche Verbindung der UdSSR - eines weiträumigen Landes mit landwirtschaftlichen Reichtümern, das aber rückständig und voller Ungewißheiten ist - mit einem sozialistischen Deutschland, einer Industriemacht im Herzen Europas mit einem großen Proletariat, stellt für die europäische Reaktion eine tödliche Gefahr dar. Gegen diesen möglich werdenden "sozialistischen Block" bildet sich ein breites imperialistisches Bündnis. Es umfaßt die deutsche Armee (die zwar besiegt ist, aber noch furchterregend einschreiten kann), die russische Armee (in Auflösung begriffen, deren "weiße", d. h. konterrevolutionäre Generäle jedoch den Bürgerkrieg beginnen) und die französische, englische und US-amerikanische Armee - die "Sieger" des Krieges. Diese Koalition schickt ihre Interventionstruppen nach Sowjetrußland.

Auf politischer Ebene ist der Beitrag der Sozialdemokratie, die auf die Seite der bürgerlichen Ordnung übergelaufen ist, entscheidend gewesen. Sie bremst die Solidarität in der Arbeiterschaft, verleumdet die UdSSR und zerschlägt die sich entwickelnde revolutionäre Bewegung in Westeuropa.

Das einzige Ziel besteht darin, die sozialistische Revolution zu vernichten, die bürgerliche Ordnung wiederherzustellen. Die künftige UdSSR wird durch den Bürgerkrieg verwüstet. In Finnland, Deutschland, Österreich, Ungarn, Italien wird das Proletariat geschlagen. Manchmal geschieht das mit Hilfe privater bewaffneten Gruppen einer neuen Art: der "Freikorps" in Deutschland, der "fasci di combattimento" in Italien.

In den Sowjetrepubliken führen sechs Jahre ununterbrochenen Kriegs (von 1914 bis 1920) zu einem ökonomischen, sozialen, menschlichen Desaster. Der alleingelassene Arbeiterstaat hält stand, aber der Aufbau des Sozialismus beginnt unter entsetzlich schwierigen Bedingungen.

Der erste Zyklus der internationalen Revolution (1917-1923) geht zu Ende. Ein neuer Zyklus beginnt - die Stabilisierung des Kapitalismus im Weltmaßstab. In der UdSSR begünstigt die Lage die Herausbildung einer privilegierten Bürokratie, an deren Spitze der Generalsekretär der bolschewistischen Partei steht, Stalin. Lenin, der im Sterben liegt, führt in den Jahren 1921 bis 1923 seinen "letzten Kampf" gegen diese soziale Schicht. In Westeuropa richtet sich die Sozialdemokratie ("dieser stinkende Leichnam", wie Rosa Luxemburg sagte) wieder auf. In den meisten Ländern erobert sie die Führung der Arbeiterbewegung (zurück). In den zwanziger Jahren festigen sich die Massengewerkschaften dank der Reformen, die sie gegenüber einer Bourgeoisie durchsetzen, die vor der Revolution und den Massenkämpfen Angst hat.

Der gleichzeitige Sieg der Sozialdemokratie in Westeuropa und des Stalinismus in der UdSSR macht aber dem Faschismus (Italien, Deutschland, Spanien) den Weg frei. Das Scheitern der sozialistischen Revolutionen der Jahr 1918 bis 1923 hat einen hohen Preis zur Folge: den Zweiten Weltkrieg. Die Tragweite dieser Aufeinanderfolge von Niederlagen des Proletariats darf nicht unterschätzt werden. Sie ermöglicht es vor allem, die dauerhafte Schwächung der revolutionären Bewegung in den imperialistischen Zentren und den beherrschenden Einfluß, den der Reformismus in der Arbeiterbewegung dieser Länder besitzt, besser zu verstehen.

François Vercammen

KAPITEL 1

Oktober 1917: Staatsstreich oder soziale Revolution?

Gegenwärtig wird eine regelrechte Kampagne betrieben, um die Oktoberrevolution verächtlich zu machen. Diese Kampagne nimmt im Osten wie im Westen oft Züge des blanken Hasses an. Sie stützt sich auf geschichtliche Fälschungen und Mythen, die den Fälschungen und Mythen des Stalinismus in nichts nachstehen. Nicht nur unter wissenschaftlichen und politischen Gesichtspunkt ist es unerläßlich, dagegen anzukämpfen. Das ist auch ein Werk unabdingbarer intellektueller Redlichkeit. Der Kampf um die Wahrheit ist auch ein Kampf um ein Minimum von Anstand im öffentlichen Leben.

In diesem ersten Kapitel möchten wir auf drei dieser Mythen eingehen, die in den heutigen polemischen Veröffentlichungen am häufigsten anzutreffen sind.

Der Mythos vom Staatsstreich einer Minderheit

Die erste Mystifizierung hat mit dem ganzen Charakter der Oktoberrevolution zu tun. Sie sei nichts als ein diabolisch eingefädelter Staatsstreich gewesen, angeführt von einem Meister im Manövrieren, nämlich Lenin, und durchgeführt von einer kleinen Sekte von Berufsrevolutionären. Die Kommentare, die nach dem versuchten Staatsstreich vom 26. August 1991 zu vernehmen waren, sind in dieser Hinsicht sehr bezeichnend. Manch einer hat es fertiggebracht zu schreiben, ein zweiter (fehlgeschlagener) Putsch habe es 1991 ermöglicht, das zu beseitigen, was ein erster (gelungener) Putsch 1917 geschaffen habe.

Die Wahrheit sieht ganz anders aus. Die Oktoberrevolution ist der Kulminationspunkt einer der tiefgreifendsten Massenbewegungen gewesen, die es je gegeben hat. In Europa hatten zu dieser Zeit nur die Erhebung der deutschen Arbeiter und Arbeiterinnen 1920 als Reaktion auf den Kapp-Putsch und der katalanische Aufstand vom Juli 1936 angesichts der militär-faschistischen Machtübernahme der Franquisten einen vergleichbaren Umfang, der allerdings räumlich und zeitlich geringer war.

Die historischen Quellen lassen keinerlei Zweifel an der Repräsentativität der Bolschewiki im Oktober 1917 zu. Um sich hiervon zu überzeugen, ist es nicht notwendig, sich auf die Schriften von denen zu berufen, die Lenin nahestanden.[1] Der Umfang der Massenbewegung vor, während und nach der Oktoberrevolution ist jetzt gut erforscht.[2] Wir wollen uns hier damit begnügen, aus einigen der zahlreichen Zeugnisse zu zitieren, die von Gegnern des Bolschewismus stammen.

N. N. Suchanow war ein politischer Gegner der Bolschewiki; er gehörte zur Gruppierung der Menschewiki-Internationalisten. Dennoch unterstreicht er:

"(...) die Bolschewiken arbeiteten hartnäckig und ohne aufzuatmen. Sie waren mitten unter den Massen, an den Werkbänken, täglich, ununterbrochen. Dutzende großer und kleiner Redner traten jeden Tag, den Gott gab, in Petersburg in den Fabriken, in den Kasernen auf. Sie gehörten schon gewissermaßen zur Familie, weil sie immer da waren. Sie wurden zur einzigen Hoffnung, und sei es nur darum, weil sie als 'Familienangehörige' großzügig mit Versprechen umgingen und vielleicht unkomplizierte, aber süß klingende Märchen erzählten. Die Masse lebte und atmete mit den Bolschewiken. Die Partei Lenins und Trotzkijs hatte sie in ihrer Hand."

"Es ist sichtlich unsinnig, von einem Militärputsch statt von einem Volksaufstand zu sprechen, wenn hinter der Partei der überwältigende

---

1. Siehe insbesondere: David Mandel, *The Petrograd Workers and the Soviet Seizure of Power.* From the July Days 1917 to July 1918, London 1984; Richard Lorenz (Hrsg.), *Die russische Revolution 1917.* Der Aufstand der Arbeiter, Bauern und Soldaten. Eine Dokumentation, München 1981; John Reed, *Zehn Tage, die die Welt erschütterten*, Berlin 1957; S. A. Smith, *Red Petrograd.* Revolution in the Factories, 1917-18, Cambridge 1983. Und außerdem natürlich Leo Trotzkis *Geschichte der russischen Revolution* (2 Bde., Berlin 1931/33).
2. Siehe außer den in der vorhergehenden Fußnote erwähnten Büchern: Edward Hallett Carr, *The Bolshevik Revolution 1917-1923,* 3 Bde., Harmondsworth 1966; Gilbert Comte, *La révolution russe par ses témoins,* Paris 1963; Marc Ferro, *La révolution de 1917.* Octobre, naissance d'une société, Paris 1976; Richard Kohn (Hrsg.), *Die Russische Revolution in Augenzeugenberichten,* München 1977; Marcel Liebman, *Le léninisme sous Lénine,* 2 Bde., Paris 1973; Roy Medwedjew, *Oktober 1917,* Hamburg 1979.
Von den Analysen, die in der nachstalinistischen Zeit erschienen sind, möchten wir vor allem wegen der Behandlung der Rolle der Arbeiterklasse nennen: A. G. Jegorowa, *Rabotschi klass w Welikoi Sozialistitscheskoi Rewoljuzii,* Moskau 1967; G. A. Trukan, *Rabotschi klass w borbe sa pobedu i uprotschenije Sowjetskoi wlasti,* Moskau 1975. Ein vorstalinistisches sowjetisches Werk: *Oktjabrskaja rewoljuzija i fabsawkomy,* 2 Bde., Moskau 1927 (Reprint 1983).

Teil der Bevölkerung steht und die Partei de facto bereits die gesamte reale Macht und Autorität erobert hat."[3]

Der deutsche Historiker Oskar Anweiler, ein scharfer Kritiker der Kommunisten, hält seinerseits fest:

"In den Arbeiterräten der weitaus meisten Industriestädte hatten die Bolschewiki die Mehrheit, ebenso in den meisten Soldatenräten der Garnisonsstädte."[4]

Marc Ferro, ein weiterer grimmiger Kritiker der Bolschewiki, kommt nicht um die Feststellung umhin:

"Die Bolschewisierung war in erster Linie eine Auswirkung der Radikalisierung der Massen und somit Ausdruck des demokratischen Willens. (...)

Die Radikalisierung der Massen erklärt sich ausreichend aus der Wirkungslosigkeit der Regierungspolitik (seit Mai mit sozialistischer Beteiligung), die unter dem Deckmantel, es sei notwendig, Prozeduren zur Versöhnung zwischen den herrschenden Klassen und den Volksklassen einführte. Die Verhandlungen führten nicht zur Veränderung der bestehenden Ordnung, sondern zu deren Verlängerung (...)."

"Daher rührte die Unzufriedenheit, in den Städten wie auf dem Lande. Überdies erfuhren diejenigen, die das ganze Prinzip der Klassenzusammenarbeit von Anfang an angegriffen hatten, Zuspruch, und darunter auch die Unversöhnlichsten, das heißt die Bolschewiki, Tendenz Lenin."

"Die Arbeitenden verlangten, daß man ihnen weniger unmenschliche Lebensbedingungen gewährt. Die - rücksichtslos oder verschlagen gehandhabte - Weigerung der Besitzenden führte zu der Besetzung der Fabriken, der Einsperrung der Unternehmer, und dann nach dem Oktober der Rache an den Bourgeois. (...)

Diese Bewegung stützt sich auf eine Basis im Volk (...). Als sich die Komitees, die ihr eine Struktur verleihen, an der Bewegung beteiligen, die zum Oktober führt, reichen die Furcht vor der Repression und die Wut gegen die verräterischen Führer aus, eine elementare absolutistische [!] Haltung zu erklären, die nichts mit dem bolschewistischen Absolutismus zu tun hat, aber solidarisch ist mit der Bewegung, die dieser anleitet."[5]

Dan, einer der wichtigsten Führer der Menschewiki, schrieb:

---

3. Nikolaj Nikolajewitsch Suchanow, *1917*. Tagebuch der russischen Revolution, hrsg. von Nikolaus Ehlert, München 1967, S. 562, 608; engl. Ausg.: N. N. Sukhanov, *The Russian Revolution of 1917*. A Personal Record, hrsg. von Joel Carmichael, Princeton 1984, S. 529, 576.
4. *Die Rätebewegung in Rußland 1905-1921*, Leiden 1958, S. 231.
5. Marc Ferro (Hrsg.), *Des soviets au communisme bureaucratique*. Les mécanismes d'une subversion, Paris 1980, S. 139, 139/140, 164.

Am Vorabend des Oktobers begannen die Massen *"immer häufiger in stürmischen Bewegungen ihre Unzufriedenheit und Ungeduld zu äußern und wandten sich schließlich (...) dem Kommunismus zu (...). Ein Streik jagte den anderen. Die Arbeiter versuchten durch Erhöhung des Arbeitslohnes der rapide wachsenden Teuerung zu begegnen. Aber alle ihre Bemühungen scheiterten infolge der fortgesetzten Entwertung des Papiergeldes. Die Kommunisten warfen die Parole der 'Arbeiterkontrolle' in ihre Reihen und rieten ihnen, die Leitung der Betriebe selbst in die Hand zu nehmen, um die 'Sabotage' der Kapitalisten zu verhindern. Auf der anderen Seite begannen die Bauern, aus Furcht, daß die Gutsländereien bis zur Einberufung der Konstituierenden Versammlung ihren Händen entschlüpfen könnten, von diesen Ländereien Besitz zu ergreifen, die Gutsbesitzer zu vertreiben und die Gutshöfe niederzubrennen."*[6]

Die Oktoberrevolution wurde unter der Losung "Alle Macht den Sowjets" verwirklicht - das heißt, den Arbeiter, Soldaten- und Bauernräten. Die Historikerin Beryl Williams faßt den geschichtlichen Prozeß, der in den Oktober einmündete, mit folgenden Worten zusammen:

"Die Massen sahen die Sowjetmacht - eher als Parteiprogramme oder die Konstituierende Versammlung - als Lösung ihrer Probleme an, und nur die Bolschewiki wurden wirklich mit der Sowjetmacht identifiziert. (...) (Ihre) Partei konnte sich nun auf einer Welle der Sympathie an die Macht tragen lassen."[7]

Es sei daran erinnert, daß die Anhänger der Orientierung "Alle Macht den Sowjets" auf dem zweiten Sowjetkongreß (25./26. Oktober 1917) 69,6 Prozent der Mandate erhielten. Auf dem Allrussischen Kongreß der Bauerndeputierten, der vom 9. bis zum 25. Dezember 1917 tagte, gab es eine knappe Mehrheit (aus linken Sozial-Revolutionären und Bolschewiki) für die Sowjetmacht. Der Historiker Anweiler zieht bei der Untersuchung der Haltung der Massen zur Auflösung der Verfassunggebenden Versammlung durch die Sowjetische Regierung im Januar 1918 die Schlußfolgerung:

"Im Volke fehlte es fast vollständig an Protesten gegen die bolschewistische Gewaltmaßnahme, und zwar nicht als Folge des um diese Zeit noch relativ 'milden' geistigen und physischen Terrors der Bolschewiki. Ebenso schwer wiegt der Umstand, daß die Bolschewiki in den entscheidenden Lebensfragen, Frieden und Land, die Beschlüsse der Konstituante weitgehend vorweggenommen hatten. Die Bauern- und Arbeitermassen (...)

---

6. Th. Dan, "Die Sozialdemokratie Rußlands nach dem Jahre 1908" (Nachtrag), in: J. Martow, *Geschichte der russischen Sozialdemokratie*, Berlin 1926, S. 300, 300/301.

7. Beryl Williams, *The Russian Revolution 1917-1921*, London 1987, S. 38, 39.

waren geneigt, den praktischen Maßnahmen der neuen Machthaber eher zuzustimmen als papiernen Resolutionen einer Konstituante, hinter der keine reale Kraft stand. (...) Trotz ihrer organisatorischen Unzulänglichkeit und der oft mangelhaften Art der Repräsentation waren die Sowjets in den Augen der Massen 'ihre' Organe."[8]

Der Mythos von der mörderischen Utopie: Sozialismus sofort?

Die zweite Mystifizierung, die zweite Geschichtsfälschung: Die Bolschewiki hätten ihren Putsch unternommen, um in Rußland sofort oder kurzfristig eine ideale Gesellschaft, ein Paradies auf Erden zu schaffen. Sie hätten angeblich die "Utopie an die Macht"[9] gebracht, um die Formulierung der aus der Sowjetunion stammenden Historiker Michail Heller und Alexander Nekritsch aufzugreifen, wobei der letztere uns doch mit seinen früheren Schriften an mehr Objektivität gewöhnt hatte.[10]

In Wirklichkeit hatte die Übernahme der Macht durch die Sowjets die Verwirklichung sehr konkreter Zwecke zum Ziel: den Krieg sofort einzustellen; den Boden an die Bauern zu verteilen; das Recht auf Selbstbestimmung der unterdrückten Nationalitäten zu sichern; die Zerschlagung des Roten Petrograd zu verhindern, welches Kerenski der deutschen Armee ausliefern wollte; die Sabotage der Wirtschaft durch die Bourgeoisie aufzuhalten; die Arbeiterkontrolle über die Produktion einzuführen; sich dem Sieg der Gegenrevolution entgegenzustellen.

Diese Zwecke lassen sich in der klassischen marxistischen Formel zusammenfassen: die Durchführung der bürgerlich-demokratischen (oder national-demokratischen) Revolution mit Hilfe der Errichtung der Diktatur des Proletariats vollenden; das heißt, über die Zerstörung des bürgerlichen Staats, vor allem des Staatsapparats. Die Revolution hat nun sicherlich ein rasches Hinüberwachsen zur Durchführung sozialistischer

---

8. *Die Rätebewegung in Rußland*, S. 273.

9. Anspielung auf den Titel der französischen, englischen usw. Ausgaben eines Werks von Michail Heller und Alexander Nekritsch (*L'utopie au pouvoir*. Histoire de l'U.R.S.S. de 1917 à nos jours, Paris 1981; *Utopia in Power*. The History of the Soviet Union from 1917 to the Present, London 1985), das auf deutsch als zweibändige *Geschichte der Sowjetunion* erschien (Königstein/Ts. 1981).

10. Aleksandr Moissejewitsch Nekritsch löste durch ein geschichtswissenschaftliches Buch über den Angriff der deutschen Wehrmacht auf die Sowjetunion (*1941, 22. Juni*, herausgegeben von der Akademie der Wissenschaften der UdSSR, Moskau 1965) in der UdSSR eine heftige Debatte aus. Im Westen erschienen um Dokumente aus der Kontroverse erweiterte Ausgaben seiner Untersuchung; dt.: Alexander Nekritsch / Pjotr Grigorenko, *Genickschuß*. Die Rote Armee am 22. Juni 1941, hrsg. von Georges Haupt, Wien usw. 1969.

Aufgaben durchgemacht. Das lag jedoch nicht daran, daß die Bolschewiki Utopisten gewesen wären. Sondern daran, daß die Arbeiterinnen- und Arbeitermassen bei ihrer Emanzipation jegliche Selbstbeschränkung ablehnten. Sie fühlten sich als Herren im Staate und auf der Straße, daher waren sie nicht willens, in den Betrieben untergeordnet zu bleiben, sich nach wie vor ausbeuten zu lassen.[11]

Kurz vor und nach der Oktoberrevolution wurden in den Betrieben spontan zahlreiche Initiativen zur Arbeiterkontrolle ergriffen. Sie liefen quasi-automatisch auf Beschlagnahmen und Enteignungen von Fabriken hinaus, als die Industriellen massive Entlassungen oder Schließungen vornahmen.[12]

"Zwischen November 1917 und März 1918 wurden 836 Unternehmen nationalisiert; drei Viertel der Enteignungsbefehle gingen von örtlichen Organen wie Fabrikkomitees, Gewerkschaften, örtlichen Sowjets und örtlichen Wirtschaftsräten aus. Nur fünf Prozent wurden vom Zentrum nationalisiert".[13]

Die Bolschewiki hofften nicht, "die Utopie" verwirklichen zu können, d.h. den Sozialismus sofort, einzig in Rußland. Eine derartige Idee habe sie in Wirklichkeit einmütig abgelehnt. Lenin hat den russischen Massen nie verborgen, daß die Eroberung der Macht in Rußland für ihn die historische Funktion hatte, die internationale Revolution - vor allem die deutsche Revolution - zu ermutigen (unter Ausnutzung dessen, daß die Kräfteverhältnisse in Rußland für das Proletariat günstiger waren als in allen anderen Ländern der Welt).

Der Austromarxist Julius Braunthal hat hervorgehoben, welche Bedeutung diese Frage in Lenins Augen hatte:

"'Die gesamte Zukunft der internationalen Arbeiterrevolution für den Sozialismus steht auf dem Spiel."

Dieses Argument kehrt in nahezu allen Artikeln und Briefen wieder, in denen er das Zentralkomitee im Herbst 1917 zum Losschlagen drängte. Er wiederholte: "Das Heranreifen und die Unvermeidlichkeit der sozialistischen Weltrevolution kann nun keinem Zweifel mehr unterliegen". ... "Wir stehen an der Schwelle der Weltrevolution" ... "Wir wären wirkliche Verräter der Internationale, wenn wir in einem solchen Augen-

---

11. Siehe hierzu - neben anderen Zeugnissen - Victor Serges Buch *L'an I de la révolution russe* (Paris 1971), nach wie vor der beeindruckendste Bericht. Zahlreiche packende Zeugnisse sind in S. A. Smiths *Red Petrograd* (Revolution in the Factories, 1917-18, Cambridge 1983) wiedergegeben.
12. Vgl. S. A. Smith, *Red Petrograd,* S. 223 f.
13. Thomas F. Remington, *Building Socialism in Bolshevik Russia.* Ideology and Industrial Organization, 1917-1921, Pittsburgh 1984, S. 39.

blick, unter so günstigen Bedingungen, den Ruf der deutschen Revolutionäre (z. B. in der deutschen Flotte) nur mit Resolutionen beantworten würden.'"[14]

Natürlich darf hieraus nicht abgeleitet werden, in der bolschewistischen Propaganda sei eine Orientierung auf den Sozialismus nicht ein wesentliches Element gewesen, diese Perspektive habe die konkreten Maßnahmen, die die Bolschewiki ergriffen, nicht oder allenfalls marginal beeinflußt. Für Lenin und die Bolschewiki waren zu dieser Zeit - im Gegensatz zu ihren Positionen vor April 1917 - "Sowjetmacht", "Arbeitermacht" (oder Arbeiter-und-Bauern-Macht) und sozialistische Orientierung quasi synonym.

Aber Lenin betonte unaufhörlich, dies bedeute nur, man könne - und müsse - *beginnen*, diesen Weg einzuschlagen - nicht mehr. Er wußte, daß eine voll entwickelte sozialistische Gesellschaft (im traditionellen marxistischen Sinn des Wortes: eine klassenlose Gesellschaft) erst nach dem Sieg der internationalen Revolution das Tageslicht erblicken konnte. Er wiederholte es im Januar 1918 vor dem dritten Sowjetkongreß:

"Ich mache mir keine Illusionen, ich weiß, daß wir eben erst in die Periode des Übergangs zum Sozialismus eingetreten sind, daß wir noch nicht bis zum Sozialismus gelangt sind. (...) Es ist noch ein weiter Weg, bis wir die Übergangsperiode vom Kapitalismus zum Sozialismus beendet haben werden. Wir haben niemals die Hoffnung gehegt, daß wir sie ohne Hilfe des internationalen Proletariats beenden könnten."[15]

Der Mythos von einer Partei von Sektierern und Fanatikern

Dritte Mystifizierung, dritte Geschichtsfälschung: Der "Putsch" vom Oktober 1917 sei von einer kleinen Sekte aus extrem zentralisierten, fanatisierten und durch einen machtgierigen bzw. nach absoluter Macht gierenden Lenin manipulierten Berufsrevolutionären vollbracht worden.

In Wirklichkeit ist die bolschewistische Partei in den Monaten Februar bis Oktober 1917 zu einer Massenpartei geworden, in der die reale Vorhut des russischen Proletariats zusammengekommen war - die natürlichen Führerinnen und Führer der Klasse, die von ihr als solche anerkannt wurden. Die Zahl der Berufsrevolutionäre (der Hauptamtlichen) in ihrer

---

14. Julius Braunthal, *Geschichte der Internationale*, Bd. 2, 3. Aufl., Berlin · Bonn 1978, S. 113.
15. "Bericht über die Tätigkeit des Rats der Volkskommissare" (11.1.1918), in: W. I. Lenin, *Werke*, (im folgenden: *LW*), Bd. 26, S. 464, 465.

Mitgliedschaft war außerordentlich niedrig.[16] Diese Partei war die am wenigsten bürokratische Massenpartei, die jemals existiert hat. Sie zählte knapp 700 Hauptamtliche von über 250 000 bis 300 000 Mitgliedern. Sie funktionierte zudem sehr demokratisch: Es gab zahlreiche Debatten und Meinungsverschiedenheiten, die im allgemeinen öffentlich ausgetragen wurden.[17]

Diese Meinungsfreiheit galt nicht nur für einige Führungspersonen, die sich öffentlich - sogar mit einer eigenen Tageszeitung - äußerten, wenn sie in der Minderheit waren (wie Bucharin und die "Linken Kommunisten"). Sie galt für ganze Parteigremien. So schickte das Wyborger Parteikomitee 1917 über Monate hinweg eigene Agitatoren zur baltischen Flotte, um gegen die Argumente des Petrograder Komitees aufzutreten, die es als der Provisorischen Regierung gegenüber zu duldsam betrachtete.

Während der Konferenzen der Fabrikkomitees vor der Oktoberrevolution standen sich zwei bolschewistische Strömungen gegenüber. Repräsentanten der ersten waren Miljutin und Larin, die von Rjasanow, Losowski und Schljapnikow unterstützt wurden. Sie wollte die Arbeiterkontrolle mit der Forderung nach zentraler Planung verbinden. Die zweite Strömung, deren Repräsentanten Skrypnik und Tschubar waren, insistierte vor allem auf dezentralisierte Initiativen an der Basis.

Diese Tradition blieb lebendig. Sogar auf dem X. Parteitag 1921, als die Schlacht um das Fraktionsverbot tobte (wir werden hierauf später zurückkommen) sind deren Spuren zu finden. Lenin hatte A. S. Kisseljow heftig angegriffen, einen Delegierten, der eine bestimmte außerordentliche disziplinarische Vollmacht kritisiert hatte, die laut dem Entwurf der Resolution "Über die Einheit der Partei" dem Zentralkomitee eingeräumt werden sollte. Nachdem seine polemischen Worte offensichtlich über

---

16. Marc Ferro sucht zu zeigen, es habe von Anfang an eine Tendenz zur Bürokratisierung der Massenbewegung gegeben; dabei beweist er in Wirklichkeit das Gegenteil. 93 % der Mitglieder der zweiten Konferenz der Fabrikkomitees (Anfang August 1917), auf die die Bolschewiki sich stützten, wurden von den Arbeitern direkt gewählt, 7 % der Mitglieder von den Gewerkschaften, Parteien und Sowjets. Bei der dritten Konferenz, die Mitte Oktober 1917 stattfand, waren es 88 bzw. 12 % (*Des soviets au communisme bureaucratique*, S. 118). Ein Gremium, dessen Mitglieder zu 88 % in der Fabrik und direkt von ihren Arbeitskollegen gewählt worden sind, kann schwerlich als "bürokratisiert" oder "auf dem Weg der Bürokratisierung befindlich" betrachtet werden.

17. Trotzki teilt in seiner *Geschichte der russischen Revolution* mit, daß die bolschewistische Partei 14 Personen als ihre Vertreter im Präsidium des II. Sowjetkongresses (25./26. Oktober 1917) bestimmte, von denen sechs Gegner des Aufstands waren (Bd. 2: Oktoberrevolution, Berlin 1933, S. 610; Taschenbuchausg., Frankfurt/M. 1973, Bd. 2/2, S. 945/946).

seine Gedanken hinausgegangen waren, zögerte Lenin nicht, sofort eine Selbstkritik auszusprechen:

"Genossen, es tut mir leid, daß ich den Ausdruck 'Maschinengewehr' gebraucht habe, und ich gebe das feierliche Versprechen ab, derartige Wörter in Zukunft auch bildlich nicht mehr zu gebrauchen, denn sie jagen den Leuten nur unnützen Schrecken ein, und danach kann man nicht mehr verstehen, was sie eigentlich wollen. (Beifall.) *Niemand hat die Absicht, mit irgendeinem Maschinengewehr auf irgend jemand zu schießen, und wir sind fest davon überzeugt, daß weder Gen. Kisseljow noch jemand anders in die Lage kommt, schießen zu müssen."*[18]

Die bolschewistische Partei war damals eine Partei, die im höchsten Maße in die russische Gesellschaft und deren lebendige Kräfte integriert war. Hieran hat die erste Plattform der Linken Opposition sechs Jahre nach der Revolution - angesichts des Aufstiegs der stalinistischen Fraktion - mit einer frappierenden Formulierung erinnert:

"(...) die Partei (...) [war], jenes lebendige, an Eigeninitiative reiche Kollektiv (...), das in feinfühliger Weise die lebendige Wirklichkeit erfaßt, da es durch Tausende von Fäden mit dieser Wirklichkeit verbunden ist."[19]

Das Ziel der Oktoberrevolution war nicht die Machteroberung durch die bolschewistische Partei, sondern die Machteroberung durch die Räte. Die zentrale Losung der bolschewistischen Agitation lautete "Alle Macht den Räten". Wer behauptet, dies sei nur Tarnung gewesen, sollte sich folgenden Passus aus Lenins Artikel von September 1917, veröffentlicht in der bolschewistischen Tageszeitung *Rabotschi Put*, anschauen:

"Der Demokratie Rußlands, den Sowjets, den Parteien der Sozialrevolutionäre und Menschewiki bietet sich jetzt die in der Geschichte der Revolutionen außerordentlich seltene Möglichkeit, die Einberufung der Konstituierenden Versammlung zur angesetzten Zeit ohne neue Ver-

---

18. "Bemerkung zum Diskussionsbeitrag Kisseljows zur Resolution über die Einheit der Partei" (16.3.1921), in: *LW*, Ergänzungsband Oktober 1917 - März 1923, S. 286. - A. S. Kisseljow war ein führender Anhänger der Arbeiteropposition; Lenin vertrat seine Auffassung in der "Gewerkschaftsdiskussion" gegen Kisseljow (und gegen Trotzki) am 23./24. Januar 1921 vor den Parteimitgliedern auf dem II. Verbandstag der Bergarbeiter. Auf dem X. Parteitag der KPR(B) hatte Lenin ihn auch bereits einige Tage vorher in seinem Schlußwort zum Bericht des ZK der KPR(B) erwähnt (9.3.1921, *LW*, Bd. 32, S. 204, 205), in dem er auf Argumente der Arbeiteropposition, Anträge der Linken Sozialrevolutionäre auf einer ukrainischen Parteilosenkonferenz, Resolutionen aus Kronstadt (und den gerade stattfindenden Kronstädter Aufstand) hinwies, auf die Erfahrungen aus allen Revolutionen verwies und fortfuhr: "Da wir dem entgegengehen, müssen wir uns zusammenschließen, um auf eine solche Sache mit dem Gewehr zu antworten, wie harmlos sie auch aussehen mag." (S. 205).
19. "An das Politbüro des Zentralkomitees der RKP (Erklärung der Sechsundvierzig)" (15.10.1923), in: Ulf Wolter (Hrsg.), *Die Linke Opposition in der Sowjetunion*, Bd. I, Berlin 1976, S. 213.

schleppungen zu gewährleisten, die Möglichkeit, das Land vor der Gefahr einer militärischen und wirtschaftlichen Katastrophe zu bewahren, die Möglichkeit, eine friedliche Entwicklung der Revolution zu sichern.

Durch die Übernahme der ganzen Macht könnten die Sowjets jetzt noch - und wahrscheinlich ist das die letzte Chance - die friedliche Entwicklung der Revolution sichern, die friedliche Wahl der Deputierten durch das Volk, den friedlichen Kampf der Parteien innerhalb der Sowjets, die Erprobung der Programme der verschiedenen Parteien durch die Praxis, den friedlichen Übergang der Macht aus den Händen einer Partei in die einer anderen.

Läßt man diese Möglichkeit ungenutzt, so zeigt der Entwicklungsgang der Revolution, angefangen von der Bewegung des 20. April bis zum Kornilowputsch, daß der schärfste Bürgerkrieg zwischen Bourgeoisie und Proletariat unvermeidlich wird."[20]

Das war eine geradezu pathetisch-prophetische Mahnung. Diese einmalige Chance eines friedlichen Siegs der Sowjets wurde durch die Schuld der Sozial-Revolutionäre und der Menschewiki verfehlt, nicht weil diese sich vor einer "Diktatur Lenins" fürchteten, sondern weil sie nicht bereit waren, den Preis für einen endgültigen Bruch mit der russischen und internationalen Bourgeoisie zu zahlen, vor allem die sofortige Beendigung des Krieges. Sie fürchteten die "Anarchie" der selbsttätigen Massen mehr als die terroristisch-konterrevolutionäre Energie der Bourgeoisie. Sie versuchten bis fünf Minuten nach zwölf, Unversöhnliches zu versöhnen.

War die Oktoberrevolution kein Putsch, so war sie auch nicht einfach das automatische Ergebnis einer spontanen Massenerhebung. Sie war auch ein Aufstand, der von den Bolschewiki und ihren Verbündeten, die zu den Anhängern der Sowjetmacht zählten (die Anarchisten und die Linken Sozialrevolutionäre), methodisch vorbereitet und ausgeführt worden ist. Es war kein geheim geplanter und von einer Minderheit getragener Aufstand. Es war ein vor aller Augen - im wesentlichen im Rahmen von Institutionen, die von den Sowjets gebildet worden waren, - vorbereiteter Aufstand. Er war das Ergebnis einer neuen Legitimität, die für die große Mehrheit der Werktätigen und der Soldaten und dann, ein wenig später, auch einen Gutteil der Bauernschaft selbstverständlich geworden war. Die Legitimität der Sowjets und der Fabrikräte drängte die Legitimität der Provisorischen Regierung, des Generalstabs der Armee, der Unternehmer und der Großgrundbesitzer beiseite.

---

20. "Die Aufgaben der Revolution", in: *LW*, Bd. 26, S. 50, 51.

In den Betrieben erkannten die Arbeiterinnen und Arbeiter immer mehr die Autorität der Fabrikkomitees anstelle der Autorität der Unternehmer an.[21] Dank der von Leo Trotzki meisterlich angeleiteten Agitation und Organisierung beschlossen sämtliche Regimenter der Petrograder Garnison in öffentlichen Versammlungen, sie würden nicht länger die Befehle der Hierarchie und der Heeresleitung befolgen, sondern die Befehle des Sowjets und seines Revolutionären Militärkomitees.

Unter diesen Bedingungen konnte der Sturz der Provisorischen Regierung am 25. Oktober 1917 "technisch" unter Vergießen von so wenig Blut bewerkstelligt werden: Er kostete weniger Tote, als Verkehrsunfälle an einen gewöhnlichen Wochenende in den wichtigsten Ländern Europas zur Folge haben.[22]

Diejenigen, die der "glorreichen Februarrevolution" den "blutigen Putsch" der Bolschewisten gegenüberstellen, seien daran erinnert, daß die erstere in Petrograd 1315 Menschen das Leben kostete,[23] während es bei der letzteren kaum ein Dutzend waren.

In einer der besten nicht-marxistischen synthetischen Arbeiten über die russische Revolution schreibt der Tübinger Professor Dietrich Geyer, nachdem er den "glänzende(n) Erfolg der von Trotzkij entwickelten Technik der Machteroberung" gewürdigt hat, der Sieg des Oktoberaufstands sei letzten Endes nicht von irgendwelchen militärischen oder technischen Bedingungen abhängig gewesen, sondern stelle einen politischen Sieg dar: "Der Gegner konnte entwaffnet werden, weil er politisch schon entwaffnet war."[24]

Die Oktoberrevolution ist Ausdruck des Entstehens einer neuen politisch-moralischen Legitimität inmitten der Massen - der breiten Mehrheit des Volkes -, die an die Stelle der verschwundenen Legitimität des nach-zaristischen und zum großen Teil trotz seiner demokratischen

---

21. Zu den zahlreichen Initiativen in Richtung auf Arbeiterkontrolle in den Betrieben siehe S. A. Smith, *Red Petrograd*, S. 58-60, 63/64, 85/86, 139/140. - Die Roten Garden gingen übrigens aus den Milizen hervor, die von den Fabrikkomitees gebildet wurden.

22. "Der fast mühelose Erfolg des Petrograder Handstreichs vom 25. Oktober 1917 schien anzuzeigen, daß die übergroße Mehrheit der Bevölkerung hinter ihm stand. Die stolze Behauptung der Bolschewiki traf zu, daß die Revolution selber bemerkenswert wenige Menschenleben gekostet habe und daß die meisten davon bei Versuchen ihrer Gegner verlustig gingen, ihnen den Sieg wieder zu entreißen, als er bereits errungen war." (E. H. Carr, *The Bolshevik Revolution*, Bd. 1, S. 152; Taschenbuchausg. S. 160/161.)

23. William Henry Chamberlin, *Die russische Revolution*, 1917-1921, Erster Band, Frankfurt/M. 1958, S. 79.

24. *Die Russische Revolution*. Historische Probleme und Perspektiven, 2. Aufl., Göttingen 1977, S. 106.

Tünche noch halb-zaristischen Staates trat. Der US-amerikanische Professor William C. Rosenberg faßt dies treffend zusammen:

"In Anbetracht seines Erbes konnte das provisorische Regime nicht für eine Herrschaft des Gesetzes eintreten, ohne - zumindest am Anfang - die Privilegien zu verteidigen. Die Führer der Sowjets [Sozial-Revolutionäre und Menschewiki - E. M.] konnten es praktisch ebenso wenig. Und in Anbetracht von Rußlands Platz in einem europäischen Staatensystem, in dem alle Länder einschließlich der Verbündeten Rußlands um die Siegesbeute kämpften, ist es schwer vorstellbar, wie die Nachfolger des Zaren eine Auffassung vom nationalen Wohlergehen hätten vertreten können, die nicht in der einen oder andere Weise an den erfolgreichen Abschluß des Krieges gebunden gewesen wäre - entweder ohne Annexionen und Entschädigungen, wie die Sowjetführung verlangte, oder mit Rechten auf Konstantinopel und die Dardanellen, worauf der Außenminister Miljukow zunächst beharrte. Beiden Richtungen ging es jedoch um die Verteidigung eines bürgerlich-demokratischen Staates und somit den Schutz der Rechte (und Privilegien) der gesellschaftlichen Elite in Rußland, wenigstens vorläufig.

Was der bolschewistischen Bewegung 1917 solche Kraft verlieh (...), war der Umstand, daß die Ereignisse den Antagonismus des Volks zu einem staatlichen System nährten, das auf diesen Werten beruhte. Die Verhältnisse selber warfen die Frage auf, wessen Interessen die neue gesetzliche Ordnung dienen werde und welche Art von Gesellschaftsordnung durch den erfolgreichen Abschluß des Kriegs herbeigeführt werden würde. Und die zunehmenden sozialen Konflikte in den Fabriken und anderswo spiegelten in wachsendem Maß einen Kampf um die Bedeutung der Demokratie und den eigentlichen Charakter des russischen Staates wieder. Für immer mehr Tausende von durchschnittlichen Russen bedeutete die Beibehaltung der Demokratie den Schutz und den Ausbau ihres eigenen Wohlergehens, und das Wort selber stand bald nicht für ein verfassungsmäßiges System auf moralischer Grundlage, sondern für Arbeiter-, Bauern- und Soldateneinrichtungen und ausschließlich für deren Einrichtungen. (...) Dem Wohlergehen der Arbeiter, Bauern und Soldaten Rußlands wie dem der arbeitenden Menschen weltweit sei nur mit einem qualitativ anderen Staat und einem radikal neuen Gesellschaftssystem gedient.

Um die russische Revolution von 1917 zu verstehen, müssen diejenigen, die sie untersuchen, (...) anerkennen, daß die jeweilige Sicht so wirksamer Konstrukte wie des 'nationalen Interesses' letzten Endes davon abhängt, ob jemand glaubt, daß die gesellschaftlichen Beziehungen und politischen Werte, die durch eine spezifische staatliche Ordnung geschützt werden, erhalten bleiben sollten [oder nicht - E. M.]. Ähnlich hängt die Frage, ob die eine oder andere politische Gruppierung legitimerweise die Macht übernimmt, davon ab, was von dem Betreffenden unter 'Legitimität' verstanden wird".[25]

Was also war die Oktoberrevolution, auf einen Nenner gebracht? Sie war der Kulminationspunkt einer großartigen Massenbewegung, die von einer Arbeitervorhutpartei, die eng mit den Massen verbunden war, zur Macht geführt wurde; von einer Partei, die vor allem die brennendsten Tagesforderungen der Bevölkerung zu verwirklichen suchte, während sie zugleich weitergehende internationale und nationale sozialistische Ziele anvisierte.[26]

---

25. "Conclusion: Understanding the Russian Revolution", in: Daniel H. Kaiser (Hrsg.), *The Workers' Revolution in Russia, 1917.* The View from Below, Cambridge 1987, S. 140/141.
26. S. A. Smith wendet sich zurecht gegen die These zahlreicher westlicher Historiker, die behaupten, die Bolschewiki seien eingefleischte Gegner institutionalisierter Arbeiterkontrolle gewesen (*Red Petrograd*, S. 150-156). Zu bedauern ist jedoch, daß er selber dieser These einige Zugeständnisse macht, wobei er sich auf die "schwarzen Jahre" 1920/21 stützt. In diesem Zusammenhang erwähnt er die späteren Stellungnahmen von Lenin und Trotzki auf dem 3. und 4. Kongreß der Kommunistischen Internationale sowie die Stellungnahmen Trotzkis, der Linken Opposition und der IV. Internationale zugunsten der Arbeiterproduktionskontrolle von 1923 an so gut wie gar nicht.

KAPITEL 2

Die Grundfragen der Revolution - auf internationaler Ebene

Der Sieg der Oktoberrevolution ist nur im Kontext des Ersten Weltkriegs 1914-1918 zu verstehen. Von allen bolschewistischen Losungen fand die Forderung nach sofortiger Beendigung des Kriegs, nach einem "Frieden ohne Annexionen und Entschädigungen" den größten Widerhall in der Bevölkerung. Sie wurde zum wichtigsten Unterscheidungsmerkmal zwischen den Bolschewiki und den anderen Parteien, die sich auf den Sozialismus und die Revolution beriefen. Vor allem die Soldaten, die in der überwältigenden Mehrzahl Bauern waren, wollten nicht länger Krieg.

Der Zerfall der im wesentlichen noch zaristischen Armee hat die Provisorische Regierung und danach die ersten Ansätze zur Konterrevolution wehrlos gemacht. Das hat den Sieg des Oktobers und seine Festigung ermöglicht.

"Das bemerkenswerteste Faktum in der Revolution von 1917 ist vielleicht, daß zwischen Frühling und Herbst dieses gewaltige Heer, das größte, das je von einem Land aufgestellt wurde, in 'eine enorme, erschöpfte, schlechtgekleidete, schlecht ernährte, verbitterte Menschenmasse verwandelt wurde, die nur durch ihre Friedenssehnsucht und allgemeine Enttäuschung geeint wurde'."[1]

Die scharfsinnigsten Menschewiki haben dies im übrigen später zugegeben. Dan, einer ihrer Führer, stellt rundweg fest:

"Der in die Länge gezogene Krieg hat den Bolschewisten in der russischen Revolution den Sieg gebracht."[2]

Zudem ermöglicht die Antwort der Bolschewiki und der Sowjets auf die Frage von Frieden und Krieg nach der Eroberung der Macht

---

1. W. H. Chamberlin, *Die russische Revolution,* 1. Bd., S. 205.
2. "Die Sozialdemokratie Rußlands nach dem Jahre 1908", in: J. Martow, *Geschichte der russischen Sozialdemokratie,* S. 304.

im Oktober 1917, die Substanz der Politik des neuen Staats zu beurteilen.

Das Recht der Völker auf Selbstbestimmung

Die erste Rede, die Lenin vor dem zweiten Sowjetkongreß hielt, um die Politik der neuen, aus dem Oktober hervorgegangenen Regierung vorzustellen, war sein Bericht über den Frieden. Sie enthält eine nachdrückliche Bejahung des Selbstbestimmungsrechts der Nationen, deren demokratische Töne heute von großer Aktualität sind:

"Wenn irgendeine Nation mit Gewalt in den Grenzen eines gegebenen Staates festgehalten wird, wenn dieser Nation entgegen ihrem zum Ausdruck gebrachten Wunsch - gleichviel, ob dieser Wunsch in der Presse oder in Volksversammlungen, in Beschlüssen der Parteien oder in Empörungen und Aufständen gegen die nationale Unterdrückung geäußert wurde - das Recht vorenthalten wird, nach vollständiger Zurückziehung der Truppen der annektierenden oder überhaupt der stärkeren Nation in freier Abstimmung über die Formen ihrer staatlichen Existenz ohne den mindesten Zwang selbst zu entscheiden, so ist eine solche Angliederung eine Annexion, d. h. eine Eroberung und Vergewaltigung.

Diesen Krieg fortzusetzen, um die Frage zu entscheiden, wie die starken und reichen Nationen die von ihnen annektierten schwachen Völkerschaften unter sich aufteilen sollen, hielt die [sowjetische - E. M.] Regierung für das größte Verbrechen an der Menschheit, und sie verkündet feierlich ihre Entschlossenheit, unverzüglich Friedensbedingungen zu unterzeichnen, die diesem Krieg unter den obengenannten, für ausnahmslos alle Völkerschaften gleich gerechten Voraussetzungen ein Ende machen."[3]

Die Sowjetregierung hat dieses Prinzip des Rechts der Völker auf Selbstbestimmung auf sämtliche Kolonien und Halbkolonien außerhalb Europas ausgedehnt. Dies war ein revolutionärer Akt, der unermeßliche geschichtliche Auswirkungen gehabt hat. Er hat den nationalen Befreiungsbewegungen, die in Ländern wie Indien, China und Indonesien entstanden, einen entscheidenden Impuls gegeben und bereits bedeutsame antiimperialistische Bewegungen (Türkei) beträchtlich unterstützt.

In einer ihrer ersten Erklärungen, die bei den in Brest-Litowsk stattfindenden Friedensverhandlungen mit Deutschland abgegeben wurden, proklamierte die Sowjetregierung am 30. Dezember 1917 diese Ausdehnung des Selbstbestimmungsrechts der Nationen, wie es der US-amerikanische Präsident Wilson anerkannt hatte, auf alle Kolonien und Halbko-

---

3. "Rede über den Frieden" (26.10.1917), in: *LW*, Bd. 26, S. 240.

lonien. Gleichzeitig hob die Regierung Sowjetrußlands alle ungleichen Verträge mit China auf, vor allem den über die Ostchinesische Eisenbahn, und das Recht der russischen Staatsbürgerinnen und -bürger auf Exterritorialität in China, der Mongolei und dem Iran. Diese Grundsätze haben übrigens in die erste sowjetische Verfassung, die Verfassung der RSFSR von 1918, Eingang gefunden.[4]

Die Reaktion der antiimperialistischen Kräfte in Asien erfolgte unmittelbar. In China wurden die Bolschewiki *huang-i-tang,* die "Partei des größten Humanismus", genannt. Sun Yatsen, der Führer des chinesischen Nationalismus, schickte Lenin eine Solidaritätsbotschaft. Im Iran bezog sich die nationaldemokratische Bewegung positiv auf die Oktoberrevolution, nachdem Trotzki die russischen Truppen und Instrukteure von dort abgezogen hatte. Diese Politik fand unter anderem in der berühmten Konferenz der Völker des Ostens, die im September 1920 in Baku stattfand, einen Niederschlag.

Die Sowjetmacht hat außerdem zum ersten Male in der Geschichte die Geheimdiplomatie abgeschafft, sie beschloß, sämtliche diplomatischen Dokumente und sämtliche Geheimverträge zu veröffentlichen. Vor allem beschloß sie, unmittelbar mit allen Regierungen der kriegführenden Länder, die dazu bereit waren, Waffenstillstandsverhandlungen aufzunehmen.

Oktober 1917 - eine Revolution für den Frieden

Der Aufruf an die Regierungen war von einem Aufruf an die Werktätigen der großen imperialistischen Länder begleitet, sich auf den Weg des Friedens und des Sozialismus zu begeben:

"Die Provisorische Arbeiter- und Bauernregierung Rußlands, die dieses Friedensangebot an die Regierungen und an die Völker aller kriegführen-

---

4. Vgl. "Verfassung der Russischen Sozialistischen Föderativen Sowjetrepublik (RSFSR). Angenommen vom 5. Allrussischen Sowjetkongreß am 10. Juli 1918", in: Helmut Altrichter (Hrsg.), *Die Sowjetunion.* Von der Oktoberrevolution bis zu Stalins Tod, Bd. 1: Staat und Partei, München 1986, S. 143-160, hier 'Drittes Kapitel', S. 145; andere Übers.: "Verfassung (Grundgesetz) der Russischen Sozialistischen Föderativen Sowjetrepublik", in: *Die ersten Dekrete der Sowjetmacht.* Eine Auswahl von Erlassen und Beschlüssen 25. Oktober 1917 bis 10. Juli 1918, hrsg. von Horst Schützler u. Sonja Striegnitz, Berlin 1987, S. 228-250, hier 'Kapitel III', S. 230/231. - Diese Bestimmungen waren bereits in der von Lenin verfaßten Deklaration enthalten, die das Allrussische Zentralexekutivkomitee der Sowjets und die bolschewistische Delegation der Eröffnungssitzung der Verfassunggebenden Versammlung am 16. Januar 1918 vorlegten und die der III. Allrussische Sowjetkongreß am 12. Januar 1918 annahm ("Deklaration der Rechte des werktätigen und ausgebeuteten Volkes. Resolutionsantrag der bolschewistischen Fraktion in der Konstituierenden Versammlung, 18. Januar 1918", in: H. Altrichter [Hrsg.], *Die Sowjetunion,* S. 140-143, hier S. 141/142; *LW,* Bd. 26, S. 425).

den Länder richtet, wendet sich gleichzeitig insbesondere an die klassenbewußten Arbeiter der drei fortgeschrittensten Nationen der Menschheit und der größten am Krieg beteiligten Staaten: Englands, Frankreichs und Deutschlands. Die Arbeiter dieser drei Länder haben der Sache des Fortschritts und des Sozialismus die größten Dienste erwiesen - in den großen Vorbildern der Chartistenbewegung in England, in den Revolutionen von weltgeschichtlicher Bedeutung, die das französische Proletariat vollbracht hat, und schließlich im heroischen Kampf gegen das Sozialistengesetz sowie in der für die Arbeiter der ganzen Welt mustergültigen langwierigen und beharrlichen disziplinierten Arbeit zur Schaffung proletarischer Massenorganisationen in Deutschland. Alle diese Vorbilder proletarischen Heldentums und geschichtlicher Schöpferkraft sind für uns eine Bürgschaft, daß die Arbeiter der genannten Länder die ihnen jetzt gestellte Aufgabe, die Menschheit von den Schrecken des Krieges und seinen Folgen zu befreien, erkennen werden, daß diese Arbeiter uns durch ihre allseitige, entschiedene, rückhaltlos energische Tätigkeit helfen werden, die Sache des Friedens und zugleich damit die Sache der Befreiung der werktätigen und ausgebeuteten Volksmassen von jeder Sklaverei und jeder Ausbeutung erfolgreich zu Ende zu führen."[5]

Und zum Abschluß sagte Lenin, noch frappierender:

"In dem Manifest vom 14. März [1917] riefen wir [der Petrograder Sowjet] dazu auf, die Bankiers zu stürzen, stürzten aber selber unsere eigenen nicht, sondern schlossen sogar ein Bündnis mit ihnen. Jetzt haben wir die Regierung der Bankiers gestürzt. Die Regierungen und die Bourgeoisie werden alles daransetzen, um sich zu vereinen und die Arbeiter- und Bauernrevolution in Blut zu ersticken. Aber drei Kriegsjahre haben die Massen genügend belehrt. Wir sehen eine Sowjetbewegung in anderen Ländern, wir sehen den Aufstand [vom 2. August 1917] in der deutschen Flotte, der von den Schergen des Henkers Wilhelm niedergeworfen wurde [Anspielung auf die Hinrichtung der revolutionären Matrosen A. Köbis und M. Reichpietsch]. (...)

Die Arbeiterbewegung wird die Oberhand gewinnen und dem Frieden und dem Sozialismus den Weg bahnen."[6]

Ein Aufruf von Trotzkis Volkskommissariat für Auswärtige Angelegenheiten verkündete unmittelbar nach der Unterzeichnung des Waffenstillstands von Brest-Litowsk (15.12.1917), an die vom Krieg "erschöpften Völker Europas" gewandt:

---

5. W. I. Lenin, "Rede über den Frieden", S. 241/242.
6. "Rede über den Frieden", S. 243.

"Die Arbeiter und Soldaten müssen die Entscheidung über Krieg und Frieden den verbrecherischen Händen der Bourgeoisie entreißen und in ihre eigenen Hände nehmen."[7]

Mit anderen Worten: in den Augen der Bolschewiki war die Oktoberrevolution ein Mittel, um den Krieg zu beenden; sie sollte damit wiederum die Entwicklung der sozialistischen Weltrevolution fördern und beschleunigen.

War dies vom historischen Gesichtspunkt her gerechtfertigt? Der Weltkrieg ist ein Wendepunkt in der Geschichte des Kapitalismus gewesen. Er war der Beginn einer Ära, in deren Verlauf die zerstörerischen, barbarischen, regressiven Züge des Systems im Verhältnis zu seiner Fähigkeit, eine periodische Weiterentwicklung der Produktivkräfte zu garantieren, beträchtlich anwachsen sollten. Der Erste Weltkrieg bedeutete ein Abmetzeln von zehn Millionen menschlicher Wesen, darunter die Blüte der europäischen Jugend - und dies für Ziele, denen heute niemand mehr eine wie auch immer geartete Legitimität zuerkennt.[8] Er war das erste Desaster in einer Abfolge, die die Menschheit 30 Jahre später zur Barbarei von Auschwitz und Hiroschima gelangen ließ.

Die scharfsinnigsten Sozialistinnen und Sozialisten hatten dies schon vor 1914 vorausgesehen: nicht nur Revolutionärinnen und Revolutionäre wie Lenin, Trotzki, Rosa Luxemburg, sondern auch ein gemäßigter Sozialist wie Jean Jaurès. Nachdem dieser mörderische Konflikt begonnen hatte, hieß es sich dafür einzusetzen, ihn sofort, um jeden Preis zu beenden. Keinerlei eingestandenes oder verheimlichtes "Kriegsziel" rechtfertigte die Fortsetzung des Abschlachtens. Die Regierung der Sowjets bemühte sich bei den Brest-Litowsker Verhandlungen mit Deutschland und Österreich-Ungarn um einen sofortigen Frieden. Eine wachsende Zahl von Werktätigen und Soldaten in allen Ländern lehnte den Krieg inzwischen ab, woraus sich das ungeheure Echo erklärt, das die sowjetische Position in der ganzen Welt auslöste, vor allem als sie in Trotzkis vorbildhafte Agitation am Verhandlungstisch übertragen wurde.

---

7. "Appeal from the People's Commissariat for Foreign Affairs to the Toiling, Oppressed, and Exhausted Peoples of Europe" (19.12.1917), in: Jane Degras (Hrsg.), *Soviet Documents on Foreign Policy*, Bd. 1, London usw. 1951, S. 21; zitiert nach: J. Braunthal, *Geschichte der Internationale*, Bd. II, S. 116; andere Übers.: "An die arbeitenden, unterdrückten und verblutenden Völker Europas", in: *Russische Korrespondenz*, Jg. I, Bd. I, Nr. 14-16, Oktober 1920, S. 804.

8. Das soll nicht heißen, es habe keine tieferen Gründe für den Krieg gegeben, insbesondere die Rivalität zwischen Großbritannien und Deutschland um die Aufteilung der Beute nach der Beseitigung des ottomanischen Reichs und um die Vorherrschaft im Nahen Osten, dessen Ölreichtum man zu ahnen begann, sowie die Rivalität zwischen dem zaristischen Rußland und der deutsch-österreichisch-ungarischen Koalition um die Vorherrschaft auf dem Balkan.

Die Repräsentanten von Deutschland und Österreich-Ungarn erhoben ein Geschrei, sämtliche diplomatische Normen würden verletzt. Unerhört! Sich über die Köpfe ihrer Offiziere hinweg an die Soldaten wenden? Sie zur Befehlsverweigerung, gar zur Meuterei aufrufen? Die Kolonien zur Erhebung aufrufen? Die Arbeiter zu Streiks aufrufen? Wenn ein Minister für Auswärtige Angelegenheiten so etwas tut, bedeutet das nicht, die elementaren Regeln der Zivilisation und des "Zusammenlebens der Nationen" mit Füßen treten?

Bald folgten die britische und die französische Regierung ihren unversöhnlichen Gegnern von den Mittelmächten nach und prangerten ebenfalls die sowjetischen Revolutionäre an.

Für die Völker dagegen waren die "Zivilisation" und die "Normen des Zusammenlebens der Nationen", die die kriegführenden Regierungen für sich in Anspruch nahmen, Zivilisation und Normen eines sinnlosen Massakers, der Zerstörung ganzer Städte, einer unmenschlichen Unterdrückung und der Ausbeutung. Das war die "Zivilisation" der Pest und des Todes. Lenin und Trotzki verkörperten die Hoffnung auf eine höhere Zivilisation, eine Zivilisation des Lebens, der Freiheit und gleicher Rechte für alle.

Die imperialistische Propaganda, die von der rechten Sozialdemokratie teilweise aufgegriffen wurde, war damals unendlich mehr haßerfüllt als zur Zeit des Kalten Kriegs oder heute. Sie hatte jedoch unter den arbeitenden Massen ein weit geringeres Echo. Die stellten vielmehr die Aufrichtigkeit der Sowjetmacht fest.

Die Sowjetmacht - Internationalismus in Aktion

Sie sahen, daß in der ersten sowjetischen Verfassung die Unterscheidung zwischen "Bürgern (und Bürgerinnen) des Staatsvolks" (bzw. der Staatsvölker) und "Ausländern" (und Ausländerinnen) aufgehoben war. Jeder bzw. jede, der/die in Sowjetrußland wohnte und bereit war, dort zu arbeiten, erhielt sofort alle politischen Rechte einschließlich des Stimmrechts.[9] John Maclean, der Führer der *shop stewards* (in etwa: betriebliche Vertrauensleute) der Munitionsfabriken in Glasgow, Schottland, den die britische Regierung (mit Unterstützung der Sozialdemokraten) wegen eines Streiks ins Gefängnis geworfen hatte, erhielt im Februar 1918 von

9. Vgl. Verfassung der RSFSR, Artikel 20, in: H. Altrichter (Hrsg.), *Die Sowjetunion*, S. 147/148; in: *Die ersten Dekrete der Sowjetmacht*, S. 234; vgl. auch "Dekret über den Erwerb der Rechte der russischen Staatsbürgerschaft" (28.3.1918 vom Zentralen Exekutivkomitee der Sowjets angenommen), in: *Die ersten Dekrete der Sowjetmacht*, S. 162/163.

der Sowjetregierung den Titel eines Generalkonsuls der RSFSR für Schottland und damit diplomatische Immunität; London war gezwungen, ihn freizulassen.

Zum ersten Mal in der Geschichte stellte eine *Staatsmacht* durch Taten unter Beweis, daß sie im Dienst der internationalen Arbeiterklasse steht. Die Bolschewiki zeigten damit, daß sie den besten Traditionen der sozialistischen Bewegung treu blieben. Die II. Internationale hatte auf diesem Gebiet am 4. August 1914 tragisch versagt, als ihre wichtigsten Führungspersönlichkeiten die Logik des Kriegs hingenommen hatten, womit sie gegen die feierlichsten Schwüre und die Resolutionen verstießen, die ihre eigenen Organisationen auf Kongressen Mal um Mal angenommen hatten.

Nach dieser historischen Kapitulation tat die Praxis der neuen Sowjetmacht, die sich nun mit den Grundsätzen in Übereinstimmung befand, mehr für die machtvolle Wiederbelebung des Internationalismus bei den Massen als Tausende von Reden, Artikel, Broschüren oder Bücher. Damit wurden die Bildung der III. Internationale und eine kraftvolle internationale Solidaritätsbewegung mit der bedrängten russischen Revolution möglich.

Im Gegensatz zu einem weiteren Mythos verstanden die Bolschewiki diese Internationale keineswegs als ein Instrument zur Verteidigung der "nationalen" Interessen der Sowjetrepublik. Ganz im Gegenteil: sie war überaus bereit, die Ressourcen der Sowjetrepublik in den Dienst der neuen Internationale zu stellen. Es wurde überhaupt nicht davon ausgegangen, die Internationale werde "bolschewistisch" sein. David Mitchell erinnert in einem passenden Augenblick an die Tatsache, daß Lenin vor allem darauf erpicht war, die deutschen Spartakisten und Spartakistinnen einzubeziehen, und ihr Hauptquartier in Berlin ansiedeln wollte; er schreibt ferner:

"Eine Zeit lang waren [Victor] Serge und Wladimir Masin [ein ehemaliger Terrorist und Sozial-Revolutionär, der zu 10 Jahren Gefängnis verurteilt wurde und im Gefängnis ein Buch über Goethe und die Naturphilosophie schrieb] die Exekutive der Dritten Internationale [Radek war zu der Zeit in Berlin im Gefängnis]. Sie erhielten einen großen ungeheizten Raum im Smolny-Institut, mit zwei harten Stühlen und einem Holztisch als einziger Möblierung. Die härteste Prüfung vor allem für Serge mit seinen Kenntnissen der europäischen Realitäten war Sinowjew [der Vorsitzende der Internationale]."[10]

---

10. *1919.* Red Mirage, London 1992, S. 160.

Die neue Sowjetmacht hat in der Tat die Resolutionen angewandt, die die II. Internationale 1907 und 1912 angenommen hatte. Die sozialistische Politik der Entgegnung auf drohende Kriege begnügte sich nicht damit, das beispiellose Abschlachten zu verurteilen und zur Verhinderung oder Einstellung des Gemetzels aufzurufen. Dank der hartnäckigen Bemühungen der Linken auf dem Stuttgarter Kongreß der Sozialistischen Internationale, die zu diesem Zeitpunkt von Lenin, Martow und Rosa Luxemburg getragen wurden, hieß es in der einstimmig angenommenen Resolution:

"Falls der Krieg dennoch ausbrechen sollte, ist es die Pflicht [der arbeitenden Klassen und ihrer parlamentarischen Vertretungen in den beteiligten Ländern], für dessen rasche Beendigung einzutreten und mit allen Kräften dahin zu streben, die durch den Krieg herbeigeführte wirtschaftliche und politische Krise zur Aufrüttelung des Volkes auszunutzen und dadurch die Beseitigung der kapitalistischen Klassenherrschaft zu beschleunigen."[11]

Und auf ihrem außerordentlichen Kongreß vom November 1912 in Basel hatte die Internationale die europäischen Regierungen eindringlich gewarnt:

"Die Regierungen mögen nicht vergessen, daß sie bei dem gegenwärtigen Zustand Europas und der Stimmung der Arbeiterklasse nicht ohne Gefahr für sie selbst den Krieg entfesseln können, sie mögen sich daran erinnern, daß der deutsch-französische Krieg den revolutionären Ausbruch der Kommune im Gefolge hatte, daß der russisch-japanische Krieg die revolutionären Kräfte des russischen Reiches in Bewegung gesetzt hat, daß die militärischen und maritimen Wettrüstungen den Klassenkonflikten in England und auf dem Kontinent eine unerhörte Zuspitzung gegeben und riesige Arbeitseinstellungen entfesselt haben. Es wäre Wahnwitz, wenn die Regierungen nicht begreifen würden, daß schon der bloße Gedanke der Ungeheuerlichkeit eines Weltkrieges die Entrüstung

11. Resolution der Kommission "Der Militarismus und die internationalen Konflikte" (vom Kongreß angenommen am 24.8.1907), in: *Internationaler Sozialisten-Kongreß* zu Stuttgart, 18. bis 24. August 1907, Berlin 1907, S. 66 (vgl. auch die geringfügig anderslautenden ursprünglichen Änderungsanträge der "russischen und polnischen Delegierten Rosa Luxemburg, Lenin und Martoff" zu der Resolution, die August Bebel im Namen des deutschen Parteivorstandes eingebracht hatte, in der Kommission, 22.8.1907, S. 102). Die verabschiedete Fassung ist - zusammen mit weiteren neun "Resolutionen der Arbeiter-Internationale gegen den Krieg (1867-1910)" - auch im Anhang der folgenden deutschsprachigen Broschüre abgedruckt: *Außerordentlicher Internationaler Sozialisten-Kongreß zu Basel am 24. und 25. November 1912,* Berlin 1912, S. 48/49. - Zitierte Passage ebenfalls bei: J. Braunthal, *Geschichte der Internationale,* Bd. I, S. 344; sowie: Jean Longuet, *Le mouvement socialiste international,* Paris 1913, S. 58.

und Empörung der Arbeiterklasse hervorrufen muß. Die Proletarier empfinden es als ein Verbrechen, aufeinander zu schießen, zum Vorteil des Profits der Kapitalisten, des Ehrgeizes der Dynastien oder zu höherer Ehre diplomatischer Geheimverträge.

Wenn die Regierungsgewalten jede Möglichkeiten der normalen Fortentwickelung abschneiden und dadurch das Proletariat zu verzweifelten Schritten treiben sollten, würden sie selbst die ganze Verantwortung für die Folgen der durch sie herbeigeführten Krise zu tragen haben.

(...) Das Proletariat ist sich bewußt, in diesem Augenblick der Träger der ganzen Zukunft der Menschheit zu sein. Um die Vernichtung der Blüte aller Völker zu verhindern, die von allen Greueln des Massenmordes, der Hungersnot und Pestilenz bedroht ist, wird das Proletariat all seine Energie aufwenden."[12]

Jean Jaurès, jene große Figur des französischen Sozialismus, faßte diese Botschaft im Schlußsatz seiner Rede auf der Eröffnungssitzung des Baseler Kongresses bündig zusammen:

"Die Regierungen sollten daran denken, wenn sie die Kriegsgefahr heraufbeschwören, wie leicht die Völker die einfache Rechnung aufstellen könnten, daß ihre eigene Revolution sie weniger Opfer kosten würde als der Krieg der anderen!"[13]

Victor Adler, der führende Kopf der österreichischen Sozialdemokratie, überbot ihn noch:

"Wir haben die Hoffnung, daß sich an dieses Verbrechen [die Auslösung des Krieges], wenn es begangen werden sollte, automatisch (...) schließen wird der Anfang vom Ende der Herrschaft der Verbrecher".[14]

Diese Analysen und Perspektiven mögen im nachhinein - im Lichte der Ereignisse vom August 1914 - unrealistisch erscheinen. Dennoch gilt es festzuhalten, daß weder Lenin, Rosa und Martow noch Jaurès und Adler vorausgesagt haben, eine Revolution werde unmittelbar bei Kriegsausbruch erfolgen - und drei bzw. vier Jahre später sind ja nun durchaus Revolutionen ausgebrochen.

---

12. "Manifest der Internationale zur gegenwärtigen Lage" (angenommen 25.11.1912), in: *Außerordentlicher Internationaler Sozialisten-Kongreß zu Basel am 24. und 25. November 1912*, Berlin 1912, S. 26/27. - Zitierte Passage ebenfalls bei: J. Longuet, *Le mouvement socialiste international*, S. 80/81; Zusammenfassung bei: J. Braunthal, *Geschichte der Internationale*, Bd. 1, S. 353.

13. *Außerordentlicher Internationaler Sozialisten-Kongreß zu Basel*, S. 20; zitiert nach: J. Braunthal, *Geschichte der Internationale*, Bd. 1, S. 351.

14. *Außerordentlicher Internationaler Sozialisten-Kongreß zu Basel*, S. 18; zitiert nach: J. Braunthal, *Geschichte der Internationale*, Bd. 1, S. 351.

Richtig ist, daß Adler selber im August 1914 vor den "Verbrechern", die er im November 1912 angeprangert hatte, kapituliert und danach alles getan hat, um die Revolution zu verhindern, anstatt sie vorzubereiten. Richtig ist ferner, daß die Massen - die sozialdemokratischen eingeschlossen - sich von der chauvinistischen Welle dieses Zeitpunkts mitreißen ließen. Diese Tatsachen sind nicht zu bestreiten. Es wäre aber etwas vorschnell, daraus zu schließen, sie rührten schicksalhaft aus einer reformistischen Tagespraxis (der Verbindung von wirtschaftlichen Streiks und der Vorbereitung "guter" Wahlergebnisse), bzw. all dies spiegele eine wachsende Integration des Proletariats in die bürgerliche Gesellschaft und den bürgerlichen Staat wieder.

Doch wie wäre dann der Stimmungsumschwung derselben Massen von 1917 an zu erklären? Er trat ein, nachdem "die durch den Krieg herbeigeführte wirtschaftliche und politische Krise" tatsächlich Elend, Hunger, Pest, Massaker, Unterdrückung der demokratischen Freiheiten hervorgerufen hatte, genau wie in den Resolutionen von Stuttgart und Basel vorausgesehen. Wie wäre die anwachsende Welle von Streiks, auch politischer Streiks, gegen den "Raubfrieden" zu erklären, den Ludendorff, der Chef der deutschen Obersten Heeresleitung, der russischen Revolution im März 1918 aufzwang?

Im Mai 1917 brach in der französischen Armee eine Meuterei aus. 54 Divisionen weigerten sich, den Befehlen zu gehorchen. Nach offiziellen Angaben wurden mehr als 100 000 "*poilus*" (französische Frontsoldaten) vor das Kriegsgericht gestellt, 23 000 wurden schuldig gesprochen, 423 zum Tode verurteilt, 55 tatsächlich erschossen. Viele weitere wurden ohne Verfahren erschossen oder kamen durch Artilleriefeuer zu Tode.[15] Im August 1917 wurde in Barcelona ein Massenstreik mit Maschinengewehrfeuer niedergeworfen, das 70 Tote, Hunderte von Verletzten verursachte; 200 wurden ins Gefängnis geworfen. Im Februar 1918 meuterte die österreichisch-ungarische Flotte in Cattaro.

Der Umschwung der Massenstimmung mündete von Oktober 1918 an in eine ununterbrochene Abfolge von Revolutionen - gewiß, ein wenig später, als die Bolschewiki erhofft hatten. Nichtsdestoweniger handelte es sich durchaus um wirkliche Revolutionen: in Finnland, Deutschland, Österreich, Ungarn, Bildung einer Rätemacht in Bayern,[16] revolutionäre

---

15. Zitiert nach: D. Mitchell, *1919*. Red Mirage, S. 18.
16. Die geographische Lage Bayerns, an der Grenze zu Österreich, ist dadurch von Bedeutung, daß es im Frühjahr 1919 einen gleichzeitigen revolutionären Schub in Bayern (nordwestlich von Österreich), Ungarn (südöstlich von Österreich) und in Österreich selber gab.

Krise in Italien. Während der beiden Jahre von Oktober 1918 bis September 1920 war die Weltrevolution eine greifbare Realität. Sie war das nicht nur für die Bolschewiki, die revolutionären Sozialistinnen und Sozialisten, einen guten Teil der "zentristischen" sozialistischen Linken auf der Welt; sie war es auch für die Bourgeoisie.

Im Dezember 1918 forderte Robert Williams, der Generalsekretär des Transportarbeiterverbands, bei einer Versammlung in der Londoner Albert Hall vehement zu "Bereitschaft zur Revolution" auf. "Die Sonne des internationalen Sozialismus", sagte er, "läßt den Kapitalismus in ganz Europa dahinschmelzen."[17] Im Januar 1919 brachen in Belfast und Seattle im US-Bundesstaat Washington Generalstreiks aus. Im Februar 1919 fand in Barcelona ein Generalstreik statt, der einen vollen Monat andauerte.

Der britische Ministerpräsident Lloyd George schrieb:

"Ganz Europa ist vom Geiste der Revolution erfüllt. Die Arbeiter sind nicht nur von einem tiefen Gefühl der Unzufriedenheit mit den Lebensbedingungen, wie sie vor dem Krieg bestanden, ergriffen, sondern von Groll und Empörung. Die ganze bestehende soziale, politische und wirtschaftliche Ordnung wird von der Masse der Bevölkerung von einem Ende Europas zum anderen in Frage gestellt..."[18]

Lloyd George schrieb in dem bereits zitierten vertraulichen Memorandum vom 23. März 1919 an die Teilnehmer der Friedenskonferenz in Versailles bei Paris:

"Wenn Deutschland an die Spartakisten übergeht, wird es sich unvermeidlich auf die Seite der russischen Bolschewiken schlagen. Wenn das geschieht, wird ganz Osteuropa in den Wirkungsbereich der bolschewistischen Revolution gerissen werden und innerhalb eines Jahres könnten wir Zeugen des Schaustücks sein, bei dem nahezu 300 Millionen Menschen in eine riesige Rote Armee mit deutschen Generälen als Instrukteuren organisiert werden."[19]

Und im Zusammenhang mit der Welle von Fabrikbesetzungen in Italien im September 1920 schrieb der Historiker Gaetano Salvemini:

"Die Bankiers, Großindustriellen und Großgrundbesitzer warteten auf die soziale Revolution wie Lämmer, die darauf warten, ins Schlachthaus geführt zu werden."[20]

---

17. Zitiert nach: D. Mitchell, *1919*. Red Mirage, S. 32.
18. Memorandum vom 25. März 1919 an die britische Delegation zur Friedenskonferenz in Paris, zitiert nach: J. Braunthal, *Geschichte der Internationale*, Bd. I, S. 186.
19. Zitiert nach: D. Mitchell, *1919*. Red Mirage, S. 171.
20. *The Fascist Dictatorship in Italy*, New York 1927, S. 30/31; "La dittatura fascista in Italia" (1928), in: G. Salvemini, *Scritti sul fascismo*, Milano 1966, S. 22.

Julius Braunthal faßt die Situation zur Zeit der zweiten Nachkriegskonferenz der Sozialistischen Internationale, die im August 1919 in Luzern stattfand, in seiner *Geschichte der Internationale* folgendermaßen zusammen:

"Europa war in Gärung. Es schien, als stünde es am Vorabend der Entscheidungskämpfe zwischen Revolution und Konterrevolution."[21]

Und er fügt hinzu:

"Unmittelbar nach der Tagung des Gründungskongresses der Kommunistischen Internationale setzte in Europa eine revolutionäre Welle ein, die Lenins Prognose zu bestätigen schien."[22]

Zu Deutschland stellt er fest:

"(...) der Imperialismus der Westmächte (hatte) der sozialen Revolution in Deutschland Schranken gesetzt.

Aber selbst innerhalb dieser Schranken waren die Bedingungen für eine soziale Revolution gegeben: für die Entmachtung des großkapitalistischen Bürgertums durch die Überführung der in wenigen Händen konzentrierten Schwerindustrie, der Kohlengruben und chemischen Industrie in öffentlichen Besitz; für die Entmachtung des Finanzkapitals durch die Unterwerfung des Bankwesens unter Staatskontrolle; für die Entmachtung der Junker durch die Neuverteilung des Großgrundbesitzes [zugunsten der Bauern - E. M.]; und vor allem für den Aufbau eines Machtorganes der Revolution - einer unter sozialistischen Arbeitern rekrutierten, von Sozialisten geführten Wehrmacht, wie sie zum Beispiel die österreichische Sozialdemokratie in der Volkswehr aufgebaut hatte."[23]

Trotzki zitierte in seinem Bericht an den III. Kongreß der Kommunistischen Internationale zwei nachträgliche Urteile des europäischen Bürgertums, die die Analyse der 1919/20 vorherrschenden Lage voll und ganz bestätigen. Die reaktionäre französische Tageszeitung *Le Temps* schrieb hierüber am 28. April 1921:

"Es reicht, den seit einem Jahr zurückgelegten Weg zu betrachten, um vollauf beruhigt zu sein: Im vergangenen Jahr bezeichnete der 1. Mai den Beginn jenes Generalstreiks, der die erste Etappe der Revolution sein sollte. Heute herrscht absolutes Vertrauen in die Bemühung der Nation um alle Krisen zu überwinden, die dem Krieg gefolgt sind."[24]

---

21. Bd. 2, S. 175.
22. Bd. 2, S. 186.
23. Bd. 2, S. 232.
24. Bericht zum Tagesordnungspunkt "Die wirtschaftliche Weltkrise und die neuen Aufgaben der Kommunistischen Internationale" (23. Juni 1921), in: *Protokoll des III. Kongresses der Kommunistischen Internationale.* Moskau, 22. Juni bis 12. Juli 1921, Hamburg 1921, Bd. 1, S. 50 (Originalwortlaut); knappe Zusammenfassung des Zitats in der durchgesehenen Fas-➻

Und das repräsentative Organ der Schweizer Bourgeoisie, die *Neue Zürcher Zeitung*, schrieb zum selben Zeitpunkt über Deutschland:

"Das Deutschland von 1921 ist ein ganz anderes als das von 1918. Das Staatsbewußtsein ist dermaßen erstarkt, daß die kommunistischen Methoden in allen Volksschichten auf Widerstand stoßen, obwohl die Kraft der Kommunisten, die in den Revolutionstagen nur ein kleines Häuflein entschlossener Leute waren, seither sich mehr als verzehnfachte."[25]

Die Verantwortung der Reformisten für die Niederlagen in Europa

Die revolutionäre Welle zeitigte außerhalb von Rußland allerdings nur vorübergehende Siege: die Errichtung der kurzlebigen Räterepubliken in Ungarn und in Bayern. Die erste Phase der deutschen Revolution endete im Januar 1919 mit einer Niederlage. Die österreichische Revolution wurde von der (zentristischen) sozialdemokratischen Partei Österreichs vorsätzlich zum Halten gebracht; sie handelte mit der Bourgeoisie einen Kompromiß aus.[26]

Dieser Kompromiß leitete sich jedoch nicht aus objektiv ungünstigen Kräfteverhältnissen ab. In dieser Hinsicht ist die historische Verantwortung der Führung dieser sozialistischen Partei zu unterstreichen. Tatsächlich hätte die - damals ohne weiteres mögliche - Übernahme der Macht

---

➻ sung des Stenogramm der Rede in: Leo Trotzki, *Die neue Etappe.* Die Weltlage und unsere Aufgaben, o.O. 1921, S. 7; ebenfalls in einem verbreiteten Sammelband: Leon Trotsky, *The First 5 Years of the Communist International,* Bd. 1, S. 177.

25. *NZZ*, 26.3.1921, Trotzkis Rückübersetzung aus dem Russischen, zitiert nach: *Protokoll des III. Kongresses der Kommunistischen Internationale,* S. 49/50; anderer Wortlaut in: L. Trotzki, *Die neue Etappe,* S. 6/7; *The First 5 Years of the Communist International,* S. 177.

26. Roman Rosdolsky hat auf der Grundlage von Archivmaterialien nachgewiesen, wie die österreichischen sozialdemokratischen Führer in engem Verbund mit der kaiserlichen Regierung manövriert haben, um den machtvollen Generalstreik vom Januar 1918 zunächst in gewisse Bahnen zu lenken und ihn dann abzuwürgen ("Die revolutionäre Situation in Österreich im Jahre 1918 und die Politik der Sozialdemokraten. Der österreichische Jännerstreik 1918", in: *Studien über revolutionäre Taktik.* Zwei unveröffentlichte Arbeiten über die II. Internationale und die österreichische Sozialdemokratie, Berlin 1973, S. 119-174).
Otto Bauer, bis 1917/1918 einer der Führer des linken Flügels der österreichischen Sozialdemokratie, hat zugegeben, daß die Beendigung des Generalstreiks, bevor er sich zu einer Revolution auswuchs, im Proletariat auf enorm großen Widerstand gestoßen sei:
"In der Nacht vom 19. auf den 20. Jänner [1918] nahm der Arbeiterrat nach leidenschaftlichen Debatten den Antrag des Parteivorstandes an, die Arbeiterschaft aufzufordern, sie solle die Arbeit am Montag, dem 21. Jänner, wieder aufnehmen. Dieser Beschluß stieß in den von revolutionärer Leidenschaft erfaßten Massen auf heftigen Widerstand. In stürmischen Riesenversammlungen wurde um ihn gekämpft. In den meisten Betrieben wurde die Arbeit erst am Dienstag, in vielen erst am Mittwoch oder Donnerstag wieder aufgenommen." (*Die österreichische Revolution,* Wien 1923, S. 65; in: *Werkausgabe,* Bd. 2, Wien 1976, S. 575.)

durch die österreichischen Sozialistinnen und Sozialisten die Lage in Europa von Grund auf zugunsten der Revolution geändert: Damit wäre eine territoriale Verbindung zu den kurz vorher errichteten Räterepubliken in Bayern und in Ungarn, die in verschiedenen Himmelsrichtungen an Österreich angrenzen, hergestellt gewesen. Durch ihre Weigerung, die Macht zu übernehmen, haben die österreichischen Sozialisten und Sozialistinnen die Kette der sozialen Revolution unterbrochen; hätten sie anders gehandelt, hätten sich die drei proletarischen Republiken gegenseitig gestärkt und einen revolutionären Elan entstehen lassen, der sich auf ganz Europa hätte ausbreiten können.[27]

Die deutsche Revolution, die 1918 einen ersten Anlauf genommen hatte, dann hart zurückgeschlagen worden war, erholte sich; dies führte zu dem eindrucksvollen Generalstreik vom März 1920 gegen den Putsch der Kapp und von Lüttwitz; und 1923 folgte eine dritte Welle, in Form des Generalstreiks vom August gegen die Regierung Cuno.[28]

Vor allem aber, wenn die Bolschewiki "Illusionen" in die Weltrevolution hatten, so wurden sie von Millionen von Lohnabhängigen in der ganzen Welt geteilt. Auf dem ersten Kongreß der Kommunistischen Internationale war nur eine Handvoll revolutionärer Gruppen vertreten, die nur einige

---

27. In seiner Einleitung zu einer Auswahl von Texten Max Adlers hat Yvon Bourdet diese Frage erörtert (Max Adler, *Démocratie et conseils ouvriers*, Paris 1967). Er rechtfertigt im wesentlichen die Weigerung der Austromarxisten, die Macht zu erobern; dabei unterschätzt er sowohl das internationale revolutionäre Potential jener Zeit als auch die Schwere der kurzfristigen Folgen dieser politischen Entscheidung (während er unterstreicht, daß das Scheitern des austromarxistischen Projekts einer "langsamen Revolution" dem späteren Aufstieg des Faschismus Platz Raum gelassen hat).
Eine gute Übersicht zu seinem politischen Wirken gibt ein deutschsprachiger Band mit ausgewählten Aufsätzen und Broschüren: Max Adler, *Ausgewählte Schriften*, hrsg. von Alfred Pfabigan u. Norbert Leser, Wien 1981.
Die wichtigsten Bücher über ihn sind: Peter Heintel, *System und Ideologie*. Der Austromarxismus im Spiegel der Philosophie Max Adlers, Wien u. München 1967; Alfred Pfabigan, *Max Adler*. Eine politische Biographie, Frankfurt/M. u. New York 1982.
Die wichtigsten Bücher zur Kritik des Austromarxismus sind: Norbert Leser, *Zwischen Reformismus und Bolschewismus*. Der Austromarxismus als Theorie und Praxis, Wien · Frankfurt/M. · Zürich 1968; Peter Kulemann, *Am Beispiel des Austromarxismus*. Sozialdemokratische Arbeiterbewegung in Österreich von Hainfeld bis zur Dollfuß-Diktatur, Hamburg 1979; *Der Austromarxismus - eine Autopsie*. Drei Studien, von Raimund Löw, Siegfried Mattl, Alfred Pfabigan, Frankfurt/M. 1986.
28. Während des Generalstreiks vom März 1920 gegen den Putsch der äußersten Rechten unter Führung von Wolfgang Kapp und Walter von Lüttwitz riefen zum ersten und einzigen Male auch die reformistischen Gewerkschaften zur Bildung einer "reinen" Arbeiterregierung auf, gebildet von SPD, USPD und den Gewerkschaften.
Die im November 1922 gebildete Regierung Cuno, die eindeutig rechts stand, wurde zunächst von einer parlamentarischen Koalition gestützt, die von den Sozialdemokraten über das katholische Zentrum und die liberalen Demokraten bis zur Deutschen Volkspartei, der Partei der Großindustrie, reichte; die SPD "tolerierte" die Regierung, war jedoch nicht an ihr beteiligt.

Dutzend tausend Menschen außerhalb Rußland ausmachten. In den folgenden Monaten aber nahmen die Sympathien für "Moskau" derart zu, daß die Mehrheit der organisierten Lohnarbeiterinnen und Lohnarbeiter in zahlreichen Ländern (Spanien, Italien, Frankreich, Norwegen, Bulgarien, Tschechoslowakei) und eine starke Minderheit in anderen Ländern (vor allem Deutschland) den Beitritt zur Komintern verlangten. In Österreich, in Polen, in der Schweiz konnten die Führungen der sozialistischen Parteien diese Sturmflut nur dadurch aufhalten, daß sie gleichfalls mit der reformistischen Sozialdemokratie brachen und eine sogenannte "zweieinhalbte" Internationale bildeten, die Bekenntnisse zur Diktatur des Proletariats ablegte.[29]

Die tiefgehende Radikalisierung des internationalen Proletariats hatte - und das ist hervorzuheben - eigenständige Wurzeln in den Verhältnissen des jeweiligen Landes. Sie war nicht einfach ein Exportprodukt aus Moskau.[30] Sie veränderte die internationale Kräfteverhältnisse zwischen den Klassen grundlegend. Bei dem Versuch, die revolutionäre Welle mit Hilfe der Reformisten einzudämmen, mußte die Bourgeoisie dem Proletariat bedeutsame Reformen zugestehen, für die es seit über 25 Jahren

---

29. Die revolutionäre Welle erreichte sogar das fernab gelegene Seattle an der Pazifikküste der USA; der Generalstreik führte hier zu einer Vorform von räteartiger Organisierung. (Vgl. Jeremy Brecher, *Streiks und Arbeiterrevolten*. Amerikanische Arbeiterbewegung 1877-1970, Frankfurt/M. 1975, S. 98-106.)

30. Martow, der führende linke Menschewist, bemühte sich, eine "soziologische Erklärung" für die internationale Arbeiterradikalisierung nach 1917 zu liefern. Er behauptete in einer 1919 geschriebenen Artikelserie, diese Radikalisierung werde im wesentlichen von unorganisierten Soldaten und Arbeitern getragen, die im Gegensatz zu den qualifizierten oder halbqualifizierten organisierten sozialdemokratischen Arbeiterinnen und Arbeitern den Standpunkt eines "Verbraucherkommunismus" einnehmen. (Vgl. J. Martov, *Bolscevismo mondiale*. La prima critica marxista del leninismo al potere, Torino 1980; frz. Ausg.: Jules Martov, *Le bolchevisme mondial,* hrsg. von Th. Dan, Paris 1934, Kapitel I.3: "La psychologie du bolchevisme", S. 35-37; dt.: L. Martow, "Der Weltbolschewismus" [drei Folgen], in: *Der Sozialist*. Unabhängige sozialdemokratische Wochenschrift, Berlin, 6. Jg., Nr. 46, 20.11.1920, S. 912-914; vgl. auch Nr. 48, 4.12.1920, S. 966/967.

Diese These ist, im Lichte der Tatsachen betrachtet, unhaltbar. Nicht nur in Rußland und in Italien, sondern auch in Deutschland, waren die Lohnarbeiterinnen und -arbeiter, die sich für die Kommunistische Internationale aussprachen, vor allem die qualifizierten und halbqualifizierten Beschäftigten der großen Fabriken, während die Reformisten und Reformistinnen ihre Unterstützung hauptsächlich unter den wenig oder unqualifizierten Beschäftigten aus kleinen oder mittleren Unternehmen und weniger fortgeschrittenen wirtschaftlichen Branchen erhielten. Die Spaltung zuerst zwischen USPD und SPD, dann (bis März 1921) zwischen linker und rechter USPD und schließlich 1923 zwischen KPD und SPD hatte genau dieselbe soziologische Grundlage.

Für Rußland haben S. A. Smith und D. P. Koenker in ihren Beiträgen über Petrograd bzw. Moskau 1917 "von unten gesehen" nachgewiesen, daß die Bolschewiki vor allem von den Facharbeitern der Großbetriebe unterstützt wurden (in: D. Kaiser [Hrsg.], *The Workers' Revolution in Russia, 1917*. The View from Below, Cambridge 1987).

erfolglos gekämpft hatte (vor allem den Achtstundentag und das schlichte allgemeine Wahlrecht). Die Radikalisierung reichte so weit, daß es selbst in der Schweiz einen Generalstreik gab und der sozialdemokratische Parteiführer Troelstra zur Revolution in den Niederlanden aufrief - in zwei Ländern, die während des Kriegs neutral geblieben und viel stabiler waren als das übrige.

Diese Veränderung der internationalen Kräfteverhältnisse zwischen den Klassen rettete Sowjetrußland 1920 davor, militärisch erdrosselt zu werden; die Drohung eines Generalstreiks seitens der gesamten britischen Arbeiterbewegung hinderte den britischen Imperialismus daran, während des russisch-polnischen Kriegs an der Seite der konterrevolutionären Kräfte von Weygand und Foch zu intervenieren.[31] Auch in diesem ausgesprochen konkreten Sinn waren die Hoffnungen der Bolschewiki auf die Weltrevolution keineswegs illusorisch.

Diese Hoffnungen waren zweifelsohne überzogen, wenn von entscheidenden und kurzfristigen Siegen die Rede ist. Lenin und Trotzki haben das recht schnell erkannt. Etwas paradoxerweise waren sie übertrieben spontaneistisch gewesen: Die revolutionäre Welle schien zu der Zeit so tief zu reichen, daß sie die Rolle des subjektiven Faktors - der revolutionären Führung - zum Erringen des Sieges ein wenig unterschätzt hatten. Trotzki sagte im Juni 1921:

Wir *"haben nicht den chaotischen, elementaren Ansturm vor uns, dessen erste Etappe wir im Jahre 1918-19 in Europa beobachten konnten. Es schien uns mit einem gewissen geschichtlichen Rechte in dieser Zeit der Desorganisierung des Bürgertums möglich, daß dieser Ansturm sich in immer höheren Wellen vorwärts bewegen werde, daß dadurch auch die Vorstellungen der leitenden Schichten der Arbeiterschaft sich klären würden und daß die Arbeiterschaft dadurch im Laufe von ein oder zwei Jahren an die Staatsmacht gelangen werde. Es war eine geschichtliche*

---

31. Am 9. August 1920 fand eine Sondersitzung des "Parliamentary Committee" des Gewerkschaftsbundes TUC, des Exekutivkomitees der Labour-Partei und der Parlamentsfraktion von Labour statt, auf der ein "Council of Action" (Aktionskomitee) gebildet und eine Resolution angenommen wurde, in der es hieß: "diese Gemeinsame Konferenz (...) ist sich sicher, daß zwischen den Alliierten Mächten und Sowjetrußland ein Krieg um die Polenfrage betrieben wird; sie warnt daher die Regierung, daß die gesamte betriebliche Macht der organisierten Arbeiter in Anwendung gebracht werden wird, um diesen Krieg scheitern zu lassen; (...) daß sofort ein Aktionskomitee gebildet werden soll, damit diejenigen Schritte ergriffen werden, die notwendig sein können, um die obigen Entschlüsse wirksam werden zu lassen." Zu der umgehend einberufenen nationalen Konferenz kamen am 13. August über 1000 Delegierte zusammen. Innerhalb von wenigen Tagen bildeten sich in über 350 Städten Aktionskomitees. (Siehe J. Braunthal, *Geschichte der Internationale*, Bd. 2, S. 205; James Klugmann, *History of the Communist Party of Great Britain*, Bd. 1: Formation and Early Years, 1919-1924, London 1968, S. 84/85.)

Möglichkeit. Nun ist sie nicht eingetreten. Die Geschichte hat der Bourgeoisie unter Mitwirkung des guten oder bösen Willens der Bourgeoisie selbst, ihrer Schlauheit, ihrer Gewitztheit, ihrer Organisation und ihres Machtinstinktes eine ziemlich lange Atempause gelassen. Wunder sind nicht geschehen".[32]

Es ist jedoch nicht zu bestreiten, daß die Massen in einer ganzen Reihe von Ländern die Revolution wollten. Beweise und Zeugnisse hierfür sind in Hülle und Fülle vorhanden. Wenn der revolutionäre Kampf außerhalb von Rußland dennoch nicht gesiegt hat, so lag das daran, daß es keine adäquate Führung gab; besser ausgedrückt: daß die Führungen, die in der Massenbewegung über die Hegemonie verfügten, aktiv eingriffen, um solch einen Sieg zu verhindern.

Auch Braunthal zieht trotz seiner unschlüssigen und widersprüchlichen Diagnose diese Schlußfolgerung:

"Warum ist nichts dergleichen geschehen [eine soziale Revolution]? Im letzten Grunde, weil die deutsche Sozialdemokratie nicht als eine revolutionäre Partei in die Revolution eingetreten war, weil die überwältigende Mehrheit ihrer Führer wie die Massen längst aufgehört hatten, revolutionär zu denken, und daher für die Aufgaben einer Revolution geistig nicht vorbereitet waren."[33]

Die Bevölkerung Deutschlands, das deutsche und internationale Proletariat, die gesamte Menschheit haben für diesen Bankrott, der mit Verbrechen bekräftigt worden ist, einen schrecklichen Preis gezahlt.

32. Bericht zur Weltlage, in: *Protokoll des III. Kongresses der Kommunistischen Internationale*, S. 87/88; *The First 5 Years of the Communist International*, S. 219.
33. *Geschichte der Internationale*, Bd. 2, S. 232.

KAPITEL 3

Die Grundfragen der Revolution - auf nationaler Ebene

Das zaristische Regime ist im Februar 1917 gestürzt worden, also acht Monate vor der Oktoberrevolution. Zu diesem Zeitpunkt entstanden die Sowjets - die Arbeiter-, Bauern- und Soldatenräte. Die Bolschewiki hatten jedoch zu Beginn dieser entscheidenden Periode nicht die Mehrheit in den Sowjets, und sie befanden sich nicht an der Macht. Es waren andere politische Kräfte - bürgerlich-liberale und menschewistische -, die die Provisorische Regierung bildeten und die Gelegenheit erhielten, sich zu bewähren. Sie haben sich aber als unfähig erwiesen, *sämtliche* brennenden Probleme, die sich stellten, zu lösen. Diese Unfähigkeit liefert die Erklärung für das fortschreitende Anwachsen des bolschewistischen Einflusses und das Auftauchen einer neuen revolutionären Situation im Herbst.

Sofortiger Friede war nicht die einzige Aufgabe, vor die sich die Provisorische Regierung gestellt sah. Die Bevölkerung verspürte die Dringlichkeit anderer Probleme, und die Sowjets hatten sich verpflichtet, sie umgehend zu lösen (was sich nicht notwendigerweise in eine bewußte Unterstützung der Massen für die Sowjetmacht umsetzte). Dies galt ganz besonders für die Fragen Boden, Arbeiterelend und politische Institutionen. In diesen drei Schlüsselbereichen des sozio-politischen Lebens wies Rußland eine schwere Erbschaft aus Barbarei, Rückständigkeit und Unterentwicklung auf, mit der sich die Auswirkungen einer sehr raschen, wilden, unter autokratischer Herrschaft vollzogenen Industrialisierung vermischten.

Es ist das historische Verdienst der Oktoberrevolution, daß sie das rasche Ausmisten dieser Augiasställe ermöglicht hat, die der Zarismus hervorgebracht hatte; unter diesen unmenschlichen Bedingungen hatte die große Mehrheit des russischen Volkes, das ihnen nicht entrinnen konnte, am eigenen Leibe gelitten. Es reicht aus, diese Verhältnisse zu beschreiben, um erneut die Heuchelei, wenn nicht gar den Zynismus all' derer zu bemerken, die die Oktoberrevolution für das Elend verantwortlich machen, das sich bis zum Anfang der zwanziger Jahre in Rußland ausbreitete.

Die Agrarfrage

Die Abschaffung der Leibeigenschaft 1861 war von einer sehr großen Belastung für die Bauern begleitet gewesen. Es ist geschätzt worden, daß die Ablösungsgelder für den Boden, den die Bauern damals erhielten, gemäß der kapitalisierten Bodenertragsfähigkeit etwa 648 Millionen Goldrubel betragen hätten. Die Kaufsumme, die ihnen auferlegt wurde, belief sich aber auf 867 Millionen Rubel. Außerdem mußte der Bauer eine Landwirtschaftssteuer von 1,56 Rubel pro Desjatine bezahlen. (Eine Desjatine ist ein Flächenmaß, das 2,7 Morgen umfaßt.) Insgesamt waren das 170 Millionen Rubel; hingegen zahlten die privaten Besitzer, adlige wie bürgerliche, ihrerseits nur 0,23 Rubel Steuern pro Desjatine. Nach einer Untersuchung von 1902 sollen die von der Bauernschaft zu leistenden Abgaben, je nach Größe, zwischen 50 und 100 % des Einkommens der Höfe betragen haben.

Außerdem hatten sich die Grundbesitzer bei der Aufteilung des Bodens gute Böden, die zuvor den Bauern zur Verfügung gestanden hatten, angeeignet, und hatten ihnen allzu oft nur das Recht "gewährt", die weniger fruchtbaren Böden zu kaufen. Im Austausch für diesen schweren Tribut erhielten die Bauern vom zaristischen Staat so gut wie nichts. In den Hauptgebieten des zentralen Rußlands blieben die Lebens- und Arbeitsbedingungen so, wie sie bereits seit 1000 Jahren waren. Der Hektarertrag betrug dort nur ein Viertel des Ertrages in Großbritannien, für den Durchschnitt der Bauernhöfe weniger als ein Fünftel (d.h. ohne Berücksichtigung der Gutsländereien, die von Adel und Bourgeoisie genutzt wurden).

Unter diesen Bedingungen machte es der Druck der Jahr für Jahr zu zahlenden Zinsen und Steuern den Bauern unmöglich, Rücklagen zu bilden. Das führte einerseits zu einer fortschreitenden Erschöpfung der Bodenfruchtbarkeit aufgrund der Übernutzung (wie man sieht, datieren die ökologischen Probleme nicht erst aus der Stalin-Epoche!) und andererseits immer wieder (bei jeder Mißernte) zu Hungersnöten; die schlimmste war die von 1891.

Noch schlimmer als die an sich schon unerträgliche finanzielle Belastung war die Bodennot. Es ist geschätzt worden, daß ein Hof, der in der Lage sein sollte, eine bäuerliche Familie zu ernähren, eine Größe von 6,5 bis 7 Desjatinen haben mußte. Die Bauern, die früheren adligen oder Domänenboden bearbeiteten, erhielten jeweils nur 3,17 bzw. 4,9 Desjatinen. Angesichts der demographischen Bewegung und der sehr begrenzten Landflucht betrug die durchschnittliche Bodenfläche, die jedem erwachsenen Bauern zur Verfügung stand, 1861 4,83 Desjatinen und 1905 3,1 Desjatinen. Ungefähr 5 Millionen erwachsene Männer auf dem Lande konnten nicht wirklich ihre Arbeitskraft einsetzen, selbst nicht bei dem gegebenen niedrigen durchschnittlichen Produktivitätsniveau. Die Bauern benötigten in etwa 60 bis 70 Millionen Desjatinen Boden mehr.

Nun standen den rund 112 Millionen Desjatinen Land in Bauernhand 101,7 Millionen gegenüber, die sich in den Händen des Adels, der Geistlichkeit und der Bourgeoisie befanden, sowie 145 Millionen Desjatinen Staats- und Domänenboden. Allein die landwirtschaftlichen Betriebe mit jeweils mehr als 50 Desjatinen Land (15 mal größer als der durchschnittliche Bauernhof) umfaßten zusammen 80 Millionen Desjatinen.[1]

Die Schlußfolgerung springt ins Auge: die Bauern konnten nur durch die radikale Beseitigung des adligen und bürgerlichen Großbesitzes zu dem Land kommen, das ihnen fehlte. Solange diese Agrarrevolution nicht zustande kam, blieb den Bauern nichts weiter übrig, als weiterhin Land zu pachten, das den Großgrundbesitzern gehörte. Ende des 19. Jahrhunderts verpachteten diese in der sogenannten "Schwarzerde"-Zone (dem Herz Rußlands) 50 % ihres Bodens an die Bauern, im übrigen Land zwischen 30 und 45 %. Das Pachtgeld war außerordentlich hoch, es erreichte manchmal 50 % der Ernte.

Addiert man den Rückkaufpreis, die Steuerlast und die Rentenlast, erhält man eine globale Belastung der Bauernschaft, die für die Mehrheit der Familien auf dem Lande die unausweichliche Pauperisierung bedeutet. Zwischen 1888 und 1898 ist die Anzahl der von den Bauern gehaltenen Pferde von 19,6 auf 17 Millionen gefallen, ihr Rinderbestand von 34,6 auf 24,5 Millionen. Die Anzahl der Höfe ohne Pferd ist im selben Zeitraum um 22 % angestiegen. (Diese Zahlen stammen allesamt aus zeitgenössischen offiziellen Untersuchungen.)

Teodor Shanin bringt folgende Aufstellung der Schichtung der Bauernschaft im europäischen Rußland um 1905 - wobei er absichtlich die Statistiken korrigiert, die Lenin in seinem Ende 1907 geschriebenen Buch *Das Agrarprogramm der Sozialdemokratie in der ersten russischen Revolution von 1905 bis 1907* benutzt hat:

---

1. Alle Angaben sind Trotzkis Buch *Die russische Revolution 1905* entnommen (Kapitel "Bauernschaft und Agrarfrage", S. 29-36, insbes. S. 31, 32, 30, 35).

- 15,8 % wohlhabende Bauernfamilien besitzen 15 Desjatinen oder mehr;
- 51,8 % Bauernfamilien besitzen zwischen 7 und 15 Desjatinen;
- 32,4 % arme Bauernfamilien besitzen weniger als 7 Desjatinen.

(Es handelt sich jeweils um den Besitz pro Familie und nicht pro Kopf der Bevölkerung.) Shanin schließt daraus, daß es im Zeitraum 1897 bis 1905 in Rußland durchschnittlich gab:

- 0,8 bis 1,2 % kapitalistische Landwirte (5,1 bis 7,6 % der bäuerlichen Bevölkerung);
- 8 bis 6 % landlose Arbeiter (3 bis 4 % der bäuerlichen Bevölkerung);
- 2,6 bis 3,9 % reiche Bauern;
- 12,4 bis 10,7 % wohlhabende Bauern;
- 51,8 % Mittelbauern;
- 24,2 bis 26,4 % arme Bauern.[2]

Die Armen machten also ein Drittel der Dorfbevölkerung aus.

Die Barbarei und das Elend, in dem die Bauernschaft unter dem Zarismus lebte, spiegeln sich im Niveau ihres Verbrauchs deutlich wider. Auf einem durchschnittlichen Bauernhof wurden pro Kopf - neben den Ausgaben für Nahrung und Unterkunft - jährlich 5,5 Rubel für Kleidung, 2,5 Rubel für geistig-kulturelle Bedürfnisse, 1,4 Rubel für andere materielle Bedürfnisse ausgegeben. Zwei jeweils aus zwölf Personen bestehende bäuerliche Familien, also insgesamt zwölf Landbewohner bzw. -bewohnerinnen der Zarenzeit, verbrauchten ebenso viel wie ein einziger amerikanischer Arbeiter (ohne seine Familie) um 1905. Das entspricht einem Unterschied von 1 zu 12 (und zu dieser Zeit war natürlich der Verbrauch eines amerikanischen Arbeiters sehr viel niedriger als heute).

Der massive Getreideexport Rußlands als Hauptquelle seiner Devisen vor dem Erdölexport war nur möglich, weil der Druck von Zins und Steuer den Bauern zwangen, Getreide selbst dann zu verkaufen, wenn er seinen eigenen Hunger nicht stillen konnte. Hätte er seine Konsumbedürfnisse voll befriedigen können, wäre Rußland ein Import- und nicht ein Exportland für Getreide geworden.

Der sehr konservative Sir Donald Mackenzie Wallace, ein amtlicher Repräsentant des britischen Establishments, brachte die Verschlechterung der Lage der russischen Bauern in seinem einstmals klassischen Buch über Rußland folgendermaßen auf einen Nenner: Die Steuerrückstände (d.h. die Summe der nichtbezahlten Steuern) stiegen von 0,9 Rubel pro männlichem Einwohner im Jahre 1882 auf 6 Rubel 1893 und 22 Rubel 1899 in sieben Provinzen der Schwarzerdenzone.[3]

---

2. *Russia as a "Developing Society"*, London 1985, S. 98, 101.
3. *Rußland*, 4. dt. Aufl., Würzburg 1906, II. Bd., S. 180.

Das städtische Elend

Das Elend der Arbeiterinnen und Arbeiter und in den Städten war nicht weniger ausgeprägt. Es genügt, in diesem Zusammenhang auf die Wohnverhältnisse zu verweisen. Anatole Kopp, der sich vor allem auf den sowjetischen Autor G. Puzis stützt, stellt fest, daß in den 131 Städten, die auf den Gebieten lagen, aus denen die RSFSR (Russische Sozialistische Föderative Sowjetrepublik) gebildet wurde,

"nur 9 % der Häuser an dieses Netz [der Kanalisation] angeschlossen waren. Von den 195 000 Häusern, die es in 213 Städten der RSFSR gab, welche vor der Revolution ein Wasserversorgungsnetz hatten, waren nur 12,5 % angeschlossen."[4]

1912 belief sich die Zahl der Personen pro Wohnung in Moskau auf 8,7, in Petrograd auf ungefähr 8, dagegen in Berlin auf 3,6 , in Wien auf 4,2 und in Paris auf 2,7 Personen.[5]

Der durchschnittliche Arbeitstag betrug 10 Stunden, die zahlreichen Überstunden nicht mitgerechnet. Dem Historiker Prokopowitsch zufolge bedurfte es 1909 in Petrograd des dreifachen Betrags eines durchschnittlichen Jahreslohns, um eine Familie hinreichend versorgen zu können. Das Arbeiterelend war also sehr groß. 1908 gab eine Arbeiterfamilie 48 % ihres Einkommens für Nahrung (die im übrigen ausgesprochen unzureichend war), 21 % für Wohnung (im allgemeinen miserable Bedingungen) und 15 % für Kleidung aus. Um die anderen Bedürfnisse, vor allem medizinische Versorgung und Bildung, auch nur im Ansatz zu befriedigen, blieben nur 15 % des mageren Lohns.[6] Der kommunistische Historiker Pokrowski, den Lenin hoch gelobt hat,[7] schätzt, daß der Reallohn des russischen Arbeiters zwischen 1892 und 1902 um 20 % gesunken ist. In einer späteren anderen Ausgabe seines Werkes hat er die elenden Lebensbedingungen der russischen Arbeiter und Arbeiterinnen am Ende des 19. Jahrhunderts so beschrieben:

"die Arbeiter (waren zu) 63,7 Prozent Analphabeten (...). (...)

---

4. *Changer la vie, changer la ville*. De la vie nouvelle aux problèmes urbains, U.R.S.S., 1917-1932, Paris 1975, S. 261.

5. James H. Bater, "St. Petersburg and Moscow on the Eve of the Revolution", in: D. H. Kaiser (Hrsg.), *The Workers' Revolution in Russia*, S. 50.

6. M. Pokrowski, *Geschichte Rußlands* von seiner Entstehung bis zur neuesten Zeit, hrsg. von Wilhelm Herzog, Leipzig 1929, S. 275.

7. Vgl. Lenins Brief an M. N. Pokrowski vom 5.12.1920 (*LW*, Bd. 36, S. 520). - Zu seinem Werk allgemein (und zu den Anfängen der "sowjetischen" Geschichtswissenschaft) ist aus der Sicht eines westlichen liberalen Akademikers eine monographische Studie veröffentlicht worden: George Enteen, *The Soviet Scholar-Bureaucrat*. M. N. Pokrovskii and the Society of Marxist Historians, University Park u. London 1978.

In den Moskauer Webereien schliefen die Weber 'fast immer' auf ihren Webstühlen. Auf einem solchen Webstuhl, zweieinhalb Meter lang und zwei Meter breit, schlief die ganze Familie. Als Unterlage diente die eigene Kleidung oder aber 'dreckige Fetzen', Matten usw. Die Unternehmer versicherten dem Doktor, der alles das beschrieb, die Arbeiter 'liebten' es, so zu hausen (...). (...)

Der Arzt, dem wir (diese) Kenntnisse (...) verdanken, wurde Fabrikinspektor, was übrigens auch seine Beschreibungen sofort veränderte; er schrieb zwei Jahre später über die Mehrzahl der Fabriken des Gouvernements Wladimir: 'Schmutz und schlechte stickige Luft bilden einen unvermeidlichen Zubehör' der Arbeiterschlafkammern. Und er beschreibt eine solche 'Kammer' jener Tage, ein zweifenstriges, manchmal auch einfenstriges Zimmer, in dem zwei Familien hausten (...). (...)

Unter solchen Umständen nährte sich der Arbeiter in jener Zeit, wo das Leben viermal billiger war als selbst im Jahre 1914, schlechter als bei uns [in Sowjetrußland] nach dem imperialistischen Krieg, mitten im Bürgerkrieg und in der Blockade. Seine gewöhnliche Nahrung bestand aus Stockfisch, Salzfisch, der häufig stank; frisches Fleisch kannte er nur als 'Gänserich', das sind nämlich die Eingeweide eines geschlachteten Ochsen. (...)

Bei solchen Wohnungs- und Nahrungsverhältnisse grassierten natürlich alle möglichen Krankheiten unter den Arbeitern. In den Moskauer Textilfabriken waren 134 Frauen von tausend tuberkulös. Dazu kam noch eine 'Epidemie', eine ausschließlich proletarische 'traumatische Epidemie', wie manchmal die Ärzte grimmig scherzten, das heißt ewige Verletzungen und Verwundungen. (...) Im Laufe von zwei Jahren blieb (in der Sokolow-Manufaktur in Moskau) nur jeder dritte Arbeiter unverletzt."[8]

Die Säuglingssterblichkeit in den vor allem von Arbeitern bewohnten Stadtteilen Petrograds war mindestens doppelt so hoch wie in den "gemischten" Stadtteilen. Fast ein Viertel der in der Hauptstadt geborenen Babys starb vor dem Ablauf des ersten Lebensjahres.[9] Für den Fall, daß jemand diese Beschreibungen aus marxistischer Quelle für übertrieben halten sollte, sei hier das Urteil eines ausgesprochen gemäßigten bürgerlichen Historikers wiedergegeben:

"Häufig wird argumentiert, die britischen Slums erreichten ein obszönes Ausmaß an Unmenschlichkeit, dem keine andere Gesellschaft gleichkommen könne. In dem Sinn, daß das Elend der untersten Tiefen in englischen

---

8. M. Pokrowski, *Russische Geschichte.* Von den ältesten Zeiten bis zum Jahre 1917, Berlin 1930, S. 249, 250, 251, 251/252.
9. Vgl. S. A. Smith, *Red Petrograd,* S. 13.

und schottischen Slums dem Elend der untersten Tiefen in russischen Slums gleichkommt, trifft das zu. Aber durchaus nicht alle britischen Arbeiter gehörten zu denen in den untersten Tiefen, während das für fast alle russischen Arbeiter galt. (...) In Rußland gab es keine Abstufungen: die Arbeiter waren Lohnsklaven im engsten Sinn, ihre Löhne reichten nicht aus, um eine Familie zu ernähren."[10]

Nicholas V. Riasanovsky, ein Universitätsprofessor russischer Herkunft, dessen Werke an den westlichen Universitäten häufig verwendet werden, schreibt seinerseits:

"(...) trotz der Arbeitsgesetzgebung und trotz der Tatsache, daß die Löhne in den Jahren vor dem ersten Weltkrieg wahrscheinlich gestiegen sind (was, nebenbei gesagt, von den sowjetischen Historikern nachdrücklich geleugnet wird), erging es den russischen Arbeitern im allgemeinen weiterhin miserabel. Schlecht bezahlt, in Elendsquartieren hausend, die in unvorstellbarer Weise übervölkert waren, mit sehr wenig Bildung und ohne andere Vorteile, bot das Proletariat des kaiserlichen Rußlands ein ausgezeichnetes Beispiel für jene armseligen und ausgebeuteten Arbeitskräfte, die für die ersten Phasen des Kapitalismus charakteristisch sind und die Marx im Kapital *mit solcher Eindringlichkeit beschrieben hat."*[11]

Die englischen Professoren Kochan und Abraham führen einen fast unglaublichen Fakt an:

"Die Denkungsart, die in hohen Regierungskreisen vorherrschte, wird durch ein Rundschreiben plastisch veranschaulicht, das der Erziehungsminister Deljanow 1887 herausgab und mit dem Kinder aus unteren Klassen von weiterführenden Schulen ausgeschlossen wurden: '(...) Kinder von Kutschern, Bediensteten, Köchinnen, Wäscherinnen, kleinen Ladenbesitzern und Personen ähnlicher Art, deren Kinder - vielleicht mit Ausnahme der ungewöhnlich hoch Begabten - gewiß nicht aus der gesellschaftlichen Umgebung, in die sie gehören, geholt werden sollten.'"[12]

Die Überausbeutung der Arbeiterinnen war besonders schlimm. 1914 beliefen sich die Löhne der weiblichen Arbeitskräfte auf die Hälfte der Löhne der männlichen Arbeitskräfte. 1916 waren sie auf unter 40 % gefallen.[13] Läßt sich ernsthaft leugnen, daß die Oktoberrevolution ein nützliches und wohltuendes Werk vollbracht hat, als sie mit diesen Ungeheuerlichkeiten radikal aufräumte?

---

10. Edward Crankshaw, *The Shadow of the Winter Palace.* The Drift to Revolution 1825-1917, London u. Basingstoke 1976, S. 292; Taschenbuchausg., Harmondsworth 1978, S. 344.
11. *History of Russia*, New York 1963, S. 476.
12. *The Making of Modern Russia*, London u. Basingstoke 1983, S. 223.
13. Vgl. S. A. Smith, *Red Petrograd*, S. 47/48.

Die Unterdrückungsfunktion des zaristischen Staates hatte eine genau benennbare finanzielle Dimension: 80 % der Ausgaben des Staatshaushalts waren für die Armee und den Unterdrückungsapparat bestimmt. Diese parasitäre Entnahme aus dem Nationaleinkommen ging vor allen Dingen auf Kosten der Bauernschaft (aber über die indirekten Steuern auch auf Kosten der Arbeiter).

Die Finanzierung der Industrie erfolgte vor allem durch ausländische Investitionen. Die russische Industrie war auf dem Weltmarkt nicht wettbewerbsfähig; der begrenzte nationale Markt konnte ihr aufgrund der Armut der großen Mehrheit der Bevölkerung auch keinen ausreichenden Absatz sichern. Außerdem waren die importierten Waren billiger und den Waren der russischen Industrie in der Qualität überlegen. Das führte zu einer extrem protektionistischen Politik und einer Tendenz zu ständiger militärischer Expansion nach Osten und Südosten. Länder wie die Türkei, Iran, Afghanistan, China, Korea sowie die Gebiete Kaukasiens waren durch Drohungen oder die Macht der Bajonette dazu gezwungen, russische Produkte zu kaufen. In diesem Zusammenhang ist zurecht von einem "Kapitalismus (bzw. Imperialismus) auf Kosakenart" gesprochen. Mit dem russisch-japanischen Krieg ging die Sache schlecht aus, als die russische Flotte im Mai 1905 Tsushima verheerend geschlagen wurden.

Doch die am meisten unterdrückerische und repressive Seite des Zarismus kam in der Gesamtheit der Institutionen, die die Selbstherrschaft gebildet hatte (oder dem Fehlen von Institutionen) und in dem, was sie für die Völker des Reiches darstellten, zum Ausdruck: keine demokratischen Rechte und Freiheiten, extreme bürokratische Willkür, scharfe nationale Unterdrückung:

"In Anbetracht der Herausbildung nationaler Intelligenzijas unter fast allen Minderheitsvölkern mußte die Regierung entweder etwas lokale Autonomie in den gefährdeten Grenzgebieten zugestehen oder aber diese neuen Kräfte zu ihrem eigenen Glauben zu bekehren versuchen. Das Ende der Sache war eine nachdrückliche Russifizierungspolitik. In der Ukraine, Weißrußland, Litauen und Polen wurde der Unterricht in der einheimischen Sprache in den Schulen eingeschränkt oder verboten, das Russische wurde aufgezwungen. In den baltischen Provinzen (...) führte die Regierung eine ähnliche Diskriminierung des deutschen Bevölkerungsteils durch. (...)

Die russischen Juden erlitten nun wahrscheinlich die schlimmsten Qualen. (...) [Es kam zu grauenhaften Pogromen.] Ein Drittel der Juden muß sterben, ein Drittel muß auswandern, ein Drittel muß sich assimilie-

ren, sagte Pobedonoszew [Mitglied des Staatsrats, Oberprokurator des Heiligen Synod der orthodoxen Kirche, eines der Vorbilder für den Großinquisitor in Dostojewskis Roman].

Der scheinbare Sieg über den islamischen Nationalismus in Transkaukasien ermutigte bloß die Intelligenzijas in Georgien und Armenien sich sicher genug zu fühlen, um sich revolutionärer Agitation zuzuwenden. In Asien war die zunehmende Unterstützung der Regierung für eine entschlossene Bekehrungsbewegung dazu angetan, die islamischen Traditionalisten in den einheimischen Bevölkerung zu beleidigen.

(...) [Zentralasien und der Ferne Osten] waren auserkorene Jagdgründe russischer imperialistischer Abenteurer, dubioser politischer Hasardeure und von Pseudo-Vizekönigen".[14]

Richard Pipes vertritt in seinen mehr als 1000 Seiten über *Die Russische Revolution* die abgeschmackte These, die Revolution sei Resultat des Umstands gewesen, daß die Intelligenzija sich vom Ende des 19. Jahrhunderts an utopischen Ideen und einem extremen Machthunger hingab.[15] Um diese Verschwörungstheorie zu belegen, muß er aber den machtvollen Arbeiterstreik ungeschehen machen, der vor der Meuterei der Soldaten vom Februar/März 1917 stattfand und sie faktisch erst herbeiführte.[16] Am 25. Februar fand in Petrograd ein Generalstreik statt, "ein überraschendes Ereignis in Kriegszeiten", wie Moynahan kommentiert. All dies ereignete sich aufgrund der extremen Verschlechterung der Lebensbedingungen der Arbeiterinnen und Arbeiter, nicht wegen des "Aufreizens" durch die Intelligenzija.[17]

William Henry Chamberlin schreibt in seinem Buch über die russische Revolution, wahrscheinlich dem objektivsten, das von einem Nichtsozialisten verfaßt worden ist:

"Was waren die hervorstechenden Merkmale der ersten Periode, während deren 'die Revolution tiefere Wurzeln schlug'? Lockerung der Disziplin in der Armee, zunehmende radikale Forderungen der Industriearbeiter, zuerst nach höheren Löhnen und dann nach der Kontrolle über die Produktion und ihre Verteilung, willkürliche Beschlagnahme von Häusern in den Städten und, in höherem Grade, von Boden auf dem Land, weitreichende Forderungen nach Autonomie in den nichtrussischen Teilen des Landes wie Finnland und der Ukraine."[18]

---

14. L. Kochan / R. Abraham, *The Making of Modern Russia*, S. 223/224, 224/225, 196/197.
15. *History of the Russian Revolution*, New York 1990.
16. Siehe hierzu neben anderen Quellen Brian Moynahans leidenschaftlich antikommunistisches Buch *Comrades*. 1917 - Russia in Revolution, Boston 1992, S. 49-56.
17. Vgl. B. Moynahan, *Comrades*, S. 4, 7.
18. W. H. Chamberlin, *Die russische Revolution*, 1. Bd., S. 131.

Die Intelligenzija war 1917 weit entfernt von einem Handeln unter dem Einfluß radikaler Utopien oder eines extremen Machthungers, sie stellte vielmehr zunehmend Mäßigung, Zögern und mangelnden Willen zur Ausübung von Macht unter Beweis, was letzten Endes durch die extreme Klassenpolarisierung im Land bedingt war.

Die fehlende Objektivität von Pipes' Arbeit kommt unter anderem darin zum Ausdruck, daß er den Bolschewiki vorwirft, sie hätten Bürger fremder Staaten zu Rebellion und Bürgerkrieg aufgerufen, was den "imperialistischen Mächten" jedes Recht gegeben habe, mit gleicher Münze heimzuzahlen.[19] Er vergißt, daß die britische, die französische, die deutsche, die italienische, die japanische Regierung jahrzehntelang solche Aufrufe an die afrikanischen Staaten, die Türkei, Persien, Afghanistan, China usw. gerichtet hatten. Vom Beginn des Ersten Weltkrieges an wurde dies von allen kriegführenden Großmächten ihren Feinden gegenüber massenhaft praktiziert. Dabei übersieht Pipes noch einen Unterschied: Die Bolschewiki betrieben revolutionäre Propaganda; sie schickten keine Truppen nach Frankreich, Großbritannien, Deutschland usw. Diese Staaten aber schickten sehr wohl Armeen nach Sowjetrußland.

Was wunder, daß die Bäuerinnen und Bauern, die Arbeiterinnen und Arbeiter und die unterdrückten Nationalitäten zum Zeitpunkt der Februarrevolution 1917 quasi einstimmig aufschrien: Genug! Genug! Genug! Boden, Selbstbestimmungsrecht, Achtstundentag und Arbeiterkontrolle - sofort! Aber die Provisorische Regierung drehte und wendete sich, zögerte, verlängerte die Fristen, verschob die Lösung dieser Fragen bis nach Abschluß der Arbeiten der Konstituierenden Versammlung, deren Wahl dauernd hinausgeschoben wurde.

Was wunder, daß dic Massen unter diesen Bedingungen ihr Schicksal immer mehr in ihre eigenen Hände nahmen, daß sie danach trachteten, ihre lebenswichtigen Probleme selbst zu lösen, daß sie sich in der bolschewistischen Politik und der Sowjetmacht wiederfanden, wo diese die Probleme doch von heute auf morgen lösen würden?

---

19. R. Pipes, *History of the Russian Revolution*, S. 609.

KAPITEL 4

Die Grundfragen der Revolution - politisch gesehen

Die Verurteilung der Oktoberrevolution beruht im Westen wie im Osten im allgemeinen auf der Vorstellung, der bolschewistische "Putsch" habe die Institutionalisierung und die Konsolidierung der Demokratie verhindert. Deshalb habe er zu einem "totalitären Regime" geführt. Demokratie oder Diktatur - so hätte im Oktober 1917 sowie in den darauffolgenden Wochen und Monaten die Alternative gelautet. Es handelt sich hier wiederum um flagrante historische Mystifikation und Fälschung.

In Wirklichkeit hatte die Polarisierung der sozialen und politischen Kräfte in Rußland einen Krisenpunkt erreicht. Diese Polarisierung ging so weit, daß für die Erprobung einer institutionalisierten bzw. länger bestehenden bürgerlichen Demokratie keinerlei Raum blieb. Seit den Julitagen von 1917, die von einer Radikalisierung der Forderungen des Volkes geprägt waren, hatten die bürgerlichen Parteien - und die Militärcliquen, mit denen sie in Verbindung standen - eindeutig einen repressiven Kurs eingeschlagen. Kornilows Militärputsch vom August 1917 ist nicht vom Himmel gefallen. Er spiegelte die Verschärfung der sozialen und politischen Auseinandersetzungen wider. Sein Mißerfolg steigerte den konterrevolutionären Rachedurst der besitzenden Klassen und ihrer Handlanger noch weiter. Das zeigte sich am Vorabend wie unmittelbar nach dem Oktoberaufstand. Diese Grausamkeit den Massen gegenüber, die auf tiefer Verachtung beruhte, brachte die Zarin Alexandra höchstselbst zum Ausdruck. Sie schrieb an ihren Gatten: "Seien Sie Peter der Große, Iwan der Schreckliche, Seien Sie Zar Paul - zertreten Sie sie alle unter Ihren Füßen." Und genau am Abend vor der Revolution schrieb sie, wiederum an den Zaren: "Liebster, zeige die Macht Deiner Faust - das ist es, was die Russen brauchen. (...) Sie selber verlangen danach - so viele haben kürzlich zu mir gesagt: 'Wir brauchen die Knute.'"[1]

Der Haß der besitzenden Klassen erreichte ein selten gekanntes Ausmaß. Man kann ihn zum Beispiel mit dem Klassenhaß der französischen Bourgeoisie im Jahre 1871 während der Pariser Commune und dem der spanischen Reaktion im Sommer 1936 vergleichen.

Jacques Sadoul bemerkt treffend: Sie *"wollen ein absolutistisches Regime errichten, das die Revolution im Blute ersticken, ohne Unterschied Juden, Bolschewiken, Sozialisten und Kadetten massakrieren und deportieren wird."*[2]

Russische Reaktion und deutscher Imperialismus

Dieser Klassenhaß war so stark, daß der Adel und die "patriotischen" Monarchisten, die sich erst wenige Monate zuvor darüber empört hatten, daß die Soldaten bei Kerenskis Offensive vom Juni 1917 an der Front in Polnisch-Galizien so wenig Einsatz gezeigt hatten, jetzt inbrünstig deutschfreundlich wurden und die Ankunft der deutschen Truppen in Petrograd herbeisehnten, damit der revolutionäre Herd vernichtet werde. Sadoul teilt mit:

"(...) seit Mirbachs [des deutschen Botschafters] Ankunft in Moskau fühlen sich die Monarchisten wohl. Der erste Besuch des deutschen Botschafters galt der Großherzogin, der Schwägerin Nikolaus' des Zweiten. Seitdem hat er sich mit weiteren notorischen Royalisten getroffen. Es geht natürlich um die Vorbereitung einer zaristischen Restauration. Die absolutistischen Monarchisten sind ohne Scham bereit, alles zu akzeptieren, insbesondere das Militärbündnis mit Deutschland und die Unabhängigkeit der Ukraine."[3]

Ein Angehöriger der deutschen Botschaft, der Freiherr Karl von Bothmer, bestätigt das vollständig:

"In letzter Zeit suchen die monarchischen Kreise sehr lebhaft nach Möglichkeiten, uns deutschen Offizieren ihr Herz auszuschütten. (...) Eine Reihe sympathischer und vornehmer Leute lernte ich bei diesen Besprechungen kennen. Alle Auseinandersetzungen klingen aber dahin aus: 'Wir können nichts machen ohne euch. Ihr müßt einmarschieren, dann regen wir uns. (...)'"[4]

---

1. Zitiert nach: B. Moynahan, *Comrades*, S. 34, 51.
2. *Notes sur la révolution bolchevique*, octobre 1917-janvier 1919, Paris 1920, S. 288.
3. *Notes sur la révolution bolchevique*, S. 322.
4. Karl von Bothmer, *Mit Graf Mirbach in Moskau*. Tagebuch-Aufzeichnungen und Aktenstücke vom 19. April bis 24. August 1918, Tübingen 1922, S. 56 (Aufzeichnung datiert 8. Juni 1918).

Dieser Klassenhaß zielte im übrigen nicht in erster Linie auf die Bolschewiki und ihre Verbündeten ab. Er richtete sich vor allem gegen die Volksmassen, und zu allererst gegen die "entfesselten" Bauern in ihren Dörfern; es wurde gefordert, die "Plünderer" sollten zur Räson gebracht werden. Es waren die Bourgeois und die Adligen, die nach der Oktoberrevolution mit zögerlicher Unterstützung der reformistischen Parteien, vor allem der rechten Sozial-Revolutionäre, den Bürgerkrieg auslösten. Sie stellten dabei in den Jahren 1918 bis 1921 eine grenzenlose Grausamkeit unter Beweis.

Der US-amerikanische Journalist A. R. Williams, der sich während der Revolution in Rußland aufhielt, zitiert folgende Passage aus einem Interview "des Herrn N. Schiffrin mit dem Redakteur einer Militärzeitung der konterrevolutionären Armee des Nordens", erschienen "in der antibolschewistischen Tageszeitung 'Der Tag' am 7. September 1919":

"Wie Sie wohl wissen, haben die Bolschewiki die Namen der alten Regimenter abgeändert. Die Moskauer Truppen tragen auf ihren Schulterstreifen die Buchstaben K. L. - die Initialen Karl Liebknechts. Wir nahmen eines dieser Regimenter gefangen und stellten es vor das Kriegsgericht. Die Prozesse an der weißen Front sind äußerst kurz. Jeder Soldat wird verhört, und wenn er zugibt, daß er Kommunist ist, so wird er sofort zum Tod durch den Strang oder durch Erschießen verurteilt. Dies wissen die Roten ganz genau.

Leutnant K. trat an das gefangene Regiment heran und sprach: 'Jene von Euch, die echte Kommunisten sind, mögen ihren Mut beweisen und vortreten.' Es folgt eine schwere drückende Pause... Dann tritt in geschlossener Reihe mehr als das halbe Regiment vor. Es wird zum Tod durch Erschießen verurteilt. Vor der Hinrichtung aber muß noch jeder Soldat sein eigenes Grab schaufeln.

(...) Den Verurteilten wird befohlen, sich ihrer Kleider zu entledigen. (...) damit die Uniformen nicht mit Blut befleckt oder von den Kugeln zerfetzt werden. Langsam ziehen die Kommunisten ihre Hemden aus, schnüren die Gewänder zu einem Bündel zusammen, legen sie beiseite.

(...) Die nackten Kommunisten schaufeln ihre Gräber. (...)

Ein Befehl, ein Blitz in der Nacht, der Knall von Schüssen... Immer noch stehen die Kommunisten aufrecht da. Eine zweite Salve. Die Kugeln treffen ins Herz, Blutströme schießen empor."[5]

Was hier berichtet wird, nimmt bis in die kleinsten Details die Methoden vorweg, die die nazistischen Spezialeinheiten, die SS, benutzen sollten, als

5. *Durch die russische Revolution*, S. 233/234 (Anhang: "Der Tod eines roten Regiments").

die deutschen Truppen während des Zweiten Weltkrieges die UdSSR besetzten: Massaker an den politischen Kommissaren und Juden, die gezwungen wurden, ihre eigenen Gräber auszuheben. Es handelte sich zudem um Kriegsgefangene. So sah das Antlitz der "Verteidiger der Demokratie" gegen die "bolschewistische Diktatur" aus.

Der Freiherr von Bothmer berichtet in seinem bereits zitierten Buch: *"Die Tschechoslowaken und Sibirier gehen mit äußerster Rücksichtslosigkeit gegen alle Sowjetmitglieder vor, die ihnen in die Hand fallen. Die zahlreichen Hinrichtungen haben auf alle Bolschewisten großen Eindruck gemacht, so daß wirklicher Widerstand wohl nur sehr stellenweise geleistet wurde."*[6]

Der deutsche Schriftsteller Alfons Paquet, Korrespondent der *Frankfurter Zeitung* in Rußland, berichtet über den konterrevolutionären Aufstand in Jaroslawl im Juli 1918, den die Sozial-Revolutionäre aktiv unterstützten: "Die 'Weißen' ließen mehrere bolschewistische Kommissare sofort erschießen."[7] Es sei daran erinnert, daß zur selben Zeit Terroristen der Sozial-Revolutionäre einige der bedeutendsten bolschewistischen Führer töteten: ein linker Sozial-Revolutionär Wolodarski, ein rechter Urizki. Fanny Kaplan, eine rechte Sozial-Revolutionärin, beging am 30. August 1918 ein Attentat auf Lenin, das ihn beinahe das Leben gekostet hätte.

Ein bolschewistischer Autor schrieb zurecht: *"Und unter den Salven der tschechischen Gewehre, hinter Bergen von Leichen aus der Blüte des sibirischen und Uralproletariats, beginnt die sozialrevolutionäre Bande, (...) eine Armee zu formieren, die sie eine 'Volksarmee' nannte."*[8]

Die Versuche der versöhnlerischen Parteien, eine Staatsordnung der sogenannten "Konstituierenden Versammlung" zu schaffen, scheiterten

---

6. K. von Bothmer, *Mit Graf Mirbach in Moskau,* S. 62 (Auszug aus einem Bericht an die Oberste Heeresleitung vom 21. Juni 1918).

7. *Im kommunistischen Rußland.* Briefe aus Moskau, Jena: Eugen Diederichs, 1919, S. 33; sein Zeitungsbericht "Jaroslawl" (S. 32-38) erschien zuerst in der 2. Ausgabe der *Frankfurter Zeitung* vom 8.8.1918.

8. A. Engelhardt, "Die Fronten des Bürgerkrieges", in: *Illustrierte Geschichte der russischen Revolution,* Berlin 1928, S. 537-550, Zitat S. 539.

9. "Admiral Koltschak (...) wurde [im November 1918] zum 'Obersten Regenten ganz Rußlands' erklärt (...). Der britische und der französische Vertreter billigten den Coup (...). Die Sozialrevolutionäre, die sich in Ufa versteckt hielten, sprachen sich gegen das [tschechische] Korps aus, waren aber zu mehr nicht in der Lage. Einige schlossen ihren Frieden mit den Kommunisten; die sozialrevolutionären Mitglieder des [im September 1918 in Sibirien als antibolschewistische "Allrussische Provisorische Regierung" gebildeten] Direktoriums, Shenzinow und Awksentjew wurden gezwungen zu emigrieren; Tschernow gelang schließlich die Flucht ins Ausland." (Leonard Schapiro, *1917.* The Russian Revolutions and the Origins of Present-Day Communism, Hounslow, Middlesex, 1984 S. 175.)

rasch. Staatsstreiche brachten die Macht wieder in die Hände von Militärdiktatoren wie dem Admiral Koltschak oder dem General Wrangel.[9]

Weiße Diktatur oder Sowjetmacht

Die konkrete Alternative bestand nicht zwischen bürgerlicher Demokratie und bolschewistischer Diktatur. Sie bestand zwischen konterrevolutionärer Diktatur und Sowjetmacht. Der diktatorische Charakter der Konterrevolution steht außer Zweifel. John Rees schildert zutreffend, welche Politik des Terrors von den reaktionären Kräften praktiziert wurde:

"'Je größer der Terror, desto größer unsere Siege,' sagte Kornilow zu seinen Leuten (...). 'Wir müssen Rußland retten,' fügte er später hinzu, 'selbst wenn wir es halb in Brand setzen und das Blut von drei Viertel aller Russen vergießen müssen.'"[10]

Der Ataman Semjonow unterstand dem Befehl des weißen Generals Koltschak. Das Bild, das sich in den Gebieten bot, die er kontrollierte, ließ in bezug auf den Charakter seiner Herrschaft keinerlei Mehrdeutigkeit aufkommen:

"Unschuldige Männer und Frauen baumelten in der Nachbarschaft seiner Hauptstadt mengenweise von Telegraphenpfählen, und seine Männer erschossen Güterwaggonladungen voller Opfer mit dem MG auf Erschießungsplätzen längs der Eisenbahn."[11]

Auf Befehl des Baron von Ungern-Sternberg, eines anderen Führers der Weißen, *"litten Männer und Frauen durch Schläge, Hängen, Kopfabschlagen, Bauchaufschlitzen und zahlreiche andere Foltermethoden, die sie von lebenden menschlichen Wesen in das verwandelten, was ein Zeuge eine 'formlose blutige Masse' genannt hat. Ungern-Sternbergs Stabsarzt beschrieb einen der schriftlichen Befehle als 'das Produkt eines gestörten Hirns eines Perversen und Megalomanen, der im Blutrausch ist'."*[12]

Die Pogrome

Die Ukraine war in den Jahren 1918 bis 1921 Schauplatz der schlimmsten Pogrome, der schlimmsten Massaker an den jüdischen Gemeinschaften, die Europa vor der "Endlösung" der Nazis erlebt hat. Zvi Gitelman zufolge gab es 2000 Pogrome, davon 1200 in der Ukraine. Der Autor schätzt die Gesamtzahl der Opfer auf 150 000. Diese Massaker waren von unglaublichen Grausamkeiten begleitet:

---

10. Zitiert nach: John Rees, "In Defence of October", in: *International Socialism,* 2. Folge, Nr. 52, Herbst 1991, S. 35; er zitiert:W. B. Lincoln, *Red Victory,* S. 86
11. W. B. Lincoln, *Red Victory,* S. 256; zit. nach: J. Rees, "In Defence of October", S. 36.
12. W. B. Lincoln, *Red Victory,* S. 257; zit. nach: J. Rees, "In Defence of October", S. 36.

"Die Männer wurden bis zum Hals eingegraben, dann von den Hufen der Pferde, die über sie hinweggeführt wurden, getötet oder von Pferden, die in entgegengesetzte Richtungen zogen, buchstäblich in Stücke gerissen. Kinder wurden vor den Augen ihrer Eltern gegen Wände geschleudert; schwangere Frauen waren beliebte Opfer, ihre Föten wurden vor ihnen getötet. Tausende von Frauen wurden vergewaltigt; aufgrund dieser Taten haben Hunderte den Verstand verloren."[13]

Diese Pogrome wurden von den konterrevolutionären Führern kaltblütig und bewußt organisiert. Der durchaus reaktionäre englische Autor Bruce Lincoln hält fest:

"Pogrome, die nicht mehr spontane Ausbrüche rassischen und religiösen Hasses waren, wurden nun zu kaltblütig berechneten Vorfällen von massenhaften Vergewaltigungen, äußerster Brutalität und beispielloser Zerstörung. An einem einzigen Tag am Ende August [1919] vergewaltigten die Weißen in der jüdischen Ansiedlung Krementschug 350 Frauen, einschließlich Schwangere, Frauen, die gerade geboren hatten, und sogar Frauen, die im Sterben lagen."[14]

Nach Angaben von Salo W. Baron verursachten die Massaker bei den Pogromen, die der "Sozialist" Petljura organisiert hatte, etwa 100 000 weitere Witwen und 200 000 weitere Waisen. Es hieß, nicht weniger als 28 % aller jüdischen Häuser seien angezündet und weitere 10 % von ihren Besitzern verlassen worden.[15]

Die Konterrevolution stützte sich auch auf die deutsche Besatzungsarmee. Als diese die Stadt Odessa und Umgebung erobert hatte, ließ sie eine Proklamation erscheinen, in der es unter anderem hieß:

"Wir geben hiermit der Bevölkerung Odessas und der Nachbarschaft zu wissen, daß wir russisches Territorium betreten haben in der Absicht, die Ordnung wiederherzustellen und das Land von den bolschewistischen Usurpatoren zu befreien. (...) Alle schädlichen Elemente Rußlands - das heißt aber die Bolschewisten und ihre Anhänger - werden hiermit als außerhalb des Gesetzes stehend erklärt."[16]

---

13. Zvi Gitelman, *A Century of Ambivalence.* The Jews of Russia in the Soviet Union, 1881 to the Present, New York 1988, S. 99-106.
14. W. Bruce Lincoln, *Red Victory.* A History of the Russian Civil War, New York (usw.) 1989, S. 322/323.
15. *The Russian Jew.* Under Tsars and Soviets, New York . London 1964, S. 221; neue Ausg. 1987, S. 184/185.
16. Gemeinsames Manifest der alliierten und deutschen Kommandostäbe in Südrußland, abgedruckt in *Neue Nachrichten,* Organ der deutschen Okkupationsstreitkräfte in der Ukraine, 16. November 1918, zitiert nach: M. Philips Price, *Die russische Revolution.* Erinnerungen aus den Jahren 1917-1919, Hamburg 1921, S. 455.

Die Aufzählung der Grausamkeiten, die von den Weißen begangen wurden, ließe sich bis ins Unendliche fortsetzen:

"Die Morde, die Judenitsch beging (650 erschossene oder erhängte Personen alleine in der Jamburg im August 1919) (...); die die baltischen Banden und die Deutschen unter von der Goltz in Riga begingen (ungefähr 4000 Opfer) (...); die Koltschak beging (1000 rote Soldaten bei lebendigem Leibe verbrannt, als er sich aus Perm zurückzog) (...)".[17]

Die soziale Konterrevolution

Die "politische Alternative" zu der Rätemacht hatte selbstverständlich einen präzisen sozio-ökonomischen Inhalt, wie das in jeder sozialen Revolution der Fall ist. Dort wo die Weißen ihre Diktatur errichteten, wurden die Errungenschaften des Oktobers sehr bald, wenn nicht sofort, beseitigt. Die Grundherren nahmen ihre Domänen wieder in Besitz. Die Rechte der nationalen Minderheiten wurden beseitigt. Die Sowjets wurden grausam verfolgt. Die demokratischen Rechte der Arbeiter wurden radikal annulliert.

"Ein wesentlicher Faktor für Koltschaks Niederlage war die niedrige Moral seiner Truppen; im Verlaufe der Kämpfe kamen häufig Desertionen auf die kommunistische Seite vor. Ein weiterer Faktor war, daß er nicht dazu in der Lage war, die Bevölkerung auf seine Seite zu ziehen, die zwar beileibe nicht prokommunistisch war, doch letztlich der Herrschaft der Sowjets den Vorzug gab."

"Es gab viele Gründe für den Sieg der Roten Armee im Bürgerkrieg, aber die meisten laufen auf die eine einfache Tatsache hinaus: Trotz der Unpopularität der Kommunisten zog das Volk als ganzes das Sowjetregime den vorhandenen Alternativen vor. Die Bauern mochten beide Seiten nicht und wollten vor allem anderen in Ruhe gelassen werden; wenn es aber darauf ankam, gaben sie den Kommunisten, die ihnen Land gaben, den Vorzug vor den Weißen, die es wegnahmen oder es wegzunehmen drohten."[18]

W. H. Chamberlin stellt gleichfalls fest:

"Am 6. [Juli 1918] wurde [von der sibirischen Regierung] die Unterdrükkung aller noch existierenden Sowjets angeordnet und die Wahl neuer verboten (...). Während des ganzen Juli und August zielte die Politik der sibirischen Regierung auf die Wiederherstellung des Privateigentums in jeder Form ab.

---

17. André Morizet, *Chez Lénine et Trotsky*. Moscou 1921, Paris 1922, S. 129.
18. L. Schapiro, *1917*, S. 176, 184.

Als die Weißen die Grundbesitzer zurückbrachten, organisierten die Bauern Guerillabanden und überfielen sie."[19]

Das war die Ursache für die Niederlage der Weißen. Sie vermochten es nicht, eine Basis im Volke zu gewinnen oder wiederherzustellen. Ihre Armeen waren im wesentlichen Offiziersarmeen, ohne die Fähigkeit, ja selbst ohne den Willen, Wehrpflichtige zu rekrutieren. Hieraus ist zu ersehen, wie sehr diese Offiziere die Bauern fürchteten.

Ein dritter Weg?

Werden die Gegner des Oktobers mit dieser schwerlich zu bezweifelnden Diagnose konfrontiert, reagieren sie oft auf zweierlei, einander diametral entgegengesetzte Weise. Einige erkennen an, daß es in Rußland keine Basis für eine (bürgerlich-) demokratische Ordnung gab - sei es aus gesellschaftlichen Gründen (extreme Instabilität, Fehlen von Mittelschichten, den traditionellen Stützen der Demokratie) oder aus ethnisch-kulturellen Gründen (Fehlen von demokratischen Traditionen im russischen Zarenreich; Tendenz der Massen zu heftig Hin und Her zwischen resignierter Passivität und chaotischen, unkontrollierbaren Ausbrüchen). Unter diesen Bedingungen war die "totalitäre Abweichung" der Bolschewiki unvermeidlich, und dennoch war sie schlimmer als ein autoritäres Rechtsregime.

Für andere bestand sehr wohl die Möglichkeit eines dritten Weges. Wäre das Kerenski-Regime nicht durch den "bolschewistischen Putsch" gestürzt worden, hätte es sich schrittweise stabilisieren können, indem es eine maßvolle Repression sowohl gegen die extreme Rechte als auch die extreme Linke betrieben hätte.[20] Wäre erst die Konstituierende Versammlung einberufen gewesen und die Verteilung des Bodens an die Bauern in geordneter und legaler Weise vorgenommen worden, hätte eine bürgerliche Demokratie, vergleichbar mit der in Polen, sich stabilisieren können, gewiß mit Einschränkungen, die Westeuropa nicht kannte.

Diese Sichtweise ist nicht realistisch. Dabei wird der explosive Charakter der sozialen Widersprüche unterschätzt. Es heißt die Lehren der europäischen Geschichte der zwanziger und dreißiger Jahre verkennen, wenn man glaubt, die Kapitalisten hätten eine Sozialgesetzgebung akzeptiert, die die Wettbewerbsfähigkeit ihrer Betriebe untergraben hätte,

---

19. *Die russische Revolution*, 2. Bd., S. 13, 17.
20. Entgegen der Legende ist das Kerenski-Regime ausgesprochen repressiv gewesen, auch wenn es nicht so blutig verfuhr wie das Regime von Ebert und Noske. Unmittelbar vor der Oktoberrevolution befanden sich in Kerenskis Gefängnissen über 10 000 Bolschewiki oder mit den Bolschewiki Sympathisierende, zumeist Soldaten.

wenn man glaubt, die Grundeigentümer hätten die Aufteilung ihres Bodens hingenommen - alles unter dem Vorwand, diese Reformen seien ja von einer aus allgemeinen Wahlen hervorgegangenen Konstituierenden Versammlung vorgenommen worden.

Während dieser Jahre war die bürgerliche Demokratie nicht nur in Polen und in den baltischen Ländern sehr stark eingeschränkt oder gar beseitigt - abgesehen von einem sehr begrenzten Gebiet - und in Finnland stark eingeschränkt worden; sie ist auch in Italien, Deutschland und Spanien beseitigt worden, also in drei Ländern, die deutlich weiter entwickelt waren als das Rußland von 1917. Die menschewistischen Führer haben das selber eingeräumt; Dan schreibt:

"Nach Prüfung der realen Kräfte kam es [das Zentralkomitee der SDAPR, d.h. der Menschewiki, kurz nach dem Sturz der Provisorischen Regierung] zu dem Ergebnis, daß, unabhängig von den subjektiven Absichten der gegen Petersburg marschierenden Elemente, der Sieg der letzteren unvermeidlich den Triumph der schlimmsten Konterrevolution bedeuten würde."[21]

Der Preis für den Oktober 1917

Die Alternative lautete also klipp und klar: Sieg der sozialistischen Revolution oder Sieg einer Konterrevolution, die zu den blutigsten überhaupt gehört und einen russischen Hitler an die Macht gebracht hätte, der noch schlimmer gewesen wäre als der deutsche Hitler, den wir erlebt haben.

Im Lichte dieser Diagnose und all dessen, was aus ihr folgt, ist die Frage zu beantworten, ob der Preis, der wegen der Oktoberrevolution zu zahlen war, unter dem Strich zu hoch gewesen ist. Unsere Antwort ist ein entschiedenes Nein. Eine Niederlage der Revolution 1917 wäre dem russischen Volk und Europa viel teurer zu stehen gekommen als der Sieg.

Um die Berechnung zu verfälschen, greifen die Gegner der Oktoberrevolution auf einen Taschenspielertrick zurück, den sie schon gegen die französische Revolution benutzt haben. Sie addieren willkürlich die Opfer der Revolution und die der Konterrevolution, die wirtschaftlichen Auswirkungen der ersteren und der letzeren. Inwiefern läßt sich die französische Revolution für die Opfer der napoleonischen Kriege verantwortlich machen? Inwiefern läßt sich die Oktoberrevolution für die Opfer des Terrors und der Pogrome der Weißen verantwortlich machen?

---

21. "Die Sozialdemokratie Rußlands nach dem Jahre 1908", S. 305/306.

Sophisten ziehen den Schluß, der Bürgerkrieg und der Weiße Terror seien nur Ergebnisse der Revolution. Die Antwort ergibt sich fast von allein: Ist nicht die Revolution selber Ergebnis des Ancien régime? Wir stoßen hier auf die Konzeption eines historischen Flusses ohne zeitliche und räumliche Fixierungen, eine Konzeption, die es letztendlich unmöglich macht, jemals eine wie auch immer geartete Schlußfolgerung zu ziehen. Diese Methode, die den Anspruch erhebt, die historische Bewegung in ihrer Gesamtheit zu erfassen, verschleiert in Wirklichkeit die präzise Verantwortung der vorhandenen sozialen und politischen Kräfte für spezifische Handlungen.

Werturteil und Klassenvorurteil

Revolutionen sind, um das Mindeste zu sagen, zur Zeit nicht sehr populär. Leider ist sogar Robert V. Daniels, der Verfasser zweier recht kritischer Bücher wie *Das Gewissen der Revolution* und *Red October* vom "Zeitgeist" eingeholt worden; er schreibt:

"Herr Moynahan zeigt, was eine Revolution wirklich bedeutet. Die normalen Schranken der Gesellschaft machen geistlosem Morden und Abmetzeln Platz."[22]

Dies sind nichts als Vorurteile gegen die Arbeiterklasse und die Bauernschaft. Warum ist die Erhebung der revolutionären Massen "geistlos" und "Abmetzeln", während die staatliche und private Gewalt der herrschenden Klasse als "normal" gilt? Die zaristisch-kapitalistische Beteiligung am Ersten Weltkrieg kostete 6 bis 8 Millionen Tote. War dies kein "geistloses Morden"? Warum war die Herrschaft der Herrschenden vor dem Krieg, die sich auf die Knute, zahllose Hinrichtungen und Verbannungen, barbarische Unterdrückung (Pogrome!), Hungersnöte stützte, normal - und die Revolte der Massen gegen diese Übel eine Auflösung der normalen Schranken der Gesellschaft? War auch die Sklaverei normal? Und waren auch die Revolten gegen die Sklaverei "geistloses Morden und Abmetzeln"?

Das Problem hat allerdings eine Dimension, die man nicht verbergen sollte. In Revolutionszeiten neigt die arbeitende Bevölkerung im allgemeinen zu großherzigen Reaktionen. Im Bürgerkrieg aber, wenn sie sich von ihren Klassengegnern wiederholt provoziert und angegriffen sieht, neigt sie auch dazu, direkte bzw. manchmal auch "wilde" Gewalt

22. "Czar Wars" (Besprechung von B. Moynahan, Comrades), in: *New York Times Book Review*, 3. Mai 1992, S. 39.

zu benutzen. Bereits Babeuf erinnerte in einem Brief an seine Frau, in dem er die Hinrichtung des Herrn Foulon einige Tage nach der Sturm auf die Bastille kommentierte, daran, daß derartige Exzesse weitgehend ein unvermeidliches Produkt der Jahrhunderte sind, während der das Volk der Gewalt und der Grausamkeit seiner Unterdrücker ausgesetzt ist.[23] Unter diesen Umständen zu erwarten, daß die Massen unter allen Bedingungen peinlich genau die Menschenrechte respektieren, heißt nun wahrlich ein Wunder verlangen.

Hinter der abstrakten, pseudo-moralischen Verurteilung der revolutionären Gewalt, ohne Berücksichtigung des genauen historischen Kontexts, verbirgt sich letztlich ein recht grobes Klassenvorurteil. Die traditionelle Gewalt der Machthaber ist "normal"; sie stellt ein "kleineres Übel" dar, gleich welches Ausmaß sie annimmt. Die Erwiderung des aufbegehrenden Volkes, das die alten Verhältnisse in Frage stellt, ist *per definitionem* "schlimmer", selbst wenn die Ausmaße seiner Gewalt tatsächlich unvergleichlich geringer sind als die der Besitzenden. Die Heuchelei fällt auf..

Hinter diesem Klassenvorurteil verbirgt sich oft eine Angst vor den Massen, deren soziale Triebfeder wiederum recht offensichtlich ist. Ein eher gemäßigter französischer Historiker sagte:

"Nach 1861 bestand die ständige Sorge der Intelligenz und des Staates darin, das Volk unter Aufsicht zu halten, aus Angst vor seinem anarchischen und zerstörerischen Potential. Ihre gemeinsame (auf Unkenntnis basierende) Angst hat sie daran gehindert, sich ein objektives Bild, das auf einer konkreten Kenntnis der Wirklichkeit des Landes gegründet gewesen wäre, von dem Volk zu machen. Und so sind sie zu Beginn des 20. Jahrhunderts beide der stichinost *(elementaren Kraft) dieses Volkes erlegen."*[24]

---

23. "Ich verstehe, warum das Volk zur Selbstjustiz greift, ich billige diese Justiz, der durch die Vernichtung der Schuldigen Genüge geschieht; wie sollte sie heute nicht grausam sein? Die Hinrichtungen aller Art, das Vierteilen, die Folter, das Rad, der Scheiterhaufen, das Auspeitschen, der Galgen, die zahlreichen Henker überall, haben uns so verdorben. Die Herrschenden haben, statt uns zu erziehen, Barbaren aus uns gemacht, weil sie selbst es sind. Sie ernten und werden ernten, was sie gesät haben, denn all dies, meine Liebe, wird allem Anschein nach schreckliche Folgen haben; wir sind erst am Anfang. Du kannst diese Einzelheiten lesen lassen; gegenwärtig ist die Nation frei, und jedermann schreibt und sagt, was er will." (Zitiert nach: Babeuf. *Der Krieg zwischen Reich und Arm.* Artikel, Reden, Brief, hrsg. von Peter Fischer, Berlin 1975, S. 49/ 50.) - Originalwortlaut: "Babeuf à sa femme" (Paris, 23.7.1789), in: *Oeuvres de Babeuf,* hrsg. von V. Daline, A. Saitta, A. Soboul, Bd. I: Babeuf avant la Révolution, Paris 1977, S. 339-341, Zitat S. 340. - Diese Stelle hat Jean Jaurès in seiner *Histoire socialiste de la Révolution française* aufgegriffen (Bd. I: La Constituante, hrsg. von Albert Soboul, Paris 1983, S. 379/380).

24. Marc Raëff, *Comprendre l'Ancien régime russe.* État et société en Russie impériale. Essai d'interprétation, Paris 1982, S. 176.

Genauso unrichtig ist es, die Kosten der Revolution vom Oktober 1917 und die (späteren) des stalinistischen Regimes addieren zu wollen. Der Stalinismus ist schließlich das Ergebnis einer wirklichen bürokratischen Konterrevolution. Beides als eins zu sehen, läßt eine Unterschätzung, ja eine Negierung des Umfangs der letzteren erkennen, des radikalen Schnitts, den der "sowjetische Thermidor" - die bürokratische Konterrevolution - im Verhältnis zum Oktober und zu der Periode, die unmittelbar auf ihn folgte, dargestellt hat.[25]

Die Kosten des Stalinismus für das sowjetische und internationale Proletariat sind dramatisch hoch gewesen. Heute kann man das ganze Ausmaß ermessen. Das Ausmaß dieser Stalinschen Konterrevolution drückt viel besser als subtile Analysen über die angebliche Verantwortlichkeit von Lenins (oder Marxens) Ideen für Stalins Verbrechen die historische Tragödie aus, die sich ereignet hat. In den Jahren 1920 bis 1930 hat Stalin eine Million Kommunisten und Kommunistinnen ermordet. Kann man ernsthaft behaupten, dies sei nur "eine Einzelheit in der Geschichte"? Ist es nicht widerwärtig, Henker und Opfer in denselben Sack zu stecken?[26]

---

25. Wir haben diese Probleme einschließlich der spezifischen Natur des sowjetischen Thermidors in einem neuen Werk behandelt (*Power and Money*. A Marxist Theory of Bureaucracy, London u. New York, 1992).

26. Der Historiker Marc Ferro nennt die folgenden Zahlen, in denen sich die Transformation der KPdSU ausdrückt: vom ersten Halbjahr 1924 ("Lenin-Aufgebot") zum zweiten Halbjahr 1924 fiel die Zahl der Arbeiter und Arbeiterinnen unter den Kandidaten und Kandidatinnen der Partei von 92,4% auf 64,5%, um im zweiten Halbjahr 1925 43,8% zu erreichen (*Des soviets au communisme bureaucratique*, S. 246). Ist dies nicht eine beredte Sprache? Hier deuten sich weit tieferreichende Transformationen nur an.

KAPITEL 5

Der Kurs der Bolschewiki - eine kritische Analyse

Die Oktoberrevolution war im wesentlichen das Produkt der objektiven gesellschaftlichen Widersprüche, die eine nicht mehr zu unterdrückende explosive Dynamik angenommen hatten, sowie der Entwicklung der Kräfteverhältnisse zwischen Klassen und sozialen Schichten, die in diesem Umfeld agierten. Sie war auch Ergebnis der Tätigkeit der bolschewistischen Partei, die darauf gerichtet war, diese Knoten von Widersprüchen im Interesse der werktätigen Massen und des internationalen Proletariats aufzulösen.

Doch ist im Lichte der späteren Entwicklung Sowjetrußlands und der UdSSR die Frage zu stellen, ob nicht bestimmte politische Maßnahmen, die die bolschewistische Partei nach der Übernahme der Macht ergriffen hat, den Prozeß der bürokratischen Entartung des ersten Arbeiterstaates begünstigt haben.

Diese bürokratische Entartung in den Jahren 1920/1930 ist durch den Kurs der Partei sicherlich nicht eingeleitet oder grundsätzlich verursacht worden. Auch diese Partei hat ihre Wurzeln in den objektiven Widersprüchen der sowjetischen Gesellschaft und in der damaligen internationalen Lage. Doch haben auch die Beschlüsse und die konkreten Verhaltensweisen der bolschewistischen Partei - oder der verschiedenen Bestandteile ihrer Führung - zu bestimmten Zeitpunkten und bezogen auf bestimmte Probleme ihre Auswirkung auf den Prozeß der Bürokratisierung des Regimes gehabt. Wir müssen also versuchen zu verstehen, welche Fehler begangen worden sind.

Das Verbot der Sowjetparteien

Der schlimmste dieser Fehler war das Verbot der Sowjetparteien zum selben Zeitpunkt, als die revolutionäre Macht den Bürgerkrieg von 1918-

1920 endgültig gewonnen hatte. Obwohl Trotzki wenig zu Selbstkritik in bezug auf Entscheidungen der Führung und der Regierung neigte, deren einflußreichstes Mitglied er nach Lenin war, hat er hierzu zwei explizite Wertungen formuliert. 1936 schrieb er:

"Das Verbot der Oppositionsparteien zog das Verbot der Fraktionen [in der bolschewistischen Partei - E. M.] nach sich; das Fraktionsverbot mündete in das Verbot, anders zu denken als der unfehlbare Führer. Der polizeiliche Monolithismus der Partei brachte die bürokratische Straflosigkeit mit sich, die zur Quelle aller Spielarten von Zügellosigkeit und Zersetzung wurde."[1]

Zwei Jahre später sprach er sich im *Übergangsprogramm,* das er 1938 für die Gründungskonferenz der IV. Internationale verfaßte, ausdrücklich für ein Mehrparteiensystem aus:

"Die Demokratisierung der Sowjets ist undurchführbar ohne die Zulassung von sowjetischen Parteien. *Die Arbeiter und Bauern selbst werden durch ihre freie Stimmabgabe zeigen, welche Parteien sowjetisch sind."*[2]

Es ist nicht zu bestreiten, daß die Arbeiter und Arbeiterinnen die Menschewiki 1920 als eine Sowjetpartei betrachteten, denn diese erhielten nicht wenige Abgeordnete, vor allem in Charkow und Moskau. Dieselbe Feststellung gilt für die Anarchisten.

Das Verbot der Sowjetparteien ebenso wie das Verbot der Fraktionen innerhalb der Regierungspartei, das ihm logischerweise folgte (denn jede Fraktion ist natürlich potentiell eine andere politische Partei) waren zweifelsohne als provisorische Maßnahmen gedacht, die an besondere Umstände gebunden waren und demzufolge beseitigt werden sollten, wenn die objektive Situation sich verbessert hätte. Man muß sich natürlich fragen, welche bestimmten Folgen diese bestimmten Beschlüsse hatten, die zu einer bestimmten Zeit verwirklicht wurden. Aber man muß auch eine andere Frage aufwerfen, die sich hiervon unterscheidet und die eine allgemeinere Tragweite hat: Welche Konsequenzen hatten die Theorien, die aufgestellt wurden, um solche Verbote, selbst wenn sie zeitbedingt sein sollten, zu rechtfertigen? Wir sind der Auffassung, daß diese theoretischen Rechtfertigungen auf längere Sicht viel mehr Schaden angerichtet haben als die Maßnahmen selbst - und daß sie auch heute weiterhin Schaden anstiften.

---

1. *Verratene Revolution.* Was ist die U.S.S.R. und wohin treibt sie? Antwerpen 1937, S. 104; in: *Sowjetgesellschaft und stalinistische Diktatur,* Bd. 1.2, Hamburg 1988, S. 804 (Übersetzung nach Vergleich mit dem russischen Text verändert).
2. *Der Todeskampf des Kapitalismus und die Aufgaben der 4. Internationale* ["Übergangsprogramm"], Essen o.J., S. 37 (Übersetzung mit dem russischen Text verglichen).

Die Gefahr des Substitutionismus

Das Verbot der Sowjetparteien beruht auf einer substitutionistischen Konzeption des Aufbaus des Sozialismus - und der sozialistischen/kommunistischen Politik im allgemeinen. Einer Konzeption also, die Trotzki (mit Ausnahme seiner "schwarzen Jahre" 1920/1921)[3] immer verurteilt und auch Lenin während eines großen Teils seines Lebens bekämpft hat. Nach dieser Konzeption sei das Proletariat in seiner Mehrheit zu wenig bewußt, um ein Land regieren zu können (die Sozialdemokraten sind der gleichen Ansicht und fügen sogar hinzu: um eine Gewerkschaft führen zu können). Später wurde ein neues Argument vorgebracht: die Deklassierung und die Korruption (unter anderem mittels kolonialer Extraprofite) der Arbeiterklasse. Dieser Ausgangspunkt führt sehr schnell zu der Schlußfolgerung, die Partei habe anstelle der wirklich existierenden Arbeiterklasse zu regieren. Dann sind der Apparat der Partei bzw. ihre Führung bzw. ihr "unfehlbarer Führer" die entscheidenden Instrumente, um die Gesellschaft zu verändern. Stalin hat den wirklichen Gehalt des Substitutionismus in einer Formel gefaßt, die nicht eindeutiger sein könnte: "Die Kader entscheiden alles."

Die substitutionistische Lehre der Partei nährt - selbst dann, wenn es nicht zu den schlimmsten Exzessen und Verbrechen des Stalinismus kommt, - eine vertikalistische, etatistische, paternalistische, und autoritäre Konzeption der Macht. Gewiß kann man sie mit einer Vielzahl von einschränkenden Klauseln versehen: Die Partei (die Parteiführung) regiert anstelle der Arbeiterklasse, stützt sich jedoch auf sie, mobilisiert sie, ist empfänglich für ihre Reaktionen, korrigiert ihre eigenen Fehler im Lichte der Praxis usw. Aber all dies verändert die grundlegende Haltung um keinen Deut. Nicht die Arbeiterklasse regiert, nicht sie faßt demokratisch die Beschlüsse. An ihrer Stelle leitet eine kleine Minderheit.

Unter solchen Bedingungen sind die Sowjets mindestens eines lebenswichtigen Bestandteils dessen beraubt, was ihren Inhalt ausmacht. Zur Not können sie als wirksames Kampfinstrument gegen den Klassenfeind dienen. Aber sie sichern nicht mehr die direkte Ausübung der Macht durch das Proletariat und (oder) die werktätigen Massen in ihrer Gesamtheit. Ohne ein wirkliches, *praktisch* vorhandenes Mehrparteiensystem können die Sowjets nicht wirklich demokratisch sein. Sie können nämlich nicht

---

3. Vgl. hierzu jetzt Abschnitt 4 (Die "schwarzen Jahre" 1920-1921: Trotzkis Hinübergleiten zum 'Substitutionismus') von Kapitel V in Ernest Mandels Buch *Trotzki als Alternative*, Berlin 1992, S. 118-122; Abschnitt 4 (1920-1921: The Dark Years of Lenin and Trotsky) von Kapitel 3 (Substitutionism and Realpolitik: The Politics of Labour Bureaucracies) in seinem Buch *Power and Money*, S. 117-125.

wirklich zwischen verschiedenen Alternativen in Wirtschafts-, Sozial-, Kulturpolitik usw. *entscheiden*.

In dem Maße wie die Beseitigung der *Sowjet*demokratie repressive Aspekte annimmt, zielt diese Repression nicht mehr allein auf die kleine, mittlere und Großbourgeoisie; sie trifft auch die Arbeiterklasse. Man kann sogar sagen: je zahlreicher das Proletariat ist und je mehr es sozial die Hegemonie innehat, desto mehr zielt die Repression praktisch auf sie ab.

Eine derartige Konzeption, eine derartiger politischer Kurs stehen im Gegensatz zu dem, was den Hauptbeitrag von Marx zur sozialistischen Theorie (sowie zur Theorie der revolutionären Organisation) darstellt: die Idee der Selbstbefreiung und der zunehmenden Selbstorganisation des Proletariats. Die Emanzipation der Arbeiterinnen und Arbeiter wird das Werk der Arbeiterinnen und Arbeiter selbst sein - und nicht von Gewerkschaften, Parteien, Regierungen oder Staaten. Diese sind unentbehrliche Instrumente im historischen Prozeß. Aber nie können sie an die Stelle der eigenständigen Tätigkeit der Lohnarbeiter und Lohnarbeiterinnen und der anderen ausgebeuteten oder unterdrückten Schichten treten. Die grundlegende emanzipatorische Rolle dieser Selbsttätigkeit darf nicht übergangen werden. Es hieße die Rolle der materiellen und sozialen Interessen als Triebkraft in der Geschichte verkennen, wollte man annehmen, die substitutionistische Ideologie habe die Hydra der Bürokratisierung geschaffen. Vielmehr hat die Existenz der Arbeiterbürokratie die Ideologie des Substitutionismus hervorgebracht. Nachdem sie einmal entstanden war, hat diese Ideologie jedoch ihrerseits den objektiven Prozeß der Bürokratisierung gefördert.

Rosa Luxemburgs Standpunkt

Das hatte Rosa Luxemburg verstanden, als sie die bolschewistischen Führer in ihren ersten Kommentaren zur russischen Revolution vor dieser Gefahr warnte:

"Aber mit dem Erdrücken des politischen Lebens im ganzen Lande muß auch das Leben in den Sowjets immer mehr erlahmen. Ohne allgemeine Wahlen, ungehemmte Presse- und Versammlungsfreiheit, freien Meinungskampf erstirbt das Leben in jeder öffentlichen Institution, wird zum Scheinleben, in der die Bürokratie allein das tätige Element bleibt."[4]

In dieser Aussage von Luxemburg wird der Zustand des öffentlichen Lebens im Rußland von 1918 nicht zutreffend beschrieben. Es gab damals

---

4. "Zur russischen Revolution", in: *Gesammelte Werke*, Bd. 4, S. 362; "Die russische Revolution", in: *Politische Schriften*, Bd. III, S. 136.

eine Vielfalt und eine sehr lebendige Debatte um politische Ideen, einschließlich legaler oder quasi-legaler Tätigkeit zahlreicher Organisationen. Rosa hat ihre Broschüre im Gefängnis verfaßt und verfügte nicht über hinreichende Informationen. Aber sie stellt hier eine prophetische und bemerkenswerte kritische Diagnose der längerfristigen Entwicklungstendenzen, vor allem ab 1920/1921. Diese schon im Sommer 1918 formuliert zu haben - "die Bürokratie allein bleibt das aktive Element" - zeugt von außergewöhnlichem Scharfsinn und außergewöhnlicher Fähigkeit zu theoretischer Analyse. Wir meinen, daß Rosa ebenso recht hatte, als sie schrieb:

"Der Grundfehler der Lenin-Trotzkischen Theorie ist eben der, daß sie die Diktatur, genau wie Kautsky, der Demokratie entgegenstellen. (...) Dieser entscheidet sich natürlich für die Demokratie, und zwar für die bürgerliche Demokratie (...). Lenin-Trotzki entscheiden sich umgekehrt für die Diktatur [des Proletariats - E. M.] im Gegensatz zur Demokratie (...).

Es ist die historische Aufgabe des Proletariats, wenn es zur Macht gelangt, anstelle der bürgerlichen Demokratie sozialistische Demokratie zu schaffen, nicht jegliche Demokratie abzuschaffen. Sozialistische Demokratie beginnt nicht erst im gelobten Lande, wenn der Unterbau der sozialistischen Wirtschaft geschaffen ist, als fertiges Weihnachtsgeschenk für das brave Volk, das inzwischen treu die Handvoll sozialistischer Diktatoren unterstützt hat. Sozialistische Demokratie beginnt zugleich mit dem Abbau der [bürgerlichen - E. M.] Klassenherrschaft und dem Aufbau des Sozialismus. Sie beginnt mit dem Moment der Machteroberung durch die sozialistische Partei. Sie ist nichts anderes als Diktatur des Proletariats.

Jawohl: Diktatur! Aber diese Diktatur besteht in der Art der Verwendung der Demokratie, nicht in ihrer Abschaffung, in energischen, entschlossenen Eingriffen in die wohlerworbenen Rechte und wirtschaftlichen Verhältnisse der bürgerlichen Gesellschaft, ohne welche sich die sozialistische Umwälzung nicht vollziehen läßt. Aber diese Diktatur muß das Werk der Klasse und nicht einer kleinen, führenden Minderheit im Namen der Klasse sein, d.h., sie muß auf Schritt und Tritt aus der aktiven Teilnahme der Massen hervorgehen, unter ihrer unmittelbaren Beeinflussung stehen, der Kontrolle der gesamten Öffentlichkeit unterstehen, aus der wachsenden politischen Schulung der Volksmassen hervorgehen."[5]

Rosa Luxemburg zeigt in derselben Broschüre bei ihrer Kritik an den Orientierungen der bolschewistischen Partei und der Sowjetmacht in Hinsicht auf die Nationalitäten- und die Bauernfrage weitaus weniger

5. "Zur russischen Revolution", in: *Gesammelte Werke*, Bd. 4, S. 362, 363/364; "Die russische Revolution", in: *Politische Schriften*, Bd. III, S. 138, 139.

Scharfsinn. Hierzu bezieht sie dogmatische Standpunkte, die weder den politischen noch den ökonomischen Notwendigkeiten, sowohl aktueller als auch historischer Art (für die Übergangsperiode) Rechnung tragen. Sie kritisiert die zentralen Losungen des Selbstbestimmungsrechts und der Verteilung des Bodens - in der Agrarreform - an diejenigen, die ihn bearbeiten, als "kleinbürgerlich" und opportunistisch.[6]

Hätten die Bolschewiki sich dem Wunsch nach Selbstbestimmung der gewaltsam ins Zarenreich integrierten Völker entgegengestellt, hätten sie sich dem Landhunger der großen Mehrheit der Bauern und Bäuerinnen entgegengestellt, hätten sie zwangsläufig die Macht verloren. Was sich nach 1928 in der UdSSR ereignet hat und was sich gegenwärtig dort ereignet, bestätigt diese Aussage auf tragische Weise. Wenn die bolschewistische Führung und die bolschewistischen Kader auf diesem Gebiet "gesündigt" haben - Lenin und Trotzki merklich weniger als andere -, dann vielmehr aus linkem Sektierertum heraus und nicht durch ein Übermaß an Opportunismus. Das Argument der "Parallelen" zu Kautskys Gedankengängen läßt sich im übrigen gegen Rosa kehren. Denn auch Kautsky klagt Lenin und Trotzki des Opportunismus gegenüber den Bauern an.

Das Arbeiter- und Bauern-Bündnis und der Kriegskommunismus

Es ist schwierig zu beurteilen, inwieweit die Politik der Beschlagnahme des Getreides durch die belagerte Sowjetmacht in den Jahren 1918 bis 1920 - des sogenannten "Kriegskommunismus" - zumindest in einem gewissen Maße unvermeidlich war. Aber es steht fest, daß sie das Arbeiter- und Bauern-Bündnis, also eben die Grundlage der Sowjetmacht, immer mehr zu sprengen drohte. Es ist ebenso gewiß, daß sie zu einem immer deutlicheren Rückgang der Produktivkräfte, vor allem der Nahrungsmittelproduktion, führte, durch den die gesamte russische Wirtschaft zusammenzubrechen drohte. Die landwirtschaftliche Produktion, hauptsächlich von Getreide, war um fast 30 % gesunken, der Pferdebestand um 25%, der Rinderbestand um 20 %, der Schweinebestand um 28 %, die Industrieproduktion um fast 60 %. Im Austausch für die gleiche Menge Getreide erhielt der Bauer nur noch 5 % der Industrieprodukte, die er 1917/1918 dafür erhalten hatte. Daher seine Weigerung, Getreide gegen praktisch wertloses Geld zu verkaufen. Daher die Notwendigkeit, das Getreide zu beschlagnahmen. Daraus folgte aber auch ein absoluter Rückgang des

---

6. Vgl. "Zur russischen Revolution", in: *Gesammelte Werke*, Bd. 4, S. 342/352; "Die russische Revolution", in: *Politische Schriften*, Bd. III, S. 116-126.

Anbaus von Getreide und nicht nur einfach ein Zurückziehen der Bauern auf die Subsistenzproduktion. Und wenn die Getreideproduktion sank, gab es auf die Dauer immer weniger zu beschlagnahmen. Daraus folgte eine allgemeine Tendenz zur Spekulation und zum Schwarzmarkt, wodurch vor allem die ärmsten Schichten benachteiligt waren.

Trotzki, während des Bürgerkriegs Oberkommandierender der Roten Armee, befand sich an der Spitze einer Armee, die hauptsächlich aus Millionen von Bauern bestand. Er reiste ständig durch das ganze riesige Land. Deshalb erkannte er besser als Lenin und die anderen Parteiführer die Tagessorgen der Bauernschaft. Er hatte er folglich ein Jahr vor Lenin die Aufgabe des "Kriegskommunismus" zugunsten der frühzeitigen Aufnahme einer geschmeidigeren Politik, einer "Neuen Ökonomischen Politik" (NEP) vorgeschlagen. Zu diesem Zeitpunkt stieß er auf den Widerstand von Lenin und der Mehrheit der Führung.[7] Wir stimmen in dieser Frage der Einschätzung des sowjetischen Historikers Roy Medwedjew zu, für den der Versuch, nach dem Ende des Bürgerkrieges die Politik der Beschlagnahme von Getreide fortzusetzen, die soziale Krise von 1921 auslöste - den Aufstand von Kronstadt eingeschlossen.[8] Dies war ein schwerer Fehler, der teuer zu stehen kam.

---

7. Nachdem sein Vorschlag vom Februar 1920, frühzeitig eine andere Wirtschaftspolitik einzuführen, abgelehnt worden war, vertrat Trotzki eine Zeit lang alternativ die "Militarisierung" der Arbeit. Dieser Konzeption hatte der IX. Parteitag im März/April 1920 einstimmig zugestimmt. (Vgl. hierzu: E. H. Carr, *The Bolshevik Revolution*, Bd. 2, S. 211-214; Taschenbuchausg. S. 213-216; vgl. auch die Dokumente in dem Abschnitt 'The Ninth Party Congress Approves Compulsory Labor' in: James Bunyan, *The Origin of Forced Labor in the Soviet State, 1917-1921*. Documents and Materials, Baltimore 1967, S. 117-131.)
Die NEP ist dann von März/Mai 1921 an eingeführt worden. Sie stellte einen tiefen Bruch mit der Kommandowirtschaft des Kriegskommunismus dar, dadurch daß der Markt und die bäuerliche Wirtschaft liberalisiert wurden, eine gewisse Entwicklung privater Kleinindustrie gefördert wurde, ausländische Investitionen ins Land geholt werden sollten.

8. Roy A. Medwedjew, *Oktober 1917*, Hamburg 1979, S. 227.
Im März 1921 rebellierte die Garnison von Kronstadt, einem Hafen am baltischen Meer in der Nähe von Petrograd. Nachdem die Verhandlungen mit der Regierungen gescheitert waren, wurde der Aufstand von der Roten Armee niedergeschlagen. Wir versuchen in diesem Essay nicht, das Problem der Kronstädter Revolte von Kronstadt und deren Unterdrückung durch die Sowjetmacht genauer zu analysieren. Unserer Auffassung nach geht es in Anbetracht dessen, daß der Bürgerkrieg noch nicht vollständig beendet war, um eine Frage einer taktischen politischen Bewertung, keine Prinzipienfrage. Die Schwierigkeit der Debatte über dieses Thema liegt darin, daß die meisten Kritiker und Kritikerinnen der Entscheidung der Bolschewiki ihre Wertung mit spezifisch *politischen* Einschätzungen begründen: dem Charakter der Forderungen der Aufständischen, dem Charakter der vorhandenen politischen Kräfte usw. Unserer Auffassung nach ist jedoch in einer Bürgerkriegssituation der Charakter der vorhandenen *sozialen* Kräfte (und deren "Logik") ausschlaggebend. Die Informationen, über die wir in dieser Hinsicht verfügen, erlauben aber keine definitiven Schlußfolgerungen. Die einen, vor allem die Anarchistinnen und Anarchisten sagen, die Kronstädter Matrosen seien - wie 1917/18 - im wesentlichen Industriearbeiter gewesen; ihre Revolte stand im Zusam-

Unter dem "Kriegskommunismus" ist das Proletariat nicht nur numerisch, sondern auch physisch und moralisch geschwächt worden. 1921 erhielten die Produzenten und Produzentinnen in der Industrie nur 30 % der Kalorien, die sie 1913/1914 verbraucht hatten, und weniger als die Hälfte des Verbrauchs von 1916/1917. Dies brachte einen tiefen Rückgang der Arbeitsproduktivität mit sich, die W. H. Chamberlin für das Jahr 1920 auf 26 % des Niveaus von 1913 schätzt.[9]

Manche haben die Politik des "Kriegskommunismus" idealisiert, wobei sie den Übergang zu "unmittelbar kommunistischen" Produktions- und Verteilungsformen hervorhoben. Leo Krizman, dessen Buch wir die soeben zitierten statistischen Angaben entnommen haben, spricht in diesem Zusammenhang von der "heroischen Periode der Großen Russischen Revolution".[10] Viele der bolschewistischen Führer haben sich das teilweise zu eigen gemacht. Sie haben aus der Not eine Tugend gemacht und die Zwängen, die dem Mangel und der Rationierung geschuldet waren, theoretisiert. Sie idealisierten die Rückkehr zur "Naturalwirtschaft" (genauer zu einer Wirtschaft mit den drei Sektoren Subsistenz-, Tausch- und Geldwirtschaft). Die gesamte marxistische Tradition und der gesamte Verstand des Proletariats sprechen jedoch gegen diesen "Kommunismus des Elends", mögen auch die sehr egalitären "Modelle", die zu dieser Zeit ausgearbeitet und angewandt wurden, (für die Zukunft!) sympathisch und anregend gewesen sein.[11] Dieses "Modell" hat keinerlei Dynamik

---

menhang mit den Arbeiterprotesten vom Februar 1921 in Petrograd und anderswo; es ging also um das Problem der Rätedemokratie, der proletarischen Demokratie. Andere - vor allem Trotzki - sagen, die proletarischen Matrosen von 1917/18 seien weitgehend nicht mehr auf den Schiffen und an den Hafenanlagen von Kronstadt gewesen; sie waren an der Front gefallen, von der Roten Armee und dem Staatsapparat aufgesaugt worden usw.; die Matrosen des Winters 1920/21 waren Söhne von Mittleren und wohlgenährten Bauern; ihre Revolte stand im Zusammenhang mit der Ablehnung des "Kriegskommunismus" und der Getreidebeschlagnahme; man mußte mit ihnen verhandeln, durfte aber nicht auf eine soziale Dynamik einlassen, die womöglich die konterrevolutionäre Bedrohung Petrograds verstärkt hätte - eine nationale und internationale Gefahr, denn das Schmelzen des Eises um die Festung Kronstadt konnte den Hafen für Kriegsschiffe zugänglich machen, die auf Seite der Weißen eingegriffen hätten.

9. *Die russische Revolution*, 2. Bd., S. 101.

10. L. Kritsman, *Die heroische Periode der Großen Russischen Revolution*. Ein Versuch der Analyse des sogenannten "Kriegskommunismus", Wien Berlin 1929; statistische Daten S. 242, 243, 254, 255, 295.

11. Marx und Engels haben vor einem derartigen "Kommunismus des Elends" gewarnt, bei dem nur der Mangel verallgemeinert und der unvermeidlich mit der Wiederherstellung der "ganzen alten Scheiße" enden werde:

"(...) andrerseits ist diese Entwicklung der Produktivkräfte (womit zugleich schon die in *weltgeschichtlichem*, statt der in lokalem Dasein der Menschen vorhandne empirische Existenz gegeben ist) auch deswegen eine absolut notwendige praktische Voraussetzung [für die Aufhebung der "Entfremdung"], weil ohne sie nur der *Mangel* verallgemeinert, also mit ➸

ausgelöst, die in der Lage gewesen wäre, das Land aus der wachsenden Hungersnot zu führen. Und es hat in den Köpfen eine Verwirrung gestiftet, an die Stalin in den Jahren 1928 bis 1934 in zynischer Weise anknüpfen konnte.

Die Frage der Friedensverhandlungen

Der Bürgerkrieg und der Interventionskrieg der imperialistischen Mächte, vor allem des deutschen Imperialismus, gegen das Rußland der Sowjets erklären den Ursprung und die Abweichungen des "Kriegskommunismus" zum Teil. Aber wir berühren hier einen anderen großen Fehler, den die Mehrheit der bolschewistischen Führer und Kader während der Verhandlungen von Brest-Litowsk begangen hat - mit der bemerkenswerten Ausnahme von Lenin, der zu diesem Zeitpunkt den Höhepunkt seines politischen Scharfsinns erreichte: Wir meinen den verspäteten Abschluß des Separatfriedens mit den Mittelmächten. Es gab einen entscheidenden Unterschied zwischen den Friedensbedingungen, die diese Mächte während der ersten Phase der Verhandlungen von Brest-Litowsk, die im Dezember 1917 begannen, vorschlugen, und den Bedingungen, die sie nach der Unterbrechung der Verhandlungen durch die Sowjets und der Wiederaufnahme des Vormarsches der deutschen Armee durchsetzten. Die ersteren waren für einen gut Teil der öffentlichen Meinung der Arbeiterklasse und des städtischen Kleinbürgertums noch annehmbar. Die zweiten wurden weithin als nationale Demütigung und Verrat an den Interessen des Proletariats Sowjetrußlands und des internationalen Proletariats empfunden. Außerdem schlossen sie die Kontrolle der Ukraine durch das kaiserliche Deutschland und die Unterdrückung der ukrainischen Bauernbewegung ein. Daher waren die Reaktionen sehr heftig. Die Annahme dieser Bedingungen führte zum Zerbrechen der Koalition von Bolschewiki und linken Sozial-Revolutionären. Sie schürte den Bürgerkrieg kräftig.

Die Mehrheit des bolschewistischen Zentralkomitees und der Kader lehnte die rasche Unterzeichnung der Friedensbedingungen ab, die das Ergebnis der ersten Phase der Verhandlungen von Brest-Litowsk waren. Sie können - wie Trotzki für seine "Mittel"-Haltung: "weder Krieg noch Frieden" - zu ihren Gunsten die Tatsache anführen, daß ihre Haltung dem Empfinden der Mehrheit der städtischen Bevölkerung entsprach. Aber sie

---

➻ der *Notdurft* auch der Streit um das Notwendige wieder beginnen und die ganze alte Scheiße sich herstellen müßte (...)" ("*Die deutsche Ideologie*", in: *MEW*, Bd. 3, S. 34/35.)

entsprach nicht dem Empfinden der Mehrheit der Landbevölkerung, ganz zu schweigen von der Stimmung der Soldaten einer in voller Auflösung befindlichen Armee. Und vor allem eröffnete sie keinerlei konkrete Alternative. Sofortiger Sturz der Herrschaft der Hohenzollern und der Habsburger? Wer konnte das garantieren? Sofortige Organisierung eines "revolutionären Krieges"? Mit einer nicht vorhandenen Armee? Die Weigerung, sofort Frieden zu schließen, hatte als einziges Ergebnis zur Folge, daß die deutsche Armee neue recht wichtige Gebiete besetzen konnte, vor allem, daß die Ukraine mit ihren riesigen Reichtümern der Sowjetrepublik entrissen wurde. Lenin hatte es Tag für Tag vorhergesagt. Wiederum ist festzustellen, daß der Preis, den die Revolution für diesen Fehler zahlen mußte, sehr hoch war.

Der rote Terror

Die Frage des Terrors - und der Schaffung der Tscheka (der geheimen politischen Polizei) - ist eng mit den Konsequenzen aus dem Frieden von Brest-Litowsk verbunden. Beide sind nur im Lichte dieser Ereignisse zu verstehen. Die Frage des Terrors ist - unabhängig von unzulässigen Exzessen - weniger klar, als manche behaupten. Um das festzustellen, genügt es, sich die Erfahrung des spanischen Bürgerkrieges zu vergegenwärtigen. Damals haben nicht nur die Stalinisten, sondern auch die Anarchisten und die Sozialdemokraten (die rechten, die "in der Mitte stehenden", die linken alle miteinander) sowie viele autonome und nichtorganisierte Arbeitergruppen in beträchtlichem Umfang Maßnahmen des roten Terrors angewandt. Sie hatten keine andere Wahl.

Wenn man es mit einem unbarmherzigen, mörderischen, folternden Feind zu tun hat, der vor nichts zurückschreckt, der Frauen und Kinder von politisch Aktiven als Geiseln nimmt, der massenhaft Kriegsgefangene und politische Gegner erschießt, dann muß man gewisse Vergeltungsmaßnahmen treffen, um die Verluste einzuschränken. Das sagt einem der gesunde Menschenverstand. Mögen die Herren Mörder als erste aufhören, wenn sie es vermeiden möchten, selbst einen hohen Preis für ihre Verbrechen zu zahlen.

Es ist festzuhalten, daß Lenin sich nach der Oktoberrevolution darum bemüht hatte, daß nicht zum Terror gegriffen würde. Er erklärte insbesondere:

"Man wirft uns vor, daß wir Verhaftungen vornehmen. Jawohl, wir nehmen Verhaftungen vor, und heute haben wir den Direktor der Staatsbank verhaftet. Man wirft uns vor, daß wir Terror anwenden, aber einen Terror, wie ihn die französischen Revolutionäre anwandten,

die waffenlose Menschen guillotinierten, wenden wir nicht an und werden wir, wie ich hoffe, nicht anwenden. Ich hoffe, wir werden ihn nicht anwenden, denn wir sind eine Macht. Als wir Verhaftungen vornahmen, sagten wir: wir lassen euch frei, wenn ihr unterschreibt, daß ihr keine Sabotage treiben werdet. Und solche Unterschriften wurden gegeben."[12]

Nur verhielten sich die Konterrevolutionäre trotz des ursprünglichen Großmuts der Bolschewiki völlig zynisch und skrupellos. Die Generäle Krasnow, Kaledin und andere, die Offiziersschüler, die während des Oktoberaufstandes verhaftet worden waren, wurden unter dem Versprechen freigelassen, sie würden sich jeder Aktion gegen die Regierung enthalten. Sie haben ihr Wort sofort gebrochen, zu den Waffen gegriffen und den Tod von Tausenden von Arbeitern verursacht. Das Volk beging diesen Fehler einmal, zweimal, dann schlug es hart zurück. Ist das erstaunlich?

A. R. Williams berichtet von einer der besonders zynischen Handlungen der künftigen "Opfer des Terrors", nämlich die Verwendung von Abzeichen des Roten Kreuzes auf Automobilen durch die Weißen in Petrograd im November 1917, um die Umzingelung durch Rotgardisten zu durchbrechen und Waffen heranzuschaffen.[13]

Williams berichtet auch von einem bewegenden Beweis für die Großzügigkeit der Revolution. Die Offiziersschüler, die nach der Gefangennahme im Winterpalais freigelassen worden waren, schlossen sich den Weißgardisten an und besetzten das Telefonamt von Petrograd. Antonow-Owsejenko, Sekretär des Revolutionären Militärkomitees und einer der Kommissare des Petrograder Sowjets, der den Sturm auf das Winterpalais geleitet hatte, fiel in die Hände der Konterrevolutionäre. Die Aktion der weißen Offiziere und Offiziersschüler brach rasch zusammen. Antonow, eben noch gefangen, wurde nun um sein "Wort als Bolschewik, als wahrer Bolschewik" angefleht, "daß wir sicher sind." Die Menge der Roten forderte den Tod der Weißgardisten. Antonow zog seinen Revolver und sprach feierlich zu den revolutionären Soldaten, Bauern und Arbeitern: "Den ersten, der einen Offiziersschüler zu töten versucht, werde ich töten."[14] Schließlich konnte er die Menge überzeugen:

---

12. "Rede in der Sitzung des Petrograder Sowjets der Arbeiter- und Soldatendeputierten zusammen mit den Vertretern der Front" (4.11.1917), in: *LW*, Bd. 26, S. 289.

13. *Durch die russische Revolution 1917-1918*, Berlin 1922, S. 112-118; neue Ausg. in: Albert Rhys Williams, *Ein Amerikaner im revolutionären Rußland*. Reportagen, Berlin/DDR 1982, S. 110-114.

14. Vgl. A. R. Williams, *Durch die russische Revolution*, S. 119-131, Zitate S. 123, 125; A. R. Williams, *Ein Amerikaner im revolutionären Rußland*, S. 114-126, Zitate S. 119, 121.

"Erkennt ihr, wohin dieser Wahnsinn führt? Wenn ihr einen gefangenen Weißgardisten tötet, so tötet ihr nicht die Gegenrevolution, sondern die Revolution. Für diese Revolution habe ich in der Verbannung und im Kerker zwanzig Jahre meines Lebens gegeben. (...) Und die Revolution bedeutet etwas Besseres. Bedeutet Leben und Freiheit für alle. Deshalb gebt ihr für sie Leben und Blut, aber ihr müßt ihr noch mehr geben. Müßt ihr auch euren Verstand geben. Müßt den Dienst der Revolution über die Befriedigung eurer Leidenschaften stellen. Ihr seid tapfer gewesen, um der Revolution zum Triumph zu verhelfen. Nun seid um ihrer Ehre willen barmherzig. Ihr liebt die Revolution. Ich bitte euch nur darum, nicht das zu töten, was ihr liebt."[15]

Aber nach dem Erleiden der barbarischen Gewalttätigkeiten der Konterrevolutionäre änderte sich die Stimmung. Es sei wiederholt: Ist das erstaunlich?

Der Umfang des Terrors ist im übrigen gut einzugrenzen. Die Gesamtzahl der Opfer des roten Terrors bis März 1920 wird offiziell auf 8 620 Personen geschätzt. Morizet schätzt sie auf etwas mehr als 10 000. Nach der Niederlage der weißen Armeen von Denikin und Koltschak hob die Sowjetregierung die Todesstrafe für mehrere Monate auf (sie wurde erst nach der polnischen Offensive gegen die Ukraine im Mai 1920 wieder eingeführt).

Die Atmosphäre in Sowjetrußland war weit entfernt von jener allgemeinen Angst, wie so viele Historiker sie schildern. Einen Eindruck vermittelt der Bericht, den Morizet als Augenzeuge des Prozesses gibt, der am 14. Juli 1921 in Moskau gegen Galkin, einem höheren Offizier der Weißen, vor dem Revolutionsgericht stattfand:

"Ich glaube, ich habe nie ein Publikum oder Richter gesehen, die dem Angeklagten gewogener waren, als an diesem Tag. Die 400 Arbeiter oder Soldaten, die sich in diesem Saal drängten, die drei Richter und der Ankläger, alle vier jung, alle schauten mit einer Art Freundschaft auf diesen kleinen Mann von 35 Jahren in abgetragener Kleidung, den ein gemütlicher Unteroffizier mit dem Revolver in der Hand bewachte, um der Vorschrift zu genügen. Keinerlei Schranke zwischen ihnen und ihm. Vier bewaffnete Soldaten, die vor allem an der Verhandlung interessiert waren, begrenzten mehr oder weniger den freien Raum, den die dem Angeklagten vorbehaltene Gartenbank, der Tisch des Verteidigers und unser Tisch einnahmen.

---

15. W. A. Antonow-Owsejenko, zit nach: *Durch die russische Revolution*, S. 125, 126; *Ein Amerikaner im revolutionären Rußland*, S. 121, 122.

Man hätte sich eher bei einer leidenschaftlichen Auseinandersetzung unter Männern geglaubt, die sich über die Lösung eines Gewissenskonflikts uneins sind, als bei einer Sitzung des schrecklichen Revolutionstribunals."[16]

Galkin ist zu einer leichten Strafe verurteilt und dann bald begnadigt worden, obwohl er die Waffe gegen die Sowjetmacht erhoben hatte. Aber er sagte, er verabscheue - nach den Erfahrungen, die er mit ihnen gemacht hatte - die konterrevolutionären Diktatoren noch mehr. Das Gericht glaubte es ihm aufs Wort.

Die Tscheka

Die Frage der Tscheka unterscheidet sich sehr wohl von dem, wovon soeben die Rede war: punktuellen Terrormaßnahmen während eines grausamen Bürgerkrieges. Sie schließt die Schaffung einer Institution, eines Apparates mit der unvermeidlichen Tendenz jeder Institution und jedes Apparates ein, zum Dauerzustand zu werden und sich jeglicher Kontrolle zu entziehen. Man kann einen faschistischen Folterer nach einem öffentlichen Prozeß, selbst nach einem verkürzten, erschießen. Man kann aber eine geheime politische Polizei keiner öffentlichen Kontrolle unterziehen.

Die Archive der Tscheka, deren Öffnung dank der Glasnost (der Politik der "Transparenz" unter Gorbatschow) begonnen hat, zeigen deutlich, daß der Wurm von Anfang an in der Frucht war - trotz der persönlichen Redlichkeit von Felix Dserschinski, dem ersten Führer der Tscheka, dem niemand unlautere Absichten unterstellt. Es genügt, eine Tatsache zu nennen: Mitglieder und Informanten der Tscheka sicherten sich eine Prämie (einen Teil der "Beute") für alles Wertvolle, das bei einem "Spekulanten" oder einem Verantwortlichen für "Wirtschaftsverbrechen" beschlagnahmt wurde. Die korrumpierende Dynamik steht außer Zweifel.[17]

Dies gilt ebenso für die Tendenz der Tscheka, sich jeder Kontrolle zu entziehen. Diese gefährliche Dynamik ist sehr frühzeitig sichtbar geworden. Eine Anekdote verdeutlicht das. Lenin brachte dem links-menschewistischen Führer Martow größte Wertschätzung und größte Freundschaft entgegen. Eines Tages bestellte ihn Lenin in den Kreml, übergab ihm einen falschen Paß und sagte zu ihm: "Verlaß sofort das Land. Sonst wird die

---

16. *Chez Lénine et Trotsky*, S. 429.

17. Dies wird auch von W. H. Chamberlin eindeutig bestätigt (*Die russische Revolution*, 2. Bd., S. 67).

Tscheka dich in ein paar Tagen verhaften, und ich werde sie nicht daran hindern können."

G. Leggett, ein dem bolschewistischen Regime extrem feindlich gesonnener Reaktionär, räumt jedoch ein, daß diese Autonomie anfangs nur den Umständen geschuldet war:

"Bei dem unvermeidlichen Zusammenprall zwischen der willkürlichen Gewalt der Tscheka und dem System des Sowjetgesetzes, das vom Volkskommissariat für Justiz [NKJu] ausgearbeitet wurde, setzte die Tscheka sich immer dann durch, wenn das Regime bedroht wurde; wenn die Krisen wieder abklangen, gewann das NKJu das Übergewicht."[18]

Lenin selbst war entschieden für die Bildung eines Rechtsstaates und für bedeutende Schritte in diese Richtung. In einem Konflikt über die Reform der politischen Polizei nach dem Ende des Bürgerkrieges, bei dem sich Ende 1921 Dserschinski und Kamenjew gegenüberstanden, unterstützte Lenin den letzteren. Kamenjew hatte vorgeschlagen, die Zuständigkeit der Tscheka solle auf Spionageprobleme, politische Anschläge, den Schutz der Eisenbahn und der Lebensmittellager begrenzt werden; jede andere repressive Tätigkeit sollte Aufgabe des Volkskommissariats für Justiz sein.[19]

Es muß auch festgehalten werden, daß die Tscheka keineswegs ein Geschöpf der bolschewistischen Partei oder Lenins war. Bei ihrer Gründung spielten vor allem die Linken Sozial-Revolutionäre eine Schlüsselrolle.

Aber es bleibt wahr, daß von Anfang an eine Tendenz der Tscheka zur Verselbständigung, zu immer größerer Unkontrollierbarkeit bestanden hat. Christian Rakowski hat in diesem Zusammenhang den Begriff "'professionelle Risiken' der Macht" benutzt.[20] Wir ziehen deshalb die Schlußfolgerung, daß die Bildung der Tscheka zweifellos ein Fehler war.

---

18. *The Cheka: Lenin's Political Police.* The All-Russian Extraordinary Commission for Combating Counter-Revolution and Sabotage (December 1917 to February 1922), Oxford 1981, S. 171.
19. Vgl. G. Leggett, *The Cheka: Lenin's Political Police,* S. 341-343.

Dokumente vom 15. und 29. November und vom 1. Dezember 1921 (ein Auszug aus einem Protokoll des Rats der Volkskommissare, eine Aktennotiz von Lenin, Lenins Rohentwurf für einen Politbüro-Beschluß und ein Auszug aus einem Protokoll des Politbüros) zur Reform der Tscheka, die kurz darauf, Ende Januar / Anfang Februar 1922, als GPU (Staatliche Politische Verwaltung) in das NKWD (Volkskommissariat für Innere Angelegenheiten) eingegliedert wurde, sind auf deutsch abgedruckt in: *W. I. Lenin und die Gesamtrussische Tscheka,* S. 594/595, 603, 606/607; Lenins Aktennotiz für Kamenjew ist auch in der Ausgabe seiner Briefe veröffentlicht worden, sein Entwurf für einen Beschluß des Politbüros über die Tscheka ("die Kompetenz einengen", "in bezug auf Verhaftungen die Rechte noch mehr einengen") in einem Ergänzungsband zur Werkausgabe (*LW*, Ergänzungsbd. Oktober 1917 - März 1923, S. 382/383).

20. "Die Ursachen der Entartung von Partei und Staatsapparat (Brief an Walentinow)" (6.8.1928), in: L. Trotzki, *Sowjetgesellschaft und stalinistische Diktatur,* Bd. 1.2, S. 1347.

KAPITEL 6

Lenins Organisationsverständnis

Hat Lenins Organisationsverständnis den Exzessen der Oktoberrevolution und der Stalinschen Diktatur den Weg gebahnt?

Eine der Thesen, die Kritiker des Bolschewismus gewöhnlich vorbringen, lautet: Die "Exzesse", die von 1918 an vorkamen - die Auflösung der Konstituierenden Versammlung, der Terror, die Verlängerung des Kriegskommunismus - resultieren letztlich aus Lenins Organisationsverständnis. Dieses, die letztendliche Quelle des Übels, das diese Autoren und Autorinnen Lenin zuschreiben, läßt sich folgendermaßen zusammenfassen: Die Revolutionen werden von der revolutionären Partei "gemacht", nicht von den Massen; diese Partei muß aus einer zahlenmäßig beschränkten und hochzentralisierten Kohorte von Berufsrevolutionären bestehen; sie ist deshalb der Kontrolle durch die Arbeiterklasse weitgehend entzogen; diese Klasse ist unfähig, sich zum Niveau revolutionärer politischer Aktion emporzuarbeiten, ganz zu schweigen vom Erreichen revolutionären politischen Bewußtseins.[1]

Andere Autoren, wie zum Beispiel Louis Fischer, gehen einen Schritt weiter und sagen, Lenins Organisationsverständnis, wie es auf klassische Weise in der Broschüre *Was tun?* zum Ausdruck kommt, speise sich aus

1. Stephen F. Cohen führt eine große Zahl von Autoren und Autorinnen an, die solch ein Urteil fällen ("Bolshevism and Stalinism", in: Robert C. Tucker [Hrsg.], *Stalinism*. Essays in Historical Interpretation, New York 1977, S. 6-10; durchgesehene u. erweiterte Fassung in: ders., *Rethinking the Soviet Experience*, New York u. Oxford 1985, S. 38-70, Anm. S. 173-186f2). Die Quellen sind zu umfangreich, um sie hier wiederzugeben. Wir wollen hier stellvertretend nur einige Namen nennen: Merle Fainsod, Hannah Arendt, Robert V. Daniels, Michael Karpovich, Adam B. Ulam, Barrington Moore, Arthur P. Mendel, Zbigniew Brzezinski, Robert H. McNeal, Alexander Solschenizyn. Ein Zitat genügt, um diese Einschätzung zusammenzufassen; es stammt von Merle Fainsod: "Out of the totalitarian embryo would come totalitarianism full-blown." (*How Russia Is Ruled*, Cambridge, Mass., 1953, S. 59; zitiert bei St. F. Cohen, "Bolshevism and Stalinism", S. 8 resp. 43.) ["Aus dem totalitären Embryo entwickelte sich der ausgewachsene Totalitarismus." (*Wie Rußland regiert wird*, Köln u. Berlin 1965, S. 74.)]

wenig anziehenden psychologischen Zügen seiner Persönlichkeit: einem blinden Haß auf den Zarismus und die besitzenden Klassen; dem Dürsten nach Rache für die Hinrichtung seines Bruders durch die Autokratie; der Überzeugung, daß Gewalt, Terror, "die Ausrottung des Feindes" in jeder Revolution eine wesentliche Rolle spielen.

Alle diese Behauptungen zeugen, gleich in welcher Variante sie auftreten, bestenfalls von einer einseitigen Sichtweise der geschichtlichen Wirklichkeit sowie der Schriften von Lenin und der Aktionen, die er initiierte oder leitete.

Lenin und die Macht

Vor allem stimmt die Darstellung Lenins als eines Mannes, der wie ein von einer fixen Idee Besessener auf die Eroberung der persönlichen absoluten Macht erpicht gewesen wäre, nicht mit dem Bild der Persönlichkeit überein, wie es sich aus den zahlreichen Zeugnissen derjenigen ablesen läßt, die mit ihm Umgang hatten. Nikolai Walentinow, der dem bolschewistischen Führer gegenüber sehr kritisch ist, stellt in diesem Zusammenhang fest:

"Es ist ein sehr schwerer Fehler, den viele, fast alle begehen, Lenin als einen eisernen Menschen, ohne Herz, der nur politische Resolutionen produziert, den Schönheiten der Natur gegenüber völlig gleichgültig und unempfindlich zu betrachten. Er bewunderte die Felder, Wiesen, Flüsse, Berge, das Meer und den Ozean."[2]

Die eher begrenzte Bedeutung, die Lenin seiner persönlichen Rolle beimaß, wird in seiner Reaktion auf den Vorschlag des Zentralkomitees sichtbar, als Kamenjew ihm sagte, er werde eine Gesamtausgabe von Lenins Arbeiten vorbereiten und einer Parteikonferenz einen entsprechenden Antrag vorlegen:

"'Wozu? Vollkommen überflüssig. Vor dreißig Jahren wurde alles Mögliche geschrieben. Es lohnt sich nicht.'"[3]

Die Einfachheit und Ehrlichkeit Lenins, der alle Arten von materiellen Privilegien ablehnte, geht aus den folgenden Tatsachen eindeutig hervor:

"Lenin gab die Nahrungsmittel- und Brennstoffgeschenke weg, die Bauern und Bäuerinnen, die ihn bewunderten, in den Kreml mitbrachten. Die Gehälter der Kommissare wurden auf zwei Drittel des Satzes für die oberste Kategorie von Technikern in der Industrie festgesetzt. (...)

---

2. *Encounters with Lenin,* London 1968.
3. L. B. Kamenew, *Lenins literarisches Erbe,* Hamburg 1924, S. 19.

Der Kriegskommunismus hatte die Moskauer Theater nicht umgebracht und den Überschwang der Avantgarde nicht umgebracht. Die Nachfrage nach Plätzen im Theater war so groß, daß sowohl Lenin als auch die Balabanowa [damals Sekretärin der Kommunistischen Internationale - E. M.], die sich zumindest darin einige waren, daß sie keine Vorzugsbehandlung akzeptierten, eines Abend vom Künstlertheater weggeschickt wurden, wo Stanislawskis Inszenierung von Tschechows 'Drei Schwestern' aufgeführt wurde."[4]

Der Mythos eines Lenin, der im "Kampf um die Macht" zynisch und skrupellos vorgegangen sei, stützt sich vor allem auf eine reichlich infame Verleumdung, auf die Behauptung, Lenin hätte 1917 "deutsches Gold" angenommen, um die bolschewistische Propaganda zu finanzieren. Aufgrund dieser Verleumdung wurden die Bolschewiki 1917 nach den revolutionären Julitagen verfolgt.

In seiner Leninbiographie, die im übrigen zu den besten gehört, die es gibt, zeigt sich Ronald W. Clark in dieser Hinsicht als Agnostiker und geht dabei soweit, daß er beinahe unterstellt, es gebe keinen Rauch ohne Feuer. Er gibt sogar die Behauptung eines Beamten des deutschen Ministeriums für Auswärtige Angelegenheiten wieder (ohne daß er sie völlig von der Hand weist), derzufolge in die bolschewistische Bewegung 50 Millionen Goldmark "investiert" worden seien.[5]

Aber derselbe Ronald Clark führt nebenbei den schlagendsten Beweis dafür an, daß diese Verleumdung unbegründet ist: Die *Prawda*, das wichtigste Organ der Bolschewiki, litt dauernd unter Geldmangel. Es ergingen ständig dringende Aufrufe zur Sammlung mehrerer zehntausend Rubel.[6] Wie könnte eine Bewegung so mittellos sein, wenn sie doch Dutzende von Millionen Goldmark erhalten hat?

Brian Moynahan übernimmt diese Verleumdung völlig unkritisch,[7] ohne zu erwähnen, wie wenig verläßlich die sogenannten "Zeugen" sind.[8] Moynahans Darstellung von Lenin in der Periode vom Februar bis September 1917 zeichnet sich durch äußerste Böswilligkeit, sofern nicht klare Fälschungen aus. Er behauptet beispielsweise im Zusammenhang mit dem berühmten "plombierten Wagen", den die Schweizer Sozialdemokraten Grimm und Platten organisierten, Lenin habe keine anderen Sozialisten als einige Bolschewiki in die Reise vom April 1917 einbezo-

---

4. D. Mitchell, *1919*, S. 152, 156.
5. *Lenin*. The Man Behind the Mask, London u. Boston 1988, S. 207; vgl. auch S. 239/240.
6. *Lenin*, S. 227.
7. *Comrades*, S. 199-201.
8. Vgl. hierzu W. H. Chamberlin, *Die russische Revolution*, 1. Bd., S. 166-168.

gen.[9] Falsch: unter den 32 russischen Emigrantinnen und Emigranten in dem besonderen Eisenbahnwagen, der auf der Grundlage einer Übereinkunft mit der deutschen Regierung durch deutsches Territorium fuhr, um sie nach Rußland zurückzubringen, weil die britischen und französischen Behörden die Rückkehr über See blockierten, waren 19 Bolschewiki, sechs Mitglieder des Bund, drei Mitglieder der Gruppe *Nasche Slowo,* die mit Trotzki verbunden war, und vier Mitglieder anderer Organisationen. Außerdem war in der Übereinkunft, die mit der deutschen Regierung ausgehandelt wurde, festgehalten, daß zwischen den Emigranten, die eine "defätistische" Position zum Krieg bezogen, und denen, die "Vaterlandsverteidiger" waren, keine Unterscheidung gemacht wird; alle russischen Emigranten durften im besagten Wagen mitfahren. In der Tat waren mindestens einige der Bundisten Vaterlandsverteidiger. Diese Reise wurde mitsamt aller Bedingungen, unter denen sie stattfand, in einer Erklärung gebilligt, die von einer Reihe prominenter Sozialisten aus verschiedenen Ländern unterschrieben wurde, darunter - neben dem Sekretär der Sozialdemokratischen Partei der Schweiz Fritz Platten - der Generalsekretär der Schwedischen Sozialistischen Partei Ström und der sozialistische Bürgermeister von Stockholm Lindhagen.[10]

In Moynahans Darstellung wurde die Reise von der öffentlichen Meinung sowohl international als auch in Rußland als ein pro-deutsches

---

9. *Comrades,* S. 143.

10. Zur politischen Zusammensetzung der Gruppe von russischen Emigrantinnen und Emigranten, die am 9.4. mit Lenin von Zürich abfuhr und nach der Zugfahrt durch Deutschland, Schweden und Finnland (noch Teil des russischen Reichs) am 16.4.1917 (3.4. nach dem noch in Rußland geltenden Kalender) am Finnischen Bahnhof in Petrograd eintraf, siehe W. I. Lenin, "Wie wir gereist sind" (4.4.1917), in: *LW,* Bd. 24, S. 9.
Berichte, Briefe und Telegramme deutscher Diplomaten, Regierungsbeamter, Spitzel usw. über "Sondertransporte russischer Revolutionäre aus der Schweiz und aus Bulgarien durch Deutschland nach Rußland" von März bis Juli 1917 sind veröffentlicht in: Werner Hahlweg (Hrsg.), *Lenins Rückkehr nach Rußland 1917.* Die deutschen Akten, Leiden 1957, S. 63-136. - Zahlreiche Dokumente sind zusammengestellt in dem Abschnitt 'Die Rückkehr nach Rußland (März bis April 1917)', in: Arnold Reisberg (Hrsg.), *Wladimir Iljitsch Lenin - Dokumente seines Lebens,* 1870-1924, Bd. 2, Frankfurt/M. 1977, S. 5-41.
Vgl. auch die Berichte von Zeitzeugen: Henri Guilbeaux, *Wladimir Ijitsch Lenin.* Ein treues Bild seines Wesens, Berlin 1923, S. 44, 47, 144, Dokumente über die Reise durch Deutschland: S. 158-166; Fritz Platten, *Die Reise Lenins durch Deutschland im plombierten Wagen,* Berlin 1924 (erw. Ausg. Frankfurt/M. 1985). Vgl. ferner die neueren Untersuchungen: Alfred Erich Senn, *The Russian Revolution in Switzerland, 1914-1917,* Madison usw. 1971, Kap. 17, 'The Coming of Revolution', S. 219-232, insbes. S. 225-229; Willi Gautschi, *Lenin als Emigrant in der Schweiz,* Zürich u. Köln 1973, Teil III, 'Nach dem Ausbruch der Februar-Revolution 1917', S. 237-291.
Münzenberg, Die Dritte Front?
Begrüßung durch Tschcheidse: Sinowjew, Guilbeaux, S. 45/46

Manöver betrachtet. Doch wie läßt sich diese Version mit der Tatsache vereinbaren, daß Lenin bei seiner Ankunft in Petrograd offiziell von dem führenden Sowjetmitglied Tschcheidse begrüßt wurde? Und was ist mit Radeks Agitation gegen den deutschen Militarismus? Was mit Trotzkis ungestümem defätistischen Auftreten auf seinem Weg zurück nach Rußland? Moynahan berichtet dazu selber:

"Die Briten entließen ihn zur Erleichterung des Lagerkommandanten [aus dem Gefangenenlager in Amherst, Kanada]; Trotzki hatte die [internierten deutschen] U-Boot-Matrosen so erfolgreich bekehrt, daß deutsche Offiziere sich bei den Kommandanten einsetzten, ihm einen Maulkorb zu verpassen. 'Das Lagerleben war zu einem andauernden Kundgebung geworden.' Der britische Oberst erklärte sich einverstanden, ihm Redeverbot zu erteilen."[11]

Wer handelte im Interesse des deutschen Militarismus?

Was tun? und die Jahre 1905 bis 1907

Ferner ist es unmöglich, sich nur auf die Broschüre *Was tun?* zu stützen, um das Leninsche Verständnis von Organisationsfragen zu beurteilen. Es geht nicht an, die Thesen, die in dieser Schrift verfochten werden (sicherlich etwas überspitzt, wie Lenin später selbst zugestanden hat), aus ihrem konkreten historischen Zusammenhang zu lösen: dem einer kleinen Partei, die in strengster Illegalität wirkt.

Lenin hat diese Thesen nie zu einer allgemeinen Organisationstheorie erhoben, die in allen Ländern (einschließlich Rußland) und zu allen Zeiten gültig wäre, unabhängig von dem Zeitraum und den konkreten Bedingungen, unter denen sich der Klassenkampf entwickelt.

In den alternativen Konzeptionen, die damals von den Menschewiki vorgeschlagen wurden, wurden die Zwänge der Illegalität, die daraus resultierende Gefahr für die Kontinuität des Klassenkampfes, die Rolle der - notwendigen, aber schwierigen - politischen Zentralisierung der Erfahrungen aus den zersplitterten Kämpfen und vor allem der Schlüsselcharakter des Kampfes um die politische Autonomie - und später die Hegemonie der Arbeiterklasse - in der Revolution unterschätzt. In der Spaltung auf dem II. Parteitag der Sozialdemokratischen Arbeiterpartei Rußlands 1903 steckten bereits latent die Keime der späteren zentralen politischen Differenzierung zwischen den Bolschewiki und den Menschewiki in bezug auf die Rolle der russischen Bourgeoisie in der Revolution

---

11. *Comrades*, S. 161.

(die Spaltung in diese beiden Strömungen der SDAPR wurde 1912 auch formal vollzogen).[12]

Sogar in der Broschüre *Was tun?* aus dem Jahr 1902 finden sich Passagen, die deutlich "trotzkistisch-luxemburgistisch" klingen:

"Jeder wird wohl zugeben, daß das 'umfassende demokratische Prinzip' die beiden folgenden notwendigen Vorbedingungen einschließt: erstens vollständige Publizität und zweitens Wählbarkeit aller Funktionäre. (...) Als demokratisch bezeichnen wir die Organisation der deutschen sozialistischen Partei, denn in ihr geschieht alles öffentlich, die Sitzungen des Parteitages inbegriffen".[13]

Und im nachhinein betont er:

"(...) und die Broschüre 'Was tun?' betont immer wieder, daß die von ihr befürwortete Organisation [von Berufsrevolutionären] nur Sinn hat im Zusammenhang mit der 'wahrhaft revolutionären und spontan sich zum Kampf erhebenden Klasse'."[14]

Diese Zitate genügen bereits, um die These zu widerlegen, die Claudio Sergio Ingerflom vertritt. Er glaubt, Lenins Organisationsverständnis stammten aus einem verbreiteten Verständnis, das er angeblich mit Axelrod geteilt habe, der historischen Abwesenheit der "Zivilgesellschaft" im traditionellen Rußland. Deswegen wäre - im Gegensatz zu dem, was Trotzki und Rosa Luxemburg dachten - sogar das russische Proletariat nicht in der Lage, Klassenbewußtsein zu erlangen. Lenin habe also gedacht, der Partei komme der Vorrang vor der Klasse und dem Klassenkampf zu; sie müsse sozusagen die Klasse konstituieren.[15] Alle diese Behauptungen sind im Lichte der Gesamtheit von Lenins Schriften auch vor der Revolution von 1905 nicht aufrechtzuerhalten.

Nach der sehr wichtigen Erfahrung der Revolution von 1905 hat Lenin diese Berichtigung - zum Teil in selbstkritischer Weise - noch erweitert, indem er das Bild von dem "überspannten Bogen" verwendete (seine

---

12. Zudem ist praktisch vergessen worden, daß es die Menschewiki waren - und nicht Lenin, die den Begriff des demokratischen Zentralismus zuerst verwandt haben. - Vgl. die Resolution des II. Allrussischen Konferenz der Menschewiki, die am 20. November 1905 in St. Petersburg abgehalten wurde, in der es heißt: "Die SDAPR muß gemäß dem Prinzip des demokratischen Zentralismus organisiert sein." ("On the Organization of the Party", in: *The Russian Social Democratic Labour Party, 1898 - October 1917,* hrsg. von R. C. Elwood, Toronto . Buffalo 1974, S. 83; vgl. auch den Kommentar des Herausgebers, S. 82.) Paul Le Blanc zitiert diese Quelle ausführlicher (*Lenin and the Revolutionary Party*, S. 128).

13. "*Was tun?* Brennende Fragen unserer Bewegung" (1902), in: W. I. Lenin, *Werke* (im folgenden: *LW*), Bd. 5, S. 495.

14. "Vorwort zum Sammelband '12 Jahre'", in: *LW*, Bd. 13, S. 96.

15. *Le citoyen impossible.* Les racines russes du léninisme, Paris 1988.

Gegner in der Polemik hätten den Bogen "überspannt", daher habe er "die Verkrümmungen energisch wieder ausrichten" müssen):

"Die sozialdemokratische Partei berichtete der Öffentlichkeit von 1903 bis 1907 (...) trotz der Spaltung am ausführlichsten über ihre innere Lage (Protokolle des zweiten gemeinsamen, des III., bolschewistischen, des IV. oder Stockholmer Parteitags). Trotz der Spaltung hat die sozialdemokratische Partei früher als alle anderen Parteien das kurze Aufleuchten der Freiheit benutzt, um das Ideal einer demokratischen, offen wirkenden Organisation einschließlich des Prinzips der Wählbarkeit und der Vertretung auf den Parteitagen entsprechend der Anzahl der organisierten Parteimitglieder zu verwirklichen. (...)

Die Grundvoraussetzung für diesen Erfolg [die große Geschlossenheit, Festigkeit und Widerstandsfähigkeit der Partei in der Revolution] war natürlich der Umstand, daß die Arbeiterklasse, von deren Elite die Sozialdemokratie geschafften wurde, sich kraft objektiver ökonomischer Ursachen unter allen Klassen der kapitalistischen Gesellschaft durch die größte Fähigkeit zur Organisation auszeichnet. Ohne diese Vorbedingung wäre die Organisation von Berufsrevolutionären eine Spielerei, ein Abenteuer, ein bloßes Aushängeschild gewesen".[16]

Lenin drückt sich noch klarer aus, indem er erklärt:

"Mir scheint, Genosse Radin hat nicht recht, wenn er (...) die Frage so stellt: Sowjet der Arbeiterdeputierten oder Partei? Mir scheint, (...) die Antwort muß unbedingt *lauten:* Sowohl *Sowjet der Arbeiterdeputierten* als auch *Partei. (...)*

Mir scheint, als Organisation verschiedener Berufe muß der Sowjet der Arbeiterdeputierten danach streben, daß ihm Deputierte aller *Arbeiter, Angestellten, Dienstboten, Tagelöhner usw. angehören, aller, die überhaupt gemeinsam für die Verbesserung des Lebens des ganzen werktätigen Volkes kämpfen können und wollen, aller, die wenigstens elementare politische Ehrlichkeit besitzen, aller außer den Schwarzhunderten."*[17]

"Alle waren wir uns [auf dem IV. oder Vereinigungsparteitag der SDAPR, April/Mai 1906 in Stockholm] einig über das Prinzip des demokratischen

---

16. "Vorwort zum Sammelband '12 Jahre'", in: *LW*, Bd. 13, S. 100. - In den Jahren 1905 bis 1907 wurde Rußland von einer Welle revolutionärer Kämpfe erfaßt. Für sämtliche Organisationen [der antizaristischen und der revolutionären Bewegung] war das eine außerordentliche Erfahrung, eine Testprobe in bezug auf die Tauglichkeit ihrer Programme und die Beschaffenheit ihrer Strukturen. Die spätere Entwicklung dieser Organisationen - sowie des zaristischen Regimes - wurde von diesen entscheidenden Jahren tief geprägt. (Siehe hierzu insbesondere Teodor Shanin, *Russia, 1905-07*. Revolution as a Moment of Truth, London 1986)
17. "Unsere Aufgaben und der Sowjet der Arbeiterdeputierten (Brief an die Redaktion)" (November 1905), in: *LW*, Bd. 10, S. 3, 4.

Zentralismus, über die Wahrung der Rechte jeder Minderheit und jeder loyalen Opposition, über die Autonomie jeder Parteiorganisation, über die Anerkennung der Wählbarkeit, Rechenschaftspflicht und Absetzbarkeit aller Parteifunktionäre."[18]

"Das Prinzip des demokratischen Zentralismus und der Autonomie der lokalen Körperschaften bedeutet gerade die Freiheit der Kritik, *vollständig und allerorts, wenn dadurch die Einheit einer* bestimmten Aktion *nicht gestört wird (...)."*[19]

"Das ZK hat absolut kein Recht, *von den Parteiorganisationen die Annahme seiner Resolution (...) zu verlangen. Alle Parteimitglieder sind* verpflichtet, *völlig selbständig und kritisch zu der Frage Stellung zu nehmen und sich für die Resolution auszusprechen, die ihrer Meinung nach die Aufgabe im Rahmen der Beschlüsse des Vereinigungsparteitags* richtiger *löst. (...) die gesamte Parteiorganisation (ist) jetzt* demokratisch *aufgebaut (...). Das bedeutet, daß* alle *Mitglieder der Partei die Funktionäre, die Komiteemitglieder usw.* wählen, *(...) daß* alle *Mitglieder der Partei die Richtung der Taktik der Parteiorganisation* festlegen.*"*[20]

Ein Autor wie Louis Fischer kennt die Quellen seines Themas perfekt. Dennoch übergeht er diese Abschnitte aus Lenins Schriften und noch viele andere, die in die gleiche Richtung zielen, absichtlich mit Stillschweigen.[21] Das zeugt von offenkundiger intellektueller Unredlichkeit. Dies ist bei ihm übrigens schlechte Angewohnheit.

Er hat von 1923 bis 1936 als Auslandskorrespondent, vor allem für die US-amerikanische Zeitschrift *The Nation,* in der UdSSR gelebt. In dieser Eigenschaft hat er eine Apologie der Moskauer Prozesse geliefert, die für Stalin und den internationalen Stalinismus ausgesprochen nützlich gewesen ist. In der Leninbiographie, die er 30 Jahre später verfaßt hat, schreibt er hingegen:

"Die Moskauer Prozesse der dreißiger Jahre (...) waren in Wirklichkeit 'Prozesse' gegen Trotzki (...). Die blutigen 'Säuberungen' des Jahres 1937, die Rußlands höchste militärische Führer und Tausende seiner tüchtigsten Industriellen, Schriftsteller, Planer und Verwaltungsbeamten trafen (...), gehörten zum Teil auch zu Stalins Fehde gegen Trotzki. Was das für die Verluste im Zweiten Weltkrieg, für Rückschläge in Industrie und Landwirtschaft bedeutet hat, läßt sich nicht ermessen (...)."[22]

---

18. "Appell an die Partei von den Delegierten des Vereinigungsparteitages, die der ehemaligen Fraktion der 'Bolschewiki' angehört haben" (April 1906), in: *LW*, Bd. 10, S. 315.
19. "Freiheit der Kritik und Einheit der Aktionen" (Mai 1906), in: *LW*, Bd. 10, S. 447.
20. "Die Arbeiter sollen entscheiden" (Juni 1906), in: *LW*, Bd. 10, S. 505-509.
21. Vgl. Louis Fischer, *Das Leben Lenins*, Köln u. Berlin 1965.
22. *Das Leben Lenins*, S. 779/780; Taschenbuchausg., Bd. 2, S. 952.

Jemand, der sich 1936-1938 zum Anwalt dieser "wahnsinnigen Politik" machte, hält es nicht für nötig, auch nur ein Wort des Bedauerns, der Entschuldigung oder der Selbstkritik auszusprechen. Er zieht es vor, auf die andere Seite der Barrikade zu wechseln. Gestern war der geniale Stalin der Fortsetzer des genialen Lenin. Heute ist der Despot Stalin ein Nebenprodukt des leninistischen Hangs zur persönlichen Macht und zur Gewalt. Wir sehen, was diesen beiden symmetrischen Positionen gemeinsam ist: Letzten Endes leitet sich Stalin aus Lenin ab, gestern im Guten, heute im Bösen.

Eine nicht-monolithische Partei

Wir berühren hier eine viel allgemeinere historische Fälschung, die sich auch bei zahlreichen anderen Autoren findet, die die Geschichte Sowjetrußlands in den Jahren 1918 bis 1923 behandeln.[23] Wo gab es denn diese angeblich monolithische bolschewistische Partei, Ergebnis der vorgeblichen leninistischen Besessenheit mit Hyperzentralisierung?

In Wirklichkeit hat es keine andere Arbeiterpartei mit sovielen Meinungsunterschieden und soviel Freiheit der Meinungsäußerung - auch in der Öffentlichkeit - gegeben wie die bolschewistische Partei der damaligen Zeit und sicher nicht die deutsche oder die österreichische sozialdemokratische Partei, selbst nicht zu ihren besten Zeiten. Wir könnten dazu unzählige Episoden anführen. Begnügen wir uns mit den folgenden:

- Bei der Diskussion um die Zweckmäßigkeit des Oktoberaufstandes nahmen Sinowjew und Kamenjew, führende Mitglieder des Zentralkomitees, in einem Artikel, der in Maxim Gorkis Zeitung erschien, öffentlich gegen den Beschluß der Mehrheit Stellung.
- Bei der Debatte über die Bildung einer Bündnisregierung aller Arbeiterparteien nach dem zweiten Sowjetkongreß bezogen sechs Mitglieder des Zentralkomitees und zahlreiche Mitglieder des Rates der

---

23. Leopold Haimson gibt P. B. Axelrods Ansicht wieder, Lenin stehe in der Nachfolge des Narodnik-Terroristen Pjotr Nikititsch Tkatschew: "Erinnert Tkatschews 'revolutionäre Minderheit' nicht an die 'Träger des revolutionären Bewußtseins' der Bolschewiki im Gegensatz zu den Massen als Trägern der 'Spontaneität'?" (P. B. Akselrod, *Pereshitoje i peredumannoje*, Bd. I, Berlin 1923, S. 198; hier zit. nach: Leopold H. Haimson, *The Russian Marxists and the Origins of Bolshevism*, Cambridge, Mass. 1955, S. 36; zu P. N. Tkatschew siehe S. 16/17.)
Haimson sagt aber kein Wort über Victor Adlers und Karl Kautskys Auffassung von der notwendigen Einführung des sozialistischen Bewußtseins von außen, d.h. durch Intellektuelle, in die Arbeiterklasse (vgl. seine Ausführungen zu Lenins Auseinandersetzungen mit dem russischen Ökonomismus und seiner Schrift in: *The Russian Marxists and the Origins of Bolshevism*, S. 132-139). Es läßt sich jedoch anhand von Texten nachweisen, daß die berühmte und soviel kritisierte Passage in Lenins *Was tun?* tatsächlich auf die genannten Autoren zurückgeht.

Volkskommissare öffentlich gegen die Entscheidung der Mehrheit Stellung. Sie traten dann von ihren Posten zurück, um ihrer Opposition mehr Gewicht zu verleihen.[24]

- Rjasanow und Losowski, zwei führende Mitglieder der bolschewistischen Partei, stimmten im Januar 1918 auf einer Sitzung des Zentralen Exekutivkomitees der Sowjets gegen die Auflösung der Verfassunggebenden Versammlung.
- Zur Zeit der Unterzeichnung des Friedens von Brest-Litowsk gaben die "Linken Kommunisten" um Bucharin eine Tageszeitung heraus, um ihre Minderheitsposition in der Öffentlichkeit zu vertreten.
- Die Strömung der sogenannten "Demokratischen Zentralisten", die von "Linkskommunisten" wie Ossinski geleitet wurde, vertrat seit 1918 in der Zeitschrift *Kommunist* ein Projekt der Arbeiterverwaltung der Industrie, das sich stark von der Auffassung der Mehrheit des Zentralkomitees

---

24. Diese wenig bekannte Episode verdient es, im einzelnen dargestellt zu werden:
"Als der Zweite Sowjetkongreß am 25. Oktober die Machtübernahme der Bolschewiki sanktionierte, war selbst bei den Bolschewiki sanktionierte, war selbst bei den Bolschewiki die Auffassung weit verbreitet, daß der neuen Regierung Vertreter aller Sowjetparteien angehören müßten. Martows Antrag, der Kongreß möge unverzüglich über die Errichtung solch eines Regimes beraten, wurde von Lunatscharski unterstützt und von den Delegierten einstimmig angenommen."
"Die zweite bolschewistische Führergarnitur hatte viel für eine Koalition übrig. Lenin holte sich in Petrograd eine Abfuhr, und die Moskauer Stadtorganisation unter Rykow und Nogin unterstütze offen Sinowjew und Kamenew. Sogar das Moskauer Gebietsbüro, das sich durch linke Neigungen auszeichnete, beschloß, eine Koalition zu akzeptierte, wenn die Bolschewiki die Mehrheit der Kabinettsposten bekämen. Am 2. November näherte sich das Koalitionsproblem dem kritischen Punkt. Das Zentralexekutivkomitee [der Sowjets] verabschiedete eine Entschließung, die darauf bestand, daß Lenin und Trotzki in jedem Fall dem Kabinett angehören und die Bolschewiki mindestens die Hälfte der Ministerposten bekommen müßten. Die ganze bolschewistische Rechte lehnte diese Mindestbedingung ab und stimmte gegen die Partei - Kamenew (Vorsitzender des Zentralexekutivkomitees), Sinowjew, fast der halbe Rat der Volkskommissare (Rykow, Lunatscharski, Nogin, Miljutin, Teodorowitsch) und andere, darunter Losowski und die Ex-Menschewiki Rjasanow und Jurenew."
"(...) am 4. November brach die Krise aus. Das Zentralexekutivkomitee diskutierte die Maßnahmen der Regierung zur Knebelung der nichtsozialistischen Presse, und die Vertreter der bolschewistischen Opposition, besorgt wegen der Möglichkeit diktatorischer Herrschaftsmethoden, stimmten ein in die Verurteilung von Zwangsmaßnahmen gegen Zeitungen, die nicht direkt zur Rebellion aufriefen. Larin (...) brachte eine Entschließung in diesem Sinne ein. Mit 22 gegen 31 Stimmen bei einigen Enthaltungen fiel sie durch."
"Alle fünf Kritiker Lenins im Zentralkomitee traten [aus dem ZK] aus - Sinowjew, Kamenew, Rykow, Miljutin und Nogin. Gemeinsam erklärten sie: '(...) Es lebe die Regierung der Sowjetparteien! (...)'
(...) Schljapnikow, der Volkskommissar für Arbeit, schloß sich dieser Gruppe in einer Erklärung an das Zentralexekutivkomitee an: 'Wir stehen auf dem Standpunkt, daß es notwendig ist, eine sozialistische Regierung aus allen im Sowjet vertretenen Parteien zu bilden. (...)'" (Robert V. Daniels, *Das Gewissen der Revolution*. Kommunistische Opposition in Sowjetrußland, Köln Berlin 1962, S. 86, 87/88, 88, 89.)

unterschied. Sie begann, es - recht zaghaft - kurzzeitig in die Praxis umzusetzen.

● In der bolschewistischen Partei fanden fortlaufend Debatten und Konflikte über die Frage der Verwaltung der Industrie statt.[25]

● Die 1920 gebildete Arbeiteropposition, die von Schljapnikow, Mjasnikow und Kollontai geleitet wurde, vertrat öffentlich ihre Minderheitspositionen.

● Noch 1921 schlug der Tscheka-Bevollmächtigte I. Wardin (Mgeladse) - unbeschadet der gegenteiligen Auffassung von Lenin - vor, bestimmte Oppositionsgruppen und -parteien, die nicht an Vorbereitungen von Aufständen gegen die Sowjetmacht beteiligt waren, zu legalisieren und einzelne Menschewiki und Sozialrevolutionäre freizulassen, so daß sie an den Wahlen vom Mai 1921 zum Moskauer Sowjet hätten teilnehmen können.[26]

In einer Episode, die Iljin-Shenewski, der 1918 das Büro des Petrograder Militärkommissariats leitete, berichtet, kommt diese freie Atmosphäre beispielhaft zum Ausdruck. Ende März 1918 fand die erste Stadtkonferenz der Roten Armee statt. Am Anfang der Konferenz wurde der Vorschlag gemacht, ein Ehrenpräsidium, zu wählen, das aus Lenin, Trotzki und Sinowjew bestehen sollte. Die Anarchisten sprachen sich dagegen aus. Der Vorschlag wurde angenommen, aber nur mit einer knappen Mehrheit, da nicht wenige Bolschewiki mit den Anarchisten stimmten.

Gegen den Widerstand der Führer der bolschewistischen Delegation und Iljin-Shenewskis als Vertreter der Regierung setzte ein Block aus Anarchisten und "linken" Bolschewiki durch, daß die Konferenz für sich gesetzgeberische und Entscheidungsvollmachten in Anspruch nahm. Derselbe Block setzte außerdem eine beträchtliche Erhöhung des Soldes

---

25. Vgl. T. F. Remington, *Building Socialism in Bolshevik Russia.*

26. Vgl. S. Farber, *Before Stalinism,* S. 206 sowie S. 197; er stützt sich auf G. Leggett, *The Cheka: Lenin's Political Police,* S. 321 (dort fälschlich "Bardin").
Lenins kurze ablehnende Stellungnahme vom 17. April 1921 zu Wardins "Berichtsmitteilung" liegt auf deutsch in einem Sammelband vor, der sich auf eine ähnliche russische Ausgabe stützt (Moskau 1975) und "Nur für den Dienstgebrauch" des Ministeriums für Staatssicherheit der DDR bestimmt war: "Aktennotiz an W. M. Molotow für das Politbüro des ZK der KPR(B)", in: *W. I. Lenin und die Gesamtrussische Tscheka.* Dokumentensammlung (1917-1922), Potsdam 1977.
I. Wardin verfaßte mehrere kritische Analysen der Politik von illegalen Parteien; diese Artikel erschienen 1921 und 1922 auch auf deutsch ("Reaktionäre Demokratie. Ueber den 'Bauernverband'), in: *Russische Korrespondenz,* Hamburg, Jg. II, Bd. II, Nr. 12, Dezember 1921, S. 1034-1038; "Die Spaltung der Kadettenpartei", in: *Russische Korrespondenz,* Jg. III, Bd. I, Nr. 1-3, Januar-März 1922, S. 203-211; "Die Partei der Menschewiki in der Revolution", in: *Russische Korrespondenz,* Jg. III, Bd. I, Nr. 4/5, April/Mai 1922, S. 348-356).

für die Soldaten und Matrosen durch, obwohl die Regierung erklärt hatte, sie könne sie nicht verwirklichen.[27]

Man könnte einwenden, Lenin habe sich derartigen Disziplinbrüchen gewaltsam widersetzt - mit einer Gewalt, die im wesentlichen verbal war und zu keinerlei administrativer und repressiver Maßnahme führte. Das ist wahr - geht aber am Wesentlichen vorbei.

Denn diese Episoden beweisen, ist, daß die Partei, die sich mit Lenins Organisationsverständnis entwickelt hatte, eben nicht-monolithisch war; daß zahlreiche Führungsmitglieder und Kader, sowohl Arbeiter als auch Intellektuelle, in ihr eine große geistige Unabhängigkeit, einen überwachen kritischen Geist bewahrten; daß die tägliche Praxis dieser Partei viel eher diese kritische Unabhängigkeit als irgendeine monolithische oder hyperzentralistische Erziehung widerspiegelte.

Man muß außerdem feststellen, daß Lenins Einstellung sich durchaus nicht grundsätzlich hiervon unterschied. Auf dem X. Parteitag im März 1921 widersetzte er sich im Zusammenhang mit dem Fraktionsverbot dem Vorschlag, Tendenzen ebenfalls zu verbieten. Er sprach klar aus, daß es unmöglich ist, die Wahl der Führung auf der Grundlage von Plattformen unterschiedlicher Tendenzen zu verhindern, wenn die Partei in wichtigen Fragen gespalten ist.[28]

Und wenn er in der Führung in die Minderheit geriet, entschloß er selbst sich mehr als einmal, sich über die Disziplin hinwegzusetzen, und versuchte, eine Minderheitstendenz zu organisieren bzw. Minderheitspositionen öffentlich zu vertreten.

Man kann diese Tatsachen nicht verschleiern, ohne die Geschichte Sowjetrußlands zur Zeit Lenins zu entstellen.

Innere Spannung des Leninismus

Richtig ist, daß es in Lenins Schriften und in seiner Praxis auch andere - paternalistische, autoritäre, substitutionistische - Züge gibt. Tatsächlich scheint Lenins gesamte Organisationstheorie und -praxis von einer Pendelbewegung beherrscht zu sein; dies ist vor allem von Marcel Liebman, Paul Le Blanc und in dem bereits zitierten ausgezeichneten Essay von Stephen Cohen herausgearbeitet worden.[29]

---

27. A. F. Ilyin-Zhenevsky, *The Bolsheviks in Power.* Reminiscences of the Year 1918, London 1984, S. 48-51.

28. "Bemerkungen anläßlich des Abänderungsantrags Rjasanows zur Resolution über die Einheit der Partei" (16.3.1921), in: *LW*, Bd. 32, S. 267.

29. M. Liebman, *Le léninisme sous Lénine*; Paul Le Blanc, *Lenin and the Revolutionary Party*, Atlantic Highlands, New Jersey - London 1990; S. Cohen, "Bolshevism and Stalinism".

In einer ersten Annäherung kann man diese Pendelbewegung so resümieren: In den Phasen revolutionären Aufschwungs, stürmischer Entfaltung der Massenbewegung herrschen in Lenins Schriften und Praxis die demokratischen bzw. libertären Akzente vor. In den Phasen revolutionären Rückgangs, rückgehender Aktivität der Massen gewinnt das Thema des Zentralismus und der Substitution der Klasse durch die Partei die Oberhand.

Diesen Dualismus mit Machiavellismus erklären zu wollen, ist nicht angebracht und ungerecht. Dies geht von einem psychologisierenden Axiom aus, das kaum zu beweisen ist.[30]

Man könnte dieses Axiom allenfalls durch sein soziologisches Gegenstück ersetzen. Der demokratische und libertäre Lenin hätte dann unter dem Druck der Arbeitermasse und -vorhut gehandelt. Der hyperzentralistische und substitutionistische Lenin hätte in einer Situation, wo die Massen praktisch nicht mehr handeln, eine pragmatische Lösung gesucht.

Aber diese soziologische Erklärung wird Lenin ebenfalls nicht gerecht. Sie trägt nicht der russischen Geschichte von 1918 bis 1923 Rechnung. Vor allem erlaubt sie es nicht, die nahezu verzweifelte Heftigkeit zu verstehen, mit der Lenin seit 1922, wenn nicht bereits seit Ende 1921, auf die wachsende Bürokratisierung des Staates und der Partei reagierte (der er sich zu dieser Zeit bewußt wird). Sie erklärt weder "Lenins letzten Kampf" gegen die tausendarmige Bürokratie, noch die Heftigkeit seiner letzten Auseinandersetzung mit Stalin, noch die wahrhaft pathetischen Töne, die er bei dieser Gelegenheit anschlug:

"Es scheint, ich habe mich vor den Arbeitern Rußlands sehr schuldig gemacht, weil ich mich nicht mit genügender Energie und Schärfe (...) eingemischt habe (...)."[31]

Jedwede "soziologische" Erklärung muß auch über eine historische Tatsache hinweggehen, die jedoch schwerlich bestritten werden kann, -

---

30. L. H. Haimson zufolge sei Lenin weit mehr als Marx und die "orthodoxen Marxisten" überzeugt gewesen, daß die "Leidenschaften" bei den individuellen und gesellschaftlichen Entscheidungen eine zentrale Rolle spielen. Er habe diesen Leidenschaften, auch seinen eigenen, aber tief mißtraut (*The Russian Marxists and the Origins of Bolshevism*, S. 139; vgl. auch S. 112/113). Daher rühre seine ideologische Unnachgiebigkeit. Einige persönliche Enttäuschungen, vor allem in seinem Verhältnis zu Plchanow, hätten ihn in dieser Hinsicht traumatisiert (S. 139-141, 186/187).
Haimson räumt aber selber ein, daß Lenin nach dem zweiten Parteitag der SDAPR (Juli/August 1903) eine sehr versöhnliche Haltung gegenüber den Menschewiki - insbesondere Martow - einnahm; er war bereit, von seiner Position abzugehen, die Zusammensetzung de Redaktion der *Iskra* (ein Beschluß des Parteitags) sei zu verändern. Es war Martows Unversöhnlichkeit, nicht Lenins, die die Fortdauer der Spaltung verursachte (S. 182-184).

31. "Zur Frage der Nationalitäten oder der 'Autonomisierung'" (30.12.1922), in: *LW*, Bd. 36, S. 590. - Vgl. zu dieser Zeit: Moshé Lewin, *Lenins letzter Kampf*, Hamburg 1970.

eine Tatsache, die Paul Le Blanc der zu mechanistischen Version des "Pendels", wie Liebman sie formuliert hat, zurecht gegenübergestellt hat: Weitgehend in den Jahren der Reaktion, 1908 bis 1911, hat Lenin im Kampf gegen die Strömung der "Liquidatoren" die bolschewistischen Kader zusammengefaßt und geschult, die es seiner Partei ermöglichen sollten, von 1912 an zur hegemonialen Kraft in der russischen Arbeiterbewegung zu werden.[32]

Geistige Unabhängigkeit

Das russische Beispiel veranschaulicht eine allgemeinere historische Regel - daß nämlich in den nicht-revolutionären Perioden die programmatischen, politischen und organisatorischen Voraussetzungen für den "Durchbruch" der revolutionären Partei im Verlaufe des späteren Anwachsens der Kämpfe geschaffen werden.

Für die These, nach der die Leninsche Partei eine Partei war, die im wesentlichen von bürgerlichen Intellektuellen und nicht von Arbeitern beherrscht, wenn nicht so zusammengesetzt gewesen sei, gibt es keine Grundlage in den Tatsachen.[33] Diese Meinung vertritt zum Beispiel Alfred Meyer,[34] der außerdem behauptet, der demokratische Zentralismus sei ein Anordnung, die "ganz gut funktionierte, solange die Partei von einem starken Führer kommandiert wurde, der sie mit eisernen Griff beherrschte."[35]

Die zweite Behauptung stimmt ebensowenig mit den Tatsachen überein wie die erste. Es genügt, Beryl Williams zu zitieren, der den Bolschewiki und Lenin gegenüber ausgesprochen feindlich eingestellt ist, um das Gegenteil zu beweisen:

"In dem Maße, wie die Popularität der Bolschewiki anwuchs, geschah dasselbe mit der Zahl der Parteimitglieder. Dabei veränderte sich die Partei, so daß sie nicht wiederzuerkennen war. Im Oktober war sie zu einer Massenpartei geworden, nicht die intellektuelle Elitegruppierung von 1903 oder der verbreiteten Vorstellung. Die Zahlen der Mitgliedschaft sind schwer festzustellen, es scheint aber so zu sein, daß die Partei im Laufe des Jahres [1917] um das Zehnfache auf etwas mehr als eine

---

32. Vgl. P. Le Blanc, *Lenin and the Revolutionary Party*, Kapitel 8, S. 143-147; Kritik an M. Liebman, S. 132/133.
33. Arbeiter stellten die übergroße Mehrheit der bolschewistischen Partei; vgl. hierzu: Daniel H. Kaiser (Hrsg.), *The Workers' Revolution in Russia, 1917.*
34. Vgl. P. Le Blanc, *Lenin and the Revolutionary Party*, S. 60.
35. Alfred Meyer, *Leninism*, Cambridge, Mass., 1957, S. 100; hier zit. nach: P. Le Blanc, *Lenin and the Revolutionary Party*, S. 127.

Viertelmillion anstieg. Im Oktober war die übergroße Mehrheit der Mitglieder Arbeiter (...). Wiederum im Gegensatz zu verbreiteten Annahmen waren sie nicht hochgradig organisiert oder vereint, obgleich sie wahrscheinlich mehr Zusammenhalt und sicherlich eine stärkere Führung hatten als ihre Rivalen. Es gab jedoch große Unterschiede in bezug auf die Herangehensweise zwischen dem Zentralkomitee, örtlichen 'Sub-Eliten' in den Distriktkomitees und Sowjets und 'Sub-Sub-Eliten' in den Fabriken. Die Aktivisten vor Ort neigten ebenso wie ihre Unterstützer dazu, mit bemerkenswerter Unabhängigkeit zu handeln."[36]

Diese ehrliche Beschreibung gibt ein viel getreueres Bild vom tatsächlichen Funktionieren der bolschewistischen Partei als die verschiedenen Legenden über den "demokratischen Zentralismus" unter Lenin. Sie macht verständlich, warum Lenin mindestens vier Mal mit den "komitetschiki" (Komiteeleuten) hart zusammenstieß: 1905/1906; zu Beginn der Februarrevolution 1917; am Vorabend des Oktobers; von 1921/1922 an. Die ersten drei Male endeten die Zusammenstöße dank der Unterstützung, die ihm von einer breiten Arbeitervorhut, auch von außerhalb der Partei, zuteil wurde, schnell zu seinen Gunsten. Beim vierten Mal fehlte diese Unterstützung, und die tragischen Konsequenzen sind bekannt.

Ansätze zu einer kohärenten Konzeption

Lenin hat nie wirklich eine globale, völlig kohärente Konzeption der Partei und ihrer Organisationsprinzipien formuliert. Betrachtet man aber die geschichtlichen Ausgangspunkte, so scheint er in dieser Richtung durchaus Schritt um Schritt vorangekommen zu sein. Die dialektische Einheit von Selbstaktivität der Klasse und Rolle der Vorhutpartei, ein Element dieses Klärungsprozesses, trat zunehmend hervor - mit Ausnahme der "schwarzen Jahre" 1920/1921 (manche werden sagen 1919 bis 1921).

Ein Autor wie Leopold Haimson behauptet, die russischen Intellektuellen und Marxisten hätten das Problem des Widerspruchs zwischen Spontaneität und Bewußtsein, zwischen Massenaktion und von der Vorhut inspirierter und organisierter Aktion nie zu lösen vermocht. Die Oktoberrevolution hat jedoch die Antwort geliefert, die Trotzki in seiner *Geschichte der russischen Revolution* bildhaft und klassisch formuliert hat:

"Ohne eine leitende Organisation würde die Energie der Massen verfliegen wie Dampf, der nicht in einem Kolbenzylinder eingeschlossen

---

36. *The Russian Revolution*, S. 28/29.

ist. Die Bewegung erzeugt indes weder der Zylinder noch der Kolben, sondern der Dampf."[37]

Am Vorabend der Oktoberrevolution hat sich Lenin noch deutlicher ausgedrückt; in seinem Brief an das ZK, in dem er zum bewaffneten Aufstand aufruft, schreibt er:

"Um erfolgreich zu sein, darf sich der Aufstand nicht auf eine Verschwörung, nicht auf eine Partei stütze, er muß sich auf die fortgeschrittenste Klasse stützen. Dies zum ersten. Der Aufstand muß sich auf den revolutionären Aufschwung des Volkes *stützen. Dies zum zweiten."*[38]

Das Organisationsmodell von *Was tun?* hat allerdings schon, selbst wenn es nur eine begrenzte Zeit lang angewandt wurde, Mißstände hervorgebracht: einen gewissen Typus von Verantwortlichen, die "Komiteeleute", die kaum in der Lage waren, sich auf eine stürmische Massenbewegung einzustellen. Lenins Lebensgefährtin Krupskaja schreibt hierzu:

"Die Komiteemitglieder waren gewöhnlich recht selbstbewußte Leute. Sie sahen eben den großen Einfluß, den die Arbeit der Komitees auf die Massen ausübte. Innerparteiliche Demokratie erkannten sie in der Regel nicht an. 'Die Demokratie führt nur zu dauernden Reinfällen, und mit der Bewegung sind wir auch so verbunden' - lautete ihre Ansicht. Auf das 'Ausland' [d.h. die Parteimitglieder im Exil - E. M.] sahen sie stets etwas verächtlich herab. 'Die sticht der Hafer, darum machen sie nur Zänkereien!' Das Übergewicht des Auslandes [d.h. Lenins - E. M.] war ihnen sehr unerwünscht. Zugleich wollten sie aber auch keine Neuerungen. Sich den rasch wechselnden Bedingungen anpassen, das wollte und verstand das Komiteemitglied nicht."[39]

Auf alle Fälle läßt sich die wirkliche Geschichte Sowjetrußlands zwischen 1918 und 1923 nur unter Berücksichtigung aller dieser widersprüchlichen Elemente verstehen, und nicht mit Hilfe irgendeiner Leninschen Erbsünde.

Wem es darum geht, die Ausgangspunkte des Stalinismus auszumachen, muß sie zuerst in den gesellschaftlichen Kräften und ihren Wechselbeziehungen suchen, was eher den Prinzipien des historischen Materialismus entspricht, als sich alleine an die Sphäre der Ideen zu halten. Was aber die geistigen Quellen angeht, stellt die Stalinsche Organisationskon-

---

37. *Geschichte der russischen Revolution*, Bd. 1: Februarrevolution, Berlin 1931, S. 11; Taschenbuchausg. Frankfurt/M. 1973, S. 9.
38. "Marxismus und Aufstand (Brief an das Zentralkomitee der SDAPR)" (13.14.9.1917), in: *LW*, Bd. 26, S. 4.
39. N. K. Krupskaja, *Erinnerungen an Lenin*, Wien u. Berlin 1929, S. 152; Ausg. Berlin 1959, S. 141.

zeption keine Fortsetzung der Leninschen dar: Sie ist im Gegenteil ihre brutale und terroristische Negation.

Hätte die Sowjetdemokratie sofort wiederhergestellt werden müssen?

Wie war es möglich, sich im Rußland von 1920 wirksam dem Prozeß der Bürokratisierung entgegenzustellen; also in einem ausgebluteten Land, das von Hungersnot heimgesucht wurde, dessen Transportsystem völlig desorganisiert war, mit einer Arbeiterklasse, die nur noch weniger als die Hälfte, wenn nicht gar kaum ein Drittel dessen ausmachte, was sie 1917 gewesen war? Eine Arbeiterklasse, die sich rasch demobilisierte - nicht wegen des Endes des Bürgerkrieges, sondern aufgrund der absoluten Notwendigkeit, sich individuell mit Lebensmitteln zu versorgen. Unter solchen materiellen und sozialen Bedingungen waren die sofortige Wiederherstellung der Räte- oder Sowjetdemokratie oder gar entscheidende Schritte in Richtung auf die Arbeiterverwaltung eine offenkundige Utopie.

Die Führung von Partei und Staat mußte der Wiederankurbelung der Produktion - vor allem in der Landwirtschaft -, der Erhöhung der Arbeitsproduktivität, der Wiederherstellung von Arbeitsplätzen Priorität einräumen.

Lenins und Trotzkis Irrtum bestand darin, die momentanen Ausnahmebedingungen zu theoretisieren und sie zu verallgemeinern. Mit dem Beginn der NEP 1921/1922 waren die zahlenmäßige Schwächung und die Deklassierung der Arbeiterklasse gestoppt. Die Tendenz kehrte sich um.

Zu diesem Zeitpunkt hätte eine schrittweise Erweiterung der Sowjetdemokratie die sozialpolitische Wiederherstellung der Arbeiterklasse beschleunigen und damit ihre langsame erneute Politisierung erleichtern können. Indem sie gerade zu diesem Zeitpunkt und auf drakonische Weise weiter reduzierten, was es noch an Demokratie gab, haben die sowjetischen Führer aber im Gegenteil die Entpolitisierung des Proletariats und der Partei verschlimmert.[40]

Es ist nicht möglich zu beurteilen, inwieweit ein tatsächlicher "neuer Kurs" von Erfolg gekrönt gewesen wäre. Aber die tragischen Ergebnisse

---

40. Im März 1921 wurden eben auf dem X. Parteitag der kommunistischen Partei Fraktionen verboten und die innere Parteidemokratie wurde vermindert. Später hat das berühmte "Leninaufgebot" des Jahres 1924, eine massive Rekrutierungskampagne, mit der hunderttausende nicht politisch geschulter und nicht von Kampferfahrungen geprägte Arbeiter und Arbeiterinnen in die Partei hereingeholt wurden, paradoxerweise zur Entpolitisierung der Partei und des Proletariats beigetragen.

der 1921 eingeschlagenen Politik sind so offensichtlich, daß man die Schlußfolgerung ziehen muß: Was 1920 utopisch war, war es von 1922 an nicht mehr.

KAPITEL 7

Die Grundfragen der Revolution - unter strategischem Gesichtspunkt

Die Oktoberrevolution wirft die strategische Schlüsselfrage auf, vor die sich jede sozialistische Arbeiterbewegung gestellt sieht: Wie muß sich eine Partei, die sich als Partei der Arbeiterklasse und des Sozialismus (oder des Kommunismus) versteht, in einer revolutionären Situation verhalten? Diese Frage führt zu einer weiteren, umfassenderen, die nach der langfristigen sozialistischen (oder kommunistischen) Strategie; eine Frage, die wir hier nicht behandeln werden.[1]

Revolutionen fallen nicht vom Himmel. Sie können nicht mechanisch von den vorausgehenden Perioden abgetrennt werden, im Laufe dieser Zeiten sind ganz allmählich die Bedingungen herangereift, die Revolutionen ausbrechen lassen. Ebenso hängt das, was die Parteien dann darstellen und was sie dann tun, zu einem gut Teil von ihrer Zusammensetzung und ihrer Tätigkeit in den vor- oder nicht-revolutionären Phasen ab (obwohl nicht abzustreiten ist, daß die Revolution selbst einige dieser Bestimmungen deutlich verändern kann).

Auf schematische, aber nützliche Weise lassen sich die beiden strategischen Philosophien, die sich während einer Revolution grundsätzlich gegenüberstehen, in der Formel zusammenfassen: Fatalismus oder Voluntarismus.

Fatalismus oder vernünftiger Voluntarismus

Das fatalistische Herangehen gründet sich auf den Gedanken, daß "die objektiven Bedingungen" und "die Kräfteverhältnisse" praktisch alles bestimmen, daß die Ereignisse weitgehend unabhängig von den Be-

1. Wir möchten diesem Thema ein späteres Amsterdamer Heft widmen (ein *Cahier d'Étude et de Recherche* bzw. *Notebook for Study and Research*).

schlüssen der Parteien und ihrer Führer ablaufen, daß deren Aufgabe im wesentlichen darin besteht, die Grenze zwischen dem, was "objektiv möglich" ist, und dem übrigen (das seien Abenteurertum und Illusionen) zu ziehen. Daher muß man den Mut haben, den Massen zu sagen, daß eine Reihe ihrer Bestrebungen nicht zu verwirklichen ist.

Die Menschewiki verkörperten diese Orientierung im Laufe des Jahres 1917. Ihre hauptsächliche Entsprechung im Ausland waren die Austromarxisten, deren Führer und Theoretiker Otto Bauer als Prototyp eines fatalistischen Marxisten in die Geschichte eingegangen ist.

Das voluntaristische Herangehen an die Strategie in revolutionärer Zeit gründet sich dagegen auf den Gedanken, daß der Verlauf der Ereignisse nicht völlig vorherbestimmt ist - gleich wie schwer die objektiven Faktoren (ökonomische und soziale Verhältnisse, historische und kulturelle Traditionen) wiegen, die diesen Verlauf teilweise bedingen. Auch das konkrete Handeln der Gesellschaftsklassen (und ihrer wichtigsten Fraktionen), die Tätigkeit und die genaue Orientierung der Parteien und ihrer Führungen können entscheidend auf die Ereignisse wirken.

Es geht nicht darum, ein deterministisches Herangehen (das mit dem "Fatalismus" gleichgesetzt würde) einer agnostischen oder teleologischen Geschichtsphilosophie (die mit dem Voluntarismus gleichgesetzt würde) gegenüberzustellen. Wir sprechen hier von einem Voluntarismus, der die großen materiell-historischen Zwänge beachtet. Es geht darum, nicht einem mechanischen und linearen Determinismus zu verfallen, der viel Unheil angerichtet hat, sondern diesen durch einen reicheren Determinismus zu ersetzen, der sich auf eine Dialektik der objektiven und subjektiven Faktoren gründet, durch ein Erfassen des "Möglicherweise", das wir mit dem Begriff des "parametrischen Determinismus" ausgedrückt haben, ein Verständnis der Geschichte, welches es ermöglicht, das "Latente", das "Virtuelle" in Rechnung zu stellen. Eine solche Konzeption hat Marx schon im ersten Band des *Kapital* benutzt.

Der Verlauf der Ereignisse ist weder völlig prädeterminiert (vorherbestimmt), noch völlig indeterminiert (unbestimmt). Der mögliche Ausgang der Revolution oszilliert innerhalb vorherbestimmter Grenzen.

Im Rußland von 1917 waren weder eine Rückkehr zu einem halbfeudalen Regime, noch der Aufschwung eines Kapitalismus auf der Grundlage einer parlamentarischen Demokratie, noch der vollständige Aufbau einer klassenlosen sozialistischen Gesellschaft möglich. Aber in diesem vorherbestimmten Rahmen konnte das Handeln der Massen, der Parteien und ihrer Führer eine von mehreren möglichen Varianten zum Ergebnis haben: Sieg einer ultra-reaktionären bürgerlichen Konterrevolution (die nur blutig und repressiv sein konnte, einschließlich der Vernichtung der

Arbeiterbewegung und jeder selbständigen Tätigkeit der Arbeiter- und Bauernmassen); Sieg der Revolution dank der Übernahme der Macht durch die Sowjets, die den *Beginn* der Errichtung einer neuen Gesellschaft ermöglicht (durch den Zusammenschluß mit der internationalen Revolution oder wenigstens durch deren Unterstützung).

Das fatalistische Herangehen war großenteils das Ergebnis des "Marxismus" der II. Internationale, der unter dem Einfluß von Kautsky stand. Dies ist eine Konzeption, die stark von einem halb-darwinistischen, mechanistischen Determinismus geprägt ist. Aus ihr folgte, daß die Sozialisten und Sozialistinnen sich selbst im Falle einer revolutionären Explosion im Grunde nur dem unausweichlichen Gang der Ereignisse unterwerfen konnten.

Im Gegensatz dazu ergab sich aus dem voluntaristischen Herangehen, daß die Sozialisten und Sozialistinnen sich der Möglichkeit bewußt waren, den historischen Verlauf durch ihr eigenes Handeln entscheidend beeinflussen zu können. Es ist das Hauptverdienst der Bolschewiki, dies versucht zu haben. Und eben dies ist auch die Hauptlehre, die Rosa Luxemburg aus den Oktoberereignissen gezogen hat; eine Lehre, die sie veranlaßt hat, ihre Kritik an Lenin und Trotzki abzumildern und die russische Revolution enthusiastisch zu unterstützen:

"Was eine Partei in geschichtlicher Stunde an Mut, Tatkraft, revolutionärem Weitblick und Konsequenz aufzubringen vermag, das haben die Lenin, Trotzki und Genossen vollauf geleistet. Die ganze revolutionäre Ehre und Aktionsfähigkeit, die der Sozialdemokratie im Westen gebrach, war in den Bolschewiki vertreten. Ihr Oktoberaufstand war nicht nur eine tatsächliche Rettung für die russische Revolution, sondern auch eine Ehrenrettung des internationalen Sozialismus."[2]

Und weiter:

"Worauf es ankommt, ist, in der Politik der Bolschewiki das Wesentliche vom Unwesentlichen, den Kern von dem Zufälligen zu unterscheiden. In dieser letzten Periode, in der wir vor entscheidenden Endkämpfen in der ganzen Welt stehen, war und ist das wichtigste Problem des Sozialismus, geradezu die brennende Zeitfrage, nicht diese oder jene Detailfrage der Taktik, sondern: die Aktionsfähigkeit des Proletariats, die revolutionäre Tatkraft der Massen, der Wille zur Macht des Sozialismus überhaupt. In dieser Beziehung waren Lenin und Trotzki mit ihren Freunden die ersten, die dem Weltproletariat mit dem Beispiel vorangegangen sind, sie sind bis

---

2. "Zur russischen Revolution", in: *Gesammelte Werke*, Bd. 4, S. 341; "Die russische Revolution", in: *Politische Schriften*, Bd. III, S. 116.

jetzt immer noch die einzigen, die mit Hutten ausrufen können: Ich hab's gewagt!

Dies ist das Wesentliche und Bleibende der Bolschewiki-Politik. In diesem *Sinne bleibt ihnen das unsterbliche Verdienst, mit der Eroberung der politischen Gewalt und der praktischen Problemstellung der Verwirklichung des Sozialismus dem internationalen Proletariat vorangegangen zu sein und die Auseinandersetzung zwischen Kapital und Arbeit in der ganzen Welt mächtig vorangetrieben zu haben. In Rußland konnte das Problem nur gestellt werden. Es konnte nicht in Rußland gelöst werden. Und* in diesem Sinne *gehört die Zukunft überall dem 'Bolschewismus'."*[3]

War es richtig, die Macht zu übernehmen?

Selbstverständlich darf man den Gegensatz zwischen den beiden Optionen Fatalismus und Voluntarismus nicht übertreiben, selbst wenn sie von Grund auf verschieden sind. Eine zu grobe Vereinfachung des Problems kann Verwirrung stiften und die Entscheidung erschweren. In diesem Sinne gibt es beim "voluntaristischen" Kurs die Möglichkeit abenteuerlicher, putschistischer, "blanquistischer" Übertreibungen: Versuche der Machtübernahme durch Minderheiten, die nicht die Unterstützung der Mehrheit der Lohnempfänger und Lohnarbeiterinnen genießen.[4]

Aber das Vorhandensein solcher Abweichungen und die Gefahr, die sie darstellen, können nicht als Entschuldigung dienen, um sich vor der tatsächlichen strategischen Entscheidung zu drücken, die in Rußland am Vorabend des Oktobers zu treffen war. Die Bolschewiki besaßen offensichtlich die Unterstützung der Mehrheit des Proletariats. Das Volk wollte offensichtlich eine radikale, eine revolutionäre Veränderung. Mußte man unter diesen konkreten Bedingungen die Macht übernehmen - ja oder nein? Die revolutionären Marxisten und Marxistinnen sind heute weiterhin davon überzeugt, wie die von 1917 und der folgenden Jahre, daß die Antwort ein vorbehaltloses "Ja" ist.

Die kritische Untersuchung der bolschewistischen Taktik in den Jahren nach dem Sieg des Oktobers hat vor kurzem zu einer Auseinandersetzung über den Charakter des historischen Determinismus geführt, deren Kontrahenten John Rees und Samuel Farber waren. Der erste beschuldigt den zweiten, jeglichen materialistischen Determinismus aufzugeben, weil

---

3. "Zur russischen Revolution", S. 365; "Die russische Revolution", S. 141.
4. Der Spartakusaufstand vom Januar 1919 in Deutschland, der Versuch unter Leitung von Bettelheim im folgenden Jahr, in Wien bzw. Österreich die Macht zu übernehmen, und vor allem die "Märzaktion" des Jahres 1921 in Deutschland sowie der Staatsstreich der bulgarischen kommunistischen Partei gegen Stamboliski von September 1923 gehören in diese Kategorie.

er eine Palette von Alternativen in bezug auf die revolutionäre sozialistische Politik im Rußland von 1918 bis 1923 unterbreitet und andere Entscheidungen analysiert, die möglich gewesen wären.

"(...) der Marxismus vertritt nicht, daß der politische Wille oder die politische Ideologie unter allen Umständen eine Schlüsselrolle spielen kann. Der Grad, in dem die Arbeiter 'ihre eigene Geschichte machen' können, hängt von den objektiven Faktoren ab, die sich auf sie herabsenken. (...) Aber in Rußland war der Handlungsrahmen [nach Oktober 1917] auf das Durchhalten einer Belagerung unter noch enger werdenden Einschnürungen beschränkt. Jede Unze Willenskraft und politischen Bewußtseins war notwendig, um zu verhindern, daß der Arbeiterstaat besiegt wurde. Der 'subjektive Faktor' war auf eine Entscheidung zwischen der Kapitulation vor den Weißen und der Verteidigung der Revolution mit allen zu Gebote stehenden Mitteln beschränkt."[5]

Aber diese Art, die Frage zu stellen, weist zwei grundsätzliche Schwächen auf. Zunächst geht sie nicht auf den Haupteinwand ein, nämlich daß die Sowjetdemokratie zum Zeitpunkt des Verbots der Sowjetparteien endgültig erstickt wurde - nach dem Bürgerkrieg, und nicht, als die Alternative darin bestand, entweder vor den Weißen zu kapitulieren oder die Revolution mit allen Mitteln zu verteidigen. Sie wurde also nach dem Sieg erstickt, als es auf dem Territorium Sowjetrußlands keine weiße Armee mehr gab. Die Maßnahmen, die damals getroffen wurden, gingen von dem Gedanken aus, die revolutionäre Mobilisierung des Proletariats werde gerade wegen des Sieges im Bürgerkrieg abnehmen. In den Augen der Bolschewiki drohte diese Demobilisierung, eine größere Gefahr für die Sowjetmacht zu werden, als es die weißen Armeen gewesen waren. John Rees erwähnt diese Erklärung nicht. So deckt er ihren irrigen und unlogischen Charakter nicht auf.

Zum anderen löst Rees konkrete Probleme in einer allgemeinen und abstrakten Formel auf. Es war nicht die Frage, ob ganz allgemein "alle Mittel" eingesetzt werden mußten, um die Sowjetmacht zu verteidigen, um einen Sieg der Weißen zu verhindern. Die Frage war, ob diese oder jene konkrete Maßnahme die siegreiche Weiterführung des Bürgerkrieges erleichterte oder erschwerte. Brachte die Schaffung der Tscheka einen Sieg näher? Brachten die Beibehaltung und Verschärfung der Beschlagnahme des Getreides 1919/1920 und die Überspitzungen des "Kriegskommunismus" allgemein einen Sieg näher? Brachte das Verbot der Sowjetparteien einen Sieg näher? Die Sowjetmacht und die Führer der bolsche-

---

5. "In Defence of October", S. 30.

wistischen Partei hatten hierbei sehr wohl die Wahl, diese Maßnahmen zu treffen oder nicht zu treffen. Haben sie recht gehabt? Oder unrecht?

J. Rees stellt seine Überlegungen so an, als ob sich diese Frage gar nicht stelle. Und eigenartigerweise erwähnt er das zentrale Argument nicht, das das Verhalten der Bolschewiki in dieser Hinsicht wenn schon nicht völlig rechtfertigen, so doch wenigstens weitgehend verständlich machen kann. Rosa Luxemburg hat es in ihrer Broschüre über die russische Revolution formuliert: Die sozialistische Revolution sowie der Beginn des Aufbaus einer klassenlosen Gesellschaft stellten einen völlig neuen Versuch dar. Auf diesem Gebiet gab es keinerlei Handbuch mit vorgefertigten Regeln, nach denen man sich hätte richten können. Die russische Revolution war ein riesiges geschichtliches Labor, erhebend und dramatisch zugleich. Man kann nur durch Experimentieren, durch Vortasten vorankommen. Allein die Praxis kann erweisen, ob diese oder jene konkrete Maßnahme (wir sprechen hier nicht von der allgemeinen Orientierung) richtig oder falsch ist. Jedes dogmatische Herangehen, das von vorgefertigten Schemata ausgeht, ist kontraproduktiv (wie im übrigen jede ausschließlich pragmatische Orientierung auch). Beide weichen den großen strategischen Entscheidungen aus. Viele Dinge sind im nachhinein klar, waren es aber nicht zum gegebenen Zeitpunkt. Sie konnten es nicht sein. Wie Napoleon Bonaparte sagte: "On s'engage, et puis on voit." Lenin wiederholte diese Worte eines meisterhaften Taktikers gerne.[6]

Fehler und sozialistische Demokratie

Gerade weil dem so ist, sind pluralistische Rätedemokratie, ein Mehrparteiensystem, ein aktives politisches Leben, das praktische Recht auf Kritik und auf Eingreifen der Massen für die Revolution lebensnotwendig. Denn wenn die Revolution wie der Beginn der Errichtung einer klassenlosen Gesellschaft ein riesiges Laboratorium darstellen, sind die Fehler unvermeidlich: Es ist also lebenswichtig, daß Mechanismen vorhanden sind, die es ermöglichen, nicht etwa Fehler auszuschließen - was unmöglich ist -, sondern sie so schnell wie möglich zu korrigieren und dann deren spätere Wiederholung zu verhindern. Lenin selbst stellte fest, daß die Art

6. Er formulierte am 17.1.1923 in "Über unsere Revolution (Aus Anlaß der Aufzeichnungen N. Suchanows)", einer seiner letzten Arbeiten: "Wie ich mich erinnere, hat Napoleon geschrieben: 'On s'engage et puis ... on voit.' In freier Übersetzung bedeutet das etwa: 'Zuerst stürzt man sich ins Gefecht, das weitere wird sich finden.' Auch wir haben uns im Oktober 1917 zuerst ins Gefecht gestürzt und dann solche Einzelheiten der Entwicklung (vom Standpunkt der Weltgeschichte sind das zweifellos Einzelheiten) zu sehen bekommen wie den Brester Frieden oder die NÖP usw." (*LW*, Bd. 33, S. 466.)

des Umgangs einer Partei mit ihren eigenen Fehlern ihre Zukunft bedingt. Und in diesem Zusammenhang tritt der volle Wert der Rätedemokratie hervor.

Samuel Farber hat also unserer Meinung nach gegenüber John Rees recht, was die allgemeine Methode des Herangehens betrifft. Aber er wiederum hat nur allgemein und abstrakt recht, jedoch nicht in einer Vielzahl von konkreten Einschätzungen, die er formuliert. Er verwendet nämlich in völlig übertriebener Weise ausschließlich formale Kriterien der Demokratie, Kriterien, die sich in der Praxis als viel weniger demokratisch erweisen, als es auf den ersten Blick scheinen mag. Farber unterstreicht stark die Bedeutung des "Rechtsstaates": Notwendigkeit des geschriebenen Rechts, das Prinzip, wonach ein Beschuldigter solange als unschuldig gilt, wie seine Schuld nicht erwiesen ist, usw.[7] Unsere Bewegung hat die meisten dieser Prinzipien in die Thesen über "Sozialistische Demokratie und Diktatur des Proletariats" aufgenommen, die sie 1979 und 1985 auf ihren Kongressen angenommen hat.[8] Wir haben also weder bis zu den Umwälzungen in Osteuropa, noch zur Veröffentlichung des Buches von Farber gewartet, bis wir diese Grundsätze benannt und vertreten haben.

Aber Farber behandelt eine Reihe von anderen Problemen nicht, die, wenngleich nicht "formal", doch ganz real sind; Probleme, die die Gefahr in sich bergen, die Gewährleistung der Rechte eines jeden Mannes und einer jeden Frau, der Rechte aller so lange zu beeinträchtigen, wie Phänomene des Markts und Geldes noch weiter existieren (also während der gesamten Übergangsperiode): die Bestechlichkeit der Richter; die Notwendigkeit, die Anzahl der Anwälte, die ein einzelner in Anspruch nehmen kann, zu beschränken, da sonst diejenigen, die mehr Geld haben, größere Möglichkeiten der Verteidigung - oder der Anklage in Zivilprozessen - hätten als andere; kostenlosen Zugang zur Verteidigung; die Notwendigkeit einer strengen öffentlichen Kontrolle und folglich die Abschaffung des Prinzips, daß der "abgeschlossene Fall" nicht mehr in Frage gestellt werden darf; wesentliche Veränderungen der Vorschriften zum Prozeßverfahren, die sie für die Masse der Bürgerinnen und Bürger durchschaubarer machen; die Verallgemeinerung des Prinzips der Abbe-

---

7. *Before Stalinism*, S. 159-162.

8. Die Resolution "Sozialistische Demokratie und Diktatur des Proletariats" wurde zuerst im Juni 1977 vom Vereinigten Sekretariat der IV. Internationale diskutiert und verabschiedet, dann vom 11. Weltkongreß im November 1979, auf dem ein Meinungsbild erstellt wurde. Sie ist dann erneut diskutiert, umgearbeitet und vom 12. Weltkongreß im Januar 1985 endgültig angenommen worden.
Diese Fassung liegt auf deutsch in der Broschüre *Für Rätedemokratie und Arbeiterselbstverwaltung*, Frankfurt/M. 1985, vor.

rufbarkeit der Richter (also die Aufhebung des Prinzips ihrer Unabsetzbarkeit) und die maximale Ausdehnung des Prinzips der Geschworenengerichte.

Es ist nicht recht erkennbar, wieso solche juristischen Umwälzungen die Rechte der Individuen oder den "Rechtsstaat" untergraben oder beeinträchtigen würden. Tatsächlich sind dies notwendige Bedingungen, wenn man will, daß alle Männer und alle Frauen - und nicht nur privilegierte Minderheiten (einschließlich der Bürokraten und der Intellektuellen) - ihre formalen Rechte voll und ganz wahrnehmen können! Doch die gestrengen Kritiker der "revolutionären Rechtsprechung" verwerfen sie dogmatisch, wie aus Prinzip.

Die soziale Ungleichheit in der Rechtsprechung ist in unseren "Rechtsstaaten" durchaus ein bekannter Skandal. Dies bestätigen, soweit überhaupt nötig, drei recht spektakuläre Vorfälle aus dem letzten Vierteljahr 1991. Der Prinz Vittorio Emanuele, Anwärter auf den italienischen Königsthron, wurde nach einem Verfahren, das elf Jahre (!) gedauert hat von der Mordanklage an einem jungen Deutschen freigesprochen. Hätte ein Bürger mit durchschnittlichem Einkommen die gleiche Möglichkeit gehabt, die Dinge so lange hinzuziehen? In Japan hat der Hitachi-Konzern in einem Verfahren, das 24 Jahre (!) gedauert hat, einen Prozeß gegen einen seiner Angestellten gewonnen, der wegen seiner Weigerung entlassen worden war, Überstunden zu leisten. Hiroshi Kawahito, ein Rechtsanwalt, der ein Beratungszentrum für abhängig Beschäftigte gegründet hat, erklärte hierzu: "Wie viele japanische Gesetze ist auch dieses absichtlich unklar. Die heute gefällte Entscheidung war falsch, weil die japanischen Arbeiter von nun an keine Überstunden mehr ablehnen können und weil *karoshi* (Tod aufgrund von Überarbeitung) noch weiter zunehmen wird." Die Journalistin, die diese Stellungnahme mitgeteilt hat, fügt hinzu: "Einer Umfrage, die vor kurzem in Tokio von einer pharmazeutischen Firma, Nippon Kayaku, durchgeführt worden ist, hat jetzt ein Angestellter von vieren den Tod aufgrund von Überarbeitung zu befürchten." Der Zeitungsbericht schließt mit folgenden Worten von H. Kawahito: "Es ist klar, daß der Oberste Gerichtshof das Großkapital begünstigt hat und daß er denkt, wirtschaftliche Stärke komme von den Überstunden. Er hat der Wirtschaft die Priorität vor dem menschlichen Leben gegeben."[9]

Die Kennedys haben in weniger als sechs Monaten eine Million Dollar ausgegeben, um ein Mitglied ihrer Familie, das der Vergewaltigung

9. Joanna Pitman, "Must Work Even Harder, Judges Tell Stunned Japanese", in: *The Times*, 29. November 1991, S. 9.

angeklagt war, zu verteidigen.[10] Könnte ein gewöhnlicher Sterblicher, eine gewöhnliche Sterbliche das gleiche tun?

Natürlich sind die Vereinigten Staaten, Italien und Japan kapitalistische Länder, keine nachkapitalistische Gesellschaften. Aber dies tut der Tatsache keinen Abbruch, daß diese drei Fälle die Zwiespältigkeit des Konzepts des "Rechtsstaates" verdeutlichen. Sie zeigen, daß die Unabhängigkeit der rechtsprechenden Gewalt in einen krassen Gegensatz zur Chancengleichheit geraten kann, wenn es Ungleichheit des Vermögens, des Einkommens und des sozialen Status gibt - von Phänomenen, die während der Übergangsperiode, auf die Farber sich bezieht, noch weiter bestehen werden.

Eine Koalitionsregierung?

Das Problem der Entscheidung zwischen mehreren Handlungsmöglichkeiten hat natürlich eine viel weitere Dimension als die der möglichen Varianten der bolschewistischen Taktik, die sicherlich sehr beschränkt waren. Es stellt sich vor allem denen, die von 1917 bis heute, von Plechanow bis Eric Hobsbawm, verkünden: Man hätte nicht die Macht ergreifen dürfen; die Oktoberrevolution sei "verfrüht" gewesen.

Was also hätte man tun sollen? Die weiteren Ereignisse passiv abwarten? Die Konterrevolution triumphieren lassen? Das Land der Soldateska von Wilhelm II. ausliefern? Russische und internationale Reformisten bringen nichts Kohärentes vor, nur absurde Illusionen in eine gar nicht mögliche bürgerliche Demokratie.

Die Zentristen vom Schlage Martow und Otto Bauer oder Hilferding haben zögernd und zaghaft eine Ersatzlösung vertreten. Martow hat sie "eine vereinigte revolutionär-demokratische Regierung" bezeichnet: eine Koalition aller Parteien, die sich auf den Sozialismus berufen. Ein ganzer Flügel der Bolschewiki befürwortete (wie im vorigen Kapitel erwähnt) ein solches Vorhaben ebenfalls. Es war jedoch grundsätzlich nicht zu verwirklichen, und zwar nicht wegen des den Bolschewiki unterstellten "Sektierertums", sondern aus viel tiefer liegenden Gründen. So wollten die rechten Sozial-Revolutionäre und die rechten Menschewiki um keinen Preis die Politik der "nationalen Verteidigung", also der Fortsetzung des Krieges, aufgeben, was unvermeidliche Folgen nach sich zog. Dan, Menschewik der linken Mitte, der 1917 selbst ein (immer mehr zögernder)

---

10. Laura Parker, "Scandal-On-Sea", in: *Sunday Times Magazine*, London, 1. Dezember 1991, S. 44-54, hier S. 46.

Anhänger der "revolutionären nationalen Verteidigung" war, hat hierzu geschrieben:

"Die Verteidigung des Landes in Erwartung eines allgemeinen demokratischen Friedens machte es notwendig, daß eine vielmillionenköpfige Armee in kampffähigem Zustande erhalten und daß sorgfältig alles vermieden wurde, das diese Armee desorganisieren konnte. Hieraus ergab sich zunächst die Schlußfolgerung, daß die Agrarreform *bis zur Einberufung der Konstituierenden Versammlung vertagt wurde, da eine revolutionäre Bodenenteignung und die Aufteilung der Gutsländereien unvermeidlich die Desertion von Millionen Bauernsoldaten von der Front nach sich gezogen hätte, die bei der Aufteilung des Grund und Bodens dabei sein wollten."*[11]

Mit anderen Worten: weder die Mehrheit der Menschewiki noch die rechten Sozial-Revolutionäre waren bereit, dem sofortigen Frieden, der sofortigen Aufteilung des großen Landbesitzes und der Arbeiterkontrolle über die Produktion zuzustimmen. Skobelew, der menschewistische Minister für Arbeit, gab sein Einverständnis für die Wiederherstellung der Autorität der Fabrikbesitzer und Direktoren in den Betrieben - einer Forderung des Unternehmerverbandes. Auf welchem Programm hätte also eine Regierungskoalition beruhen sollen?

Die "Versöhnler" stellten außerdem für die Bildung einer solchen Regierung der "Arbeitereinheitsfront" die Bedingung, Lenin und Trotzki dürften ihr nicht angehören. Dies war für die Bolschewiki, die immerhin im Sowjetkongreß über die absolute Mehrheit der Mandate verfügten, natürlich unannehmbar. Allenfalls wäre eine Regierungskoalition aus den Bolschewiki, den linken Sozial-Revolutionären, den linken Menschewiki (den "Internationalisten" um Martow) möglich gewesen. Die Bolschewiki waren nicht gegen eine solche Lösung. Sie ist im übrigen teilweise verwirklicht worden, da ja eine Koalitionsregierung der Bolschewiki und linken Sozial-Revolutionäre gebildet worden ist. Aber die Gruppe um Martow hat sich von Anfang an geweigert, darauf einzugehen.

Nicht handeln? Das Beispiel Deutschland

Man könnte argumentieren, es lohne sich alles in allem nicht, sich für einen revolutionären Weg zu entscheiden, der nur zu einem Mißerfolg führen konnte. Diese Haltung bedeutetet aber nur scheinbar in der Art eines Pontius Pilatus die Hände in Unschuld waschen. In Wirklichkeit

11. Th. Dan, "Die Sozialdemokratie Rußlands nach dem Jahre 1908", S. 298 (Hervorhebung im Original durch Sperrung).

beeinflußt man die Ereignisse durch die Weigerung zu handeln ebenso sehr wie durch Handeln - denn man entscheidet sich für den Status quo und überläßt das Feld dem Klassengegner, der die Initiative ergreifen kann, wie er will. Nicht ohne Grund sagen die Scholastiker, außer Begehungssünden gebe es auch Unterlassungssünden.

Diese Grundfrage der strategischen Entscheidung läßt sich am besten durch einen Vergleich des Verhaltens der deutschen Sozialdemokratie, die während der Revolution von 1918 die Mehrheit hinter sich hatte, mit dem Verhalten der Bolschewiki 1917 verdeutlichen (wobei die USPD-Rechte eine Zwischenstellung einnahm, recht ähnlich der Martows in Rußland).

Lassen wir das Problem der sozialen Zusammensetzung der Führung der deutschen sozialdemokratischen Partei und der materiellen Interessen, die sie repräsentierte, beiseite. Lassen wir sogar die Frage der wirklichen Motivation der Mitglieder dieser Mehrheitsströmung beiseite. Die katastrophale historische Bilanz des Reformismus liegt auf der Hand.[12]

Die SPD hat es abgelehnt, die Macht zu übernehmen. Sie hat es abgelehnt, die Möglichkeit auch nur eines gemäßigten Vorankommens in Richtung Sozialismus ins Auge zu fassen. Sie hat es abgelehnt, den vom Kaiserreich übernommenen Staatsapparat ernsthaft zu säubern, - vor allem die Sektoren Militär, Justiz und Diplomatie. Sie ist hundertprozentig auf die Seite der bestehenden Ordnung übergegangen, bestenfalls war sie zu zaghaften Reformen bereit.

Diese Politik wurde vielfach konkretisiert: Abschluß des Abkommens zur institutionalisierten Konzertierung (Klassenzusammenarbeit) zwischen der Gewerkschaftsbürokratie und der Unternehmerschaft ("Zentralarbeitsgemeinschaft", November 1918); Bildung einer Koalitionsregierung mit der Bourgeoisie (Februar 1919); Beseitigung der Arbeiterräte - nicht nur als Organe der politischen Macht, sondern sogar als Organe der Arbeiterkontrolle und der Doppelmacht in den Betrieben; vor allem Geheimabkommen mit dem kaiserlichen Generalstab auf gemeinsames Betreiben von Friedrich Ebert, dem Chef der Sozialdemokratie, und General Groener von der Obersten Heeresleitung:

"Heute braucht man über das Bündnis nicht mehr diskutieren, das in diesen Novembertagen vom Kanzler Ebert und den Chefs der Armee geschlossen worden ist, selbst wenn die Version des über das Telephon

---

12. Pierre Broué hat eine sehr umfangreiche Bibliographie zur deutschen Revolution von 1918/19 veröffentlicht (*Révolution en Allemagne, 1917-1923,* Paris 1971, S. 939-968). Wir wollen hier nur auf die Erinnerungen von Noske, Scheidemann, Severing, des General Groener, die Sammlung von Arbeiten von Paul Levi, auf die Bücher von Richard Müller, eines der Führer der revolutionären Berliner Obleute, von Paul Frölich, Benoist-Méchin, Franz Borkenau, Peter von Oertzen hinweisen (Titel usw. im Literaturverzeichnis).

getroffenen Abkommens zwischen Groener und Ebert in der Nacht vom 9. auf den 10. November nicht formal nachzuweisen ist. Bereits am 10. November telegraphiert der Marschall an die Militärbefehlshaber, der Generalstab sei entschlossen, mit dem Kanzler zusammenzuarbeiten, um 'die Ausbreitung des terroristischen Bolschewismus auf Deutschland' zu verhindern. Der General Groener (...) hat sich später gegenüber seinen Kritikern von rechts mit folgender Erklärung gerechtfertigt:[13]

"(...) rief ich die Reichskanzlei an und teilte Ebert mit, daß das Heer sich seiner Regierung zur Verfügung stelle (...). Das Offizierskorps verlange von der Regierung die Bekämpfung des Bolschewismus und sei dafür zum Einsatz bereit. Ebert ging auf meinen Bündnisvorschlag ein. Von da ab besprachen wir uns täglich abends auf einer geheimen Leitung zwischen der Reichskanzlei und der Heeresleitung (...). Das Bündnis hat sich bewährt. (...) Wir hofften, durch unsere Tätigkeit einen Teil der Macht im neuen Staat an Heer und Offizierskorps zu bringen, gelang das, so war der Revolution zum Trotz das beste und stärkste Element des alten Preußentums in das neue Deutschland hinübergerettet."[14]

"Wir haben uns verbündet zum Kampfe gegen den Bolschewismus. (...) Ich habe ihm [dem Feldmarschall von Hindenburg] vorgeschlagen, die Oberste Heeresleitung möge sich mit der Mehrheitssozialdemokratie verbünden, da es zurzeit keine Partei gebe, die Einfluß genug habe im Volke, besonders bei den Massen, um eine Regierungsgewalt mit der Obersten Heeresleitung wieder herzustellen."[15]

Was aber die Ebert, Noske und Groener "Bolschewismus" nannten, war in Deutschland eine sehr breite Volksbewegung, die die bürgerliche Gesellschaft in Frage stellte, unabhängig vom Bestehen abenteuerlicher und minderheitlicher Bewegungen der extremen Linken. Davon zeugten im Februar/März 1919 der Generalstreik zur Verteidigung der Arbeiterräte oder im März/April 1920 die gewaltige Massenmobilisierung gegen den Kapp-von-Lüttwitz-Putsch.

Reformismus und Konterrevolution

In revolutionärer Zeit ist ein Engagement für die Konterrevolution fast zwangsläufig die Begleiterscheinung der Weigerung, sich für die Revolu-

---

13. P. Broué, *Révolution en Allemagne*, S. 173.
14. Wilhelm Groener, *Lebenserinnerungen*. Jugend - Generalstab - Weltkrieg, Göttingen 1957, S. 467/468, 468/469.
15. Zeugenaussage von Wilhelm Groener im "Dolchstoßprozeß" (München, Oktober/November 1925), hier zitiert nach: *Illustrierte Geschichte der Deutschen Revolution*, Berlin 1929, S. 233.

tion, für die Übernahme der Macht einzusetzen. Handeln oder Nichthandeln ist nicht die Frage. Es geht um revolutionäres oder konterrevolutionäres Handeln. Die Reformisten sehen sich in der Tat veranlaßt, die spontane, halbspontane oder organisierte Bewegung der Massen zu unterdrücken, indem sie sich ihr zunächst mit Täuschungsmanövern und Lügen und dann mit Gewalt entgegenstellen.[16]

Die Rolle von Gustav Noske, des sozialdemokratischen Reichswehrministers, ist in diesem Zusammenhang auf traurige Weise berühmt geworden. Er schrieb unumwunden:

"Meiner Meinung, daß nun versucht werden müsse, mit Waffengewalt Ordnung zu schaffen, wurde nicht widersprochen. Der Kriegsminister, Oberst Reinhardt, formulierte einen Befehl, durch den die Regierung und der Zentralrat den Generalleutnant von Hoffmann (...) zum Oberbefehlshaber ernannte. Dagegen wurde eingewendet, daß die Arbeiter gegen einen General die größten Bedenken hegen würden.

(...) Ich forderte, daß ein Entschluß gefaßt werde. Darauf sagte jemand: 'Dann mach' du doch die Sache!' worauf ich kurz entschlossen erwiderte: 'Meinetwegen! Einer muß der Bluthund werden, ich scheue die Verantwortung nicht!'"[17]

Derselbe Noske, dem die preußische Regierung einige Wochen später, Anfang März 1919, die "vollziehende Gewalt" in Berlin und Umgebung

---

16. Ein Beispiel für die Manöver und Lügen gegenüber der Bevölkerung: Der Volksbeauftragte Friedrich Ebert hatte dem Einzug von zehn Divisionen unter dem Kommando des General Lequis nach Berlin zugestimmt. Die Oberste Heeresleitung wollte "seine [Eberts] Regierung fest in den Sattel setzen" und hatte ihn mit einem von Hindenburg unterzeichneten und von Groener entworfenen Schreiben auf die "übernommene nationale Verantwortung" hinweisen und ihm "den Rücken steifen" wollen. Ebert begrüßte und vereidigte die Truppen am 9.12. in Steglitz, damals noch eine eigene Stadt; einen Tag vorher hatte eine Mitglied des Soldatenrats aus Potsdam dem Groß-Berliner Vollzugsrat der Arbeiter- und Soldatenräte mitgeteilt, daß "die vier in der Umgegend von Berlin zusammengezogenen Gardedivisionen zu konterrevolutionären Zwecken in Berlin einmarschieren sollten, um eventuell gegen die Linke der revolutionären Bewegung Gewaltmaßregeln zu ergreifen". Vor dem ersten Kongreß der Arbeiter- und Soldatenräte (16. bis 21. Dezember 1918) enthüllte Georg Ledebour, Mitglied des Vollzugsrats und der USPD, am 17.12., daß der Kriegsminister am 8.12. dem Vollzugsrat in Anwesenheit von Ebert zugesichert hatte, am 9.12. würden keine Truppen nach Berlin einmarschieren. Weder Ebert noch andere Mitglieder des Rates der Volksbeauftragten berichteten bei den mehrstündigen Verhandlungen über die geplante Vereidigung; Ledebour sprach von einem "Advokatenwinkelzug" und warf den Volksbeauftragten "böswillige Verschweigung ihrer Absichten" vor. (Vgl. *Allgemeiner Kongreß der Arbeiter- und Soldatenräte Deutschlands.* Vom 16. bis 21. Dezember 1918 im Abgeordnetenhause zu Berlin. Stenographische Berichte, Berlin 1919, Sp. 89/90; W. Groener, *Lebenserinnerungen*, S. 473/474.)
17. Gustav Noske, *Von Kiel bis Kapp.* Zur Geschichte der deutschen Revolution, Berlin 1920, S. 68. (Die Schilderung bezieht sich auf den 6. Januar 1919.)

übertrug, hat auch nicht gezögert, einen Befehl zu erlassen, den er selbst als "hart", aber wirkungsvoll bezeichnete:

"Solche Greueltaten und die Verlegung der Kämpfe bis in die Vororte veranlaßten mich schließlich, folgenden Befehl herauszugeben:

'Jede Person, die mit den Waffen in der Hand gegen Regierungstruppen kämpfend angetroffen wird, ist sofort zu erschießen.'"[18]

Diese Massaker werden mit der Feindschaft gegen den "Bolschewismus" gerechtfertigt. Nicht ohne eine gewisse Ironie kann man feststellen, daß dieselben Leute sich über den Roten Terror empören, der gegen "Personen, die mit der Waffe in der Hand im Kampf gegen die Regierung gefaßt werden", gerichtet war (Trotzki hat jedoch nie die Hinrichtung der Mitglieder der Weißen Armeen ins Auge gefaßt oder praktiziert).

Aber der grundlegende Fakt liegt woanders. Da haben wir Führer von sich sozialistisch nennenden Parteien, die sich das Recht anmaßen, breiten Massen die Organisierung von Streiks oder die Durchführung von Demonstrationen, selbst ohne Waffen, zu verbieten - im Namen von Prioritäten, von "Prinzipien", von politischen Wertungen, die bei weitem nicht von allen geteilt werden und die auch keiner päpstlichen Unfehlbarkeit entspringen.[19]

In Rußland widersetzten sich die Menschewiki, selbst die linken, mit aller Kraft den Initiativen für Arbeiterkontrolle, die direkt aus den Betrieben kamen. Sie haben sich sogar das Recht angemaßt, diese Arbeiter zu belangen, wenn sie sich über ihre Einschätzungen hinwegsetzten. Diese anmaßende und paternalistische Arroganz entspringt derselben substitutionistischen Orientierung, die dem stalinistischen Verhalten zugrundeliegt. Diese Parallele zwischen Verhaltensweisen der Reformisten und der Stalinisten verdient es, hervorgehoben zu werden.

* * *

---

18. G. Noske, *Von Kiel bis Kapp*, S. 109.
19. Für diejenigen Leser und Leserinnen, die nicht mit der römisch-katholischen Lehre aufgewachsen sind, sei erläutert: Unfehlbarkeit (Infallibilität) ist der Begriff, mit dem die Irrtumslosigkeit des Papstes bezeichnet wird, die nach der Lehre unter bestimmten Voraussetzungen gegeben ist. Das spricht Bände in bezug auf den demokratischen Charakter der höchst christlichen katholischen Kirche...
Die Lehre der Unfehlbarkeit des römischen Bischofs (oder Papstes) wurzelt in der urchristlichen Überzeugung von der Wahrheit des Evangeliums bzw. dessen Offenbarung durch Jesus und der Leitung der Gemeinden durch den Heiligen Geist, so daß die Kirche nicht irren könne. Der Begriff wurde Ende des 13. Jahrhunderts entwickelt, jedoch erst vom 16. bis 18. Jahrhundert an mit dem Zweck einer Steigerung der Kompetenzen des Papstes vertreten, der für förmliche Verkündungen zu Glaubens- und Sittenfragen nicht mehr an die Zustimmung der (übrigen) Bischöfe gebunden war. Gegen zahlreiche innerkirchliche Widerstände wurde die Unfehlbarkeitsthese im 19. Jahrhundert vom 1. Vatikanischen Konzil als verbindlich durchgesetzt.

Wir wiederholen: dies alles ist das völlige Gegenteil der Marxschen Lehre und Orientierung, in deren Mittelpunkt das Konzept der Selbstbefreiung der Arbeiterklasse steht. Marx und Engels haben diesen Substitutionismus vorausgeahnt, als sie die Position des reformistischen "Manifests" der "drei Züricher" (Karl Höchberg, Eduard Bernstein, Karl August Schramm) in ihrem berühmten Brief vom September 1879 in stark ironischen Wendungen verurteilten:

"Wenn man aber die oberen Schichten der Gesellschaft oder nur ihre wohlmeinenden Elemente gewinnen will, so darf man sie beileibe nicht erschrecken. Und da glauben die drei Züricher eine beruhigende Entdekkung gemacht zu haben:

'Die Partei zeigt (...), daß sie nicht gewillt ist, *den Weg der gewaltsamen, blutigen Revolution zu gehn, sondern entschlossen ist..., den Weg der Gesetzlichkeit, d.h. der* Reform *zu beschreiten.'*

[Die logische Schlußfolgerung wäre:] Wenn Berlin wieder einmal so ungebildet sein sollte, einen 18. März [1848, d.h. Barrikadenkämpfe, eine revolutionäre Erhebung] zu machen, so müssen die Sozialdemokraten, statt als 'barrikadensüchtige Lumpe' am Kampf teilzunehmen, vielmehr den 'Weg der Gesetzlichkeit beschreiten', abwiegeln, die Barrikaden wegräumen und nötigenfalls mit dem herrlichen Kriegsheer gegen die einseitigen, rohen, ungebildeten Massen marschieren."[20]

Wenn dies kein Voraussehen und keine Verurteilung des Verhaltens der Reformisten Ebert/Noske 40 Jahre vor den Ereignissen ist!

Das Hauptargument, das die deutschen Sozialdemokraten zur Rechtfertigung ihre Politik gegen eine sozialistische Machtübernahme während einer revolutionären Krise vorgebracht haben, besteht darin, die Demokratie müsse verteidigt werden, um jeden Preis, auch gegen Millionen von Arbeitern und Arbeiterinnen - hierbei sei es wenig von Belang, ob diese eine (schwache) Mehrheit oder eine starke Minderheit des Proletariats und der Wählerschaft darstellten. Um so vorzugehen zu können, müssen sie zunächst über die reale konterrevolutionäre Gefahr hinwegsehen oder diese leugnen.[21] Aber indem sie den Weg der Unterdrückung einschlagen, indem sie zu diesem Zweck den alten Staatsapparat der besitzenden Klassen benutzen, bringen sie auch einen Prozeß der Konsolidierung der

---

20. "Zirkularbrief an Bebel, Liebknecht, Bracke u.a.", in: *MEW*, Bd. 19, S. 161.

21. Dies ist ein Argument von Lenin in seiner Polemik gegen Kautsky (*Die proletarische Revolution und der Renegat Kautsky*). Karl Kautsky geht in den Teilen über Rußland in seinem Buch *Die Diktatur des Proletariats* (Wien 1918) in keiner Weise auf die Gefahren der Konterrevolution ein. - Die beiden Schriften sind zusammen mit einem weiteren Text Kautskys zur Kritik der Bolschewiki 1990 in der DDR in einem Band erschienen, den Hans-Jürgen Mende herausgegeben hat.

"Eliten" in Gang - und pflastern somit den Weg, der zu der blutigen Herrschaft der Nazidiktatur geführt hat. Die Weimarer Republik setzte das Dritte Reich in die Welt. Die Entscheidungen sind 1918/1919, 1920 und 1923 während der Unterdrückung der Revolution und der deutschen Massen gefallen - wobei die Reformisten nicht nur eine passive Rolle gespielt, sondern sich aktiv für das konterrevolutionäre Lager engagiert haben.[22]

Die konterrevolutionären Freikorps, die Noske mit voller Deckung der Ebert, Scheidemann und Co. organisierte, haben in den Jahren 1918 bis 1921 unzählige Grausamkeiten an Arbeitern, Arbeiterinnen und antikommunistischen Linken begangen. Der US-amerikanische Geschichtsprofessor G. L. Waite unterstreicht, daß die Zahl der Opfer unvergleichlich höher war als jene des sogenannten "Roten Terrors". Die herrschende Mentalität dieser Mörderbanden kommt bei einem gewissen Major Schulz vom Freikorps Lützow zum Ausdruck:

"Jeder, der nicht versteht, daß hier eine Menge harte Arbeit zu tun ist oder dessen Gewissen ihn plagt, bleibt besser weg. Es ist viel besser, ein paar unschuldige Leute zu töten, als eine schuldige Person entkommen zu lassen."[23]

Dies sind die direkten Vorgänger der späteren SA und SS, oft dieselben Personen. Man schaudert vor der Hypothese, was ihresgleichen im Falle eines Sieges den viel zahlreicheren selbsttätigen russischen Arbeitern und Arbeiterinnen, Bauern und Bäuerinnen angetan hätten.

---

22. Zu den deutschen "Eliten", die die Sozialdemokratie in ihren Stellungen belassen hat, siehe: Arthur Rosenberg, *Entstehung und Geschichte der Weimarer Republik*, Frankfurt/M. 1955; Evelyn Anderson, *Hammer oder Amboß*, Frankfurt/M. 1981.
23. E. J. Gumbel, *"Verräter verfallen der Feme"*. Opfer, Mörder, Richter, 1919-1920. Abschliessende Darstellung, unter Mitwirkung von Berthold Jacob und Ernst Francke, Berlin 1929, S. 89; hier zit. nach: Robert G. L. Waite, *Vanguard of Nazism*. The Free Corps Movement in Postwar Germany, 1918-1923, Cambridge 1952, S. 89 (aus dem Englischen zurückübersetzt).
Major Schulz sprach nach der Niederlage der Münchner Räterepublik am 4. Mai 1919 vor anderen Offizieren; seine Worte wurden am selben Tag in Perlach in die Tat umgesetzt: Ein Dutzend Bürger, die nichts mit der KPD zu tun hatten, wurden festgenommen, ins Hofbräuhaus gebracht und ohne Verfahren erschossen (vgl. R. G. L. Waite, *Vanguard of Nazism*, S. 89/90). Der weiße Terror war Politik der bayrischen und der Reichsregierung. So hieß es in einem Korpsbefehl des Generalleutnants von Oven, den Noske mit dem Oberbefehl über die deutschen Weißgardisten betraut hatte (nachdem viele reguläre bayrische Truppen sich geweigert hatten, gegen die Räterepublik vorzugehen), vom 25. April 1919: "Die Bevölkerung wird rechtzeitig aufgeklärt werden, daß wir als Reichstruppen zu ihrer Befreiung von spartakistischer Gewaltherrschaft kommen. Sie wird gleichzeitig aufgefordert werden, die Waffen abzugeben. Jeder bewaffnete Bürger gilt also als Feind und ist als solcher zu behandeln. Die Gruppen haben ihre Aufträge mit Gewalt durchzuführen, jedes Verhandeln mit dem Feind oder mit der Bevölkerung ist verboten. Milde wird als Schlappheit, Gutmütigkeit als Unzuverlässigkeit der Truppe gedeutet." (Zit. nach: *Illustrierte Geschichte der deutschen Novemberrevolution 1918/1919*, Berlin/DDR 1978, S. 417.)

Die Nazidiktatur und der Zweite Weltkrieg (1939-1945) haben die Menschheit 50 Millionen Tote gekostet. Das ist die konkrete Alternative zur Oktoberrevolution gewesen. Hier haben wir durch die Tatsachen die schlagendste historische Rechtfertigung dieser Revolution.

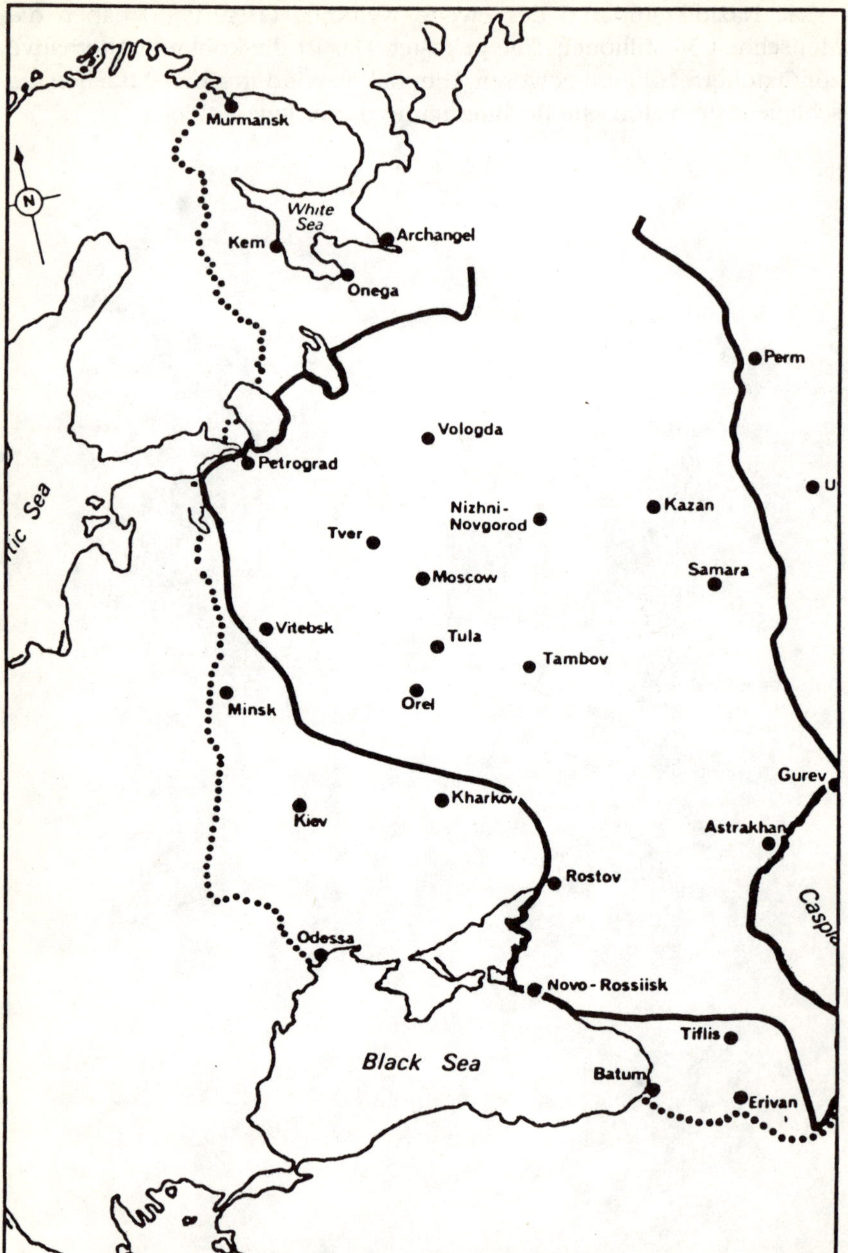

Von der Sowjetregierung während der imperialistischen Invasion und des Bürgerkrieges kontrolliertes Territorium (November 1918).

KAPITEL 8

Zum Schluß

Die russische und die internationale Reaktion hat die Oktoberrevolution in den Jahren nach dem bolschewistischen Sieg mit äußerster Heftigkeit angegriffen und behauptet, sie habe ausschließlich zerstörerisch gewirkt.

Die französischen Zeitungen, vor allem *Le Temps*, klagten spaltenlang die "asiatische Barbarei" an, die in Sowjetrußland jegliches künstlerische, literarische, wissenschaftliche Leben erstickt hätte. Im Juli 1920 unterdrückte die französische Akademie der Wissenschaften einen Bericht über die wissenschaftliche Arbeit in Rußland, den Victor Henri, ihr Rußland-Beauftragter, an sie gerichtet hatte. Noch 1925 hat die Londoner Tageszeitung *The Times* eine Note der britischen Admiralität veröffentlicht, in der behauptet wurde, die Sowjetregierung habe Rußland nichts als Blut, Elend und Hungersnot gebracht.[1]

Der preußische Krautjunker Karl von Bothmer faßt das zentrale Argument dieser Verleumdung schön zusammen, indem er schreibt:

"Aufbauende Kräfte treten nicht hervor".

"Schöpferische Kraft zeigt sich eigentlich nirgends."

Die Regierung behauptet ihre Herrschaft "nur mit verbrecherischen Mitteln (...), ohne irgendwelche Leistungen aufweisen zu können".[2]

Große kulturelle Vielfalt

In bezug auf den Zeitraum, in dem von Bothmer diese Zeilen schreibt, stellt Beryl Williams weitaus ehrlicher fest:

"Die Kombination von künstlerischen Experimenten und intensiver intellektueller Debatte über kulturelle Fragen ließ in der Periode der

---

1. *The Times*, 17. November 1925.
2. *Mit Graf Mirbach in Moskau*, S. 102, 131, 132 (Aufzeichnungen datiert vom 21. Juli und 24. August 1918).

Revolution und des Bürgerkriegs eine Periode künstlerischer Lebenskraft und utopischer Träume aufblühen."[3]

Sie stellt fest, daß es Ende 1918 schon fast dreimal mehr Museen gab als vor der Revolution.[4]

In der Tat war von dem Aufschwung von Theater und Film, avantgardistischer Malerei, Plakatkunst und Bildhauerei, von Psychologie und Psychiatrie, der Analyse der Wirtschaftskonjunktur und der Geschichtsschreibung, ganz zu schweigen von der Literatur, die ganze Welt beeindruckt. Diese Blüte übertraf die berühmten "goldenen Jahre" des Weimarer Deutschland, dessen Ausgangsbedingungen und materieller Reichtum indessen unvergleichlich größer waren.

Die Revolution unternahm auch riesige Anstrengungen zur Alphabetisierung und zum Ausbau des Schulwesens. Das Budget für Volksbildung, welches sich 1916 auf 195 Millionen Rubel belief und nach der Februarrevolution auf 940 Millionen Rubel erhöht worden war, hoben die Bolschewiki 1918 auf 2,9 Milliarden, 1919 auf 10 Milliarden Rubel an. Die Zahl der Elementarschulen wuchs von 38 387 im Jahr 1917 auf 52 274 in 1918 und 62 238 in 1919 an. Die Vorschulerziehung, die unter dem Zarismus praktisch gleich Null gewesen war, umfaßte 1918 bereits 200 000 und 1921 561 000 Kinder.[5]

Professor Norman Stone hat sich nicht gescheut, sich lächerlich zu machen - und fertiggebracht zu behaupten, der Zarismus habe sich vor 1917 schon auf dem Wege der erfolgreichen Modernisierung Rußlands befunden. Er nennt in diesem Zusammenhang seinen "wissenschaftlichen und kulturellen" Aufschwung.[6] Im zaristischen Rußland gab es jedoch kaum 100 000 Personen mit einem Universitätsdiplom (einschließlich einem Abschluß an einer technischen Hochschule), darunter waren 15 000 Ärzte, 10 000 Rechtsanwälte und 6000 Ingenieure. 76 % der Bevölkerung konnten nicht lesen und schreiben. Dank der Anstrengungen, die mit der Oktoberrevolution begonnen wurde, gab es Anfang der achtziger Jahre

---

3. *The Russian Revolution*, S. 80.
4. *The Russian Revolution*, S. 88. - Über die "Kulturrevolution", zum Alltagsleben und politisch-sozialen Experimentieren im revolutionären Rußland bzw. im ersten Jahrzehnt der Sowjetunion liegt eine Flut von Dokumentationen und Untersuchungen (auch in westlichen Sprachen) vor. Zu den wichtigeren neueren Büchern zählen: William G. Rosenberg (Hrsg.), *Bolshevik Visions*. First Phase of the Cultural Revolution in Soviet Russia, Ann Arbor 1984; *Bolshevik Culture*. Experiment and Order in the Russian Revolution, Bloomington 1985; Richard Stites, *Revolutionary Dreams*. Utopian Vision and Experimental Life in the Russian Revolution, New York u. Oxford 1989.
5. A. Morizet, *Chez Lénine et Trotsky*, S. 179.
6. "Signs from Russia's Past That Point the Way Through Chaos", in: *Sunday Times*, London, 29. Dezember 1991, S. 11.

über zwei Millionen Wissenschaftler und Wissenschaftlerinnen, 125 Millionen Menschen mit Oberschulabschluß, 14,8 Millionen Bürgerinnen und Bürger mit höheren Abschlüssen, und mehr als 80 % der Lohnempfängerinnen und Lohnempfänger besaßen Oberschulzeugnisse.[7] Und was den industriellen Sprung nach vorn betrifft, so ist die Bilanz nicht minder deutlich, wie hoch der Preis auch gewesen sein mag.

Eine humanistische Revolution

So sieht es also mit dem "Fehlen von Errungenschaften" der Oktoberrevolution aus! Aber verlassen wir das Gebiet des Materiellen, um uns dem moralischen und geistigen Gebiet zuzuwenden, welches die Gegner der Revolution - nicht ohne Heuchelei - so sehr gepriesen haben.

Selbst von Bothmer muß einräumen, daß die Revolution durch ihr Alkoholverbot die Trunkenheit in den Großstädten zum Verschwinden gebracht hat:

"Ich sah noch keinen Menschen in den Straßen, der auch nur den Eindruck der Betrunkenheit macht."[8]

Wenn man weiß, wie sehr Rußland vor dem Oktober - und nach der Wiederherstellung des staatlichen Monopols für den Alkoholhandel unter Stalin! - von der Geißel der Trunksucht geplagt war, wenn man um ihre verheerenden Folgen in der ehemaligen UdSSR weiß, wird die Bedeutung dieser Frage ohne weiteres klar.

Ebenso fühlt sich der Publizist Alfons Goldschmidt in Moskau in absoluter Sicherheit. Die Straßen sind ruhig. Inmitten von Hunger fahren Lastwagen mit Mehl in Säcken vorüber; niemand greift sie an. Die Lebensmittelläden werden nicht geplündert.[9]

Der Humanismus der Revolution kam auch in einem edelmütigen, bewegenden und nahezu naiven moralisch-kulturellen Pluralismus zum Ausdruck. Der deutsche Schriftsteller Alfons Paquet ist ein verleumderi-

---

7. W. P. Tomin, *Urowen obrasowannija naselenija SSSR,* Moskau 1981.
8. *Mit Graf Mirbach in Moskau,* S. 47 (Aufzeichnungen datiert vom 30. Mai 1918).
9. *Moskau 1920.* Tagebuchblätter, Berlin 1920, S. 33/34, 64/65; neue Ausg. Berlin/DDR 1987, S. 134/35, 171/172.
10. Er verbreitete in einem seiner Bücher die berüchtigte und schändliche Anschuldigung, unter der Sowjetmacht sollten "die Frauen sozialisiert" werden. Er führt "die grotesken Dekrete des Kronstädter Rates der Matrosen, Arbeiter und Bauern 'über die Aufhebung des privaten Besitzes an der Frau', die nichts als die Konsequenzen des Kommunismus sind", an und zitiert aus einem angeblichen Dekret des freien anarchistischen Bundes in Saratow, das am 28. Februar 1918 erlassen und in dem alle Frauen im Alter von 17 bis 32 Jahren ➸

scher Kritiker der Revolution, dennoch kann er nicht umhin, ihr Sympathie entgegenzubringen.[10]

Er berichtet, am ersten Jahrestag des Oktobers sei auf den weißen Mauern der ehemaligen Kriegsschule in Moskau eine lange Liste mit Namen von "Kämpfern für die Freiheit" angeschrieben gewesen. Darunter waren die Namen Victor Hugo, Émile Zola, Henrik Ibsen, Émile Verhaeren, Heinrich Heine, Nekrassow, Saltykow, Michailowski, Byron, Frédéric Chopin, [A. W.] Kolzow, Constantin Meunier, Modest Mussorgski, Rymski-Korsakow, Skrjabin, Ludwig von Beethoven, Karl Marx, Friedrich Engels, Auguste Blanqui, August Bebel, Ferdinand Lassalle, Jean Jaurès, Georgi Plechanow, Spartacus, Tiberius Gracchus, Garibaldi, Pestel, Georges Danton, Maximilien Robespierre, Michail Bakunin, Alexander Herzen, Robert Owen, Jean-Jacques Rousseau, Voltaire und manche andere.[11]

1918 und 1919 wurden Werke von Puschkin, Lermontow, Gogol, Tolstoi, Turgenjew, Dostojewski, Gontscharow, Grigorowitsch, [A. N.] Ostrowski, Rylejew, Zola, Anatole France, Mérimée, Walter Scott, Romain Rolland, Aulard, Louis Blanc, Jean Jaurès, Bebel, Plechanow, Kautsky (die beiden zuletzt genannten waren entschiedene Gegner der Oktoberrevolution) in Auflagen von 25 000 bis 100 000 Exemplaren verlegt.[12] Zugleich regte die Revolution die Massen zu einer großartigen Beteiligung am kulturellen Leben an. "Das Publikum in den Theatern war gediegen proletarisch, gekleidet in zerlumpte Gewänder, darüber abgetragene Mäntel, und trotzdem klapperte es vor Kälte mit den Zähnen."[13] Am 1. Mai 1920 nahmen in Petrograd 20 000 Menschen an dem Stück "Die Befreiung der Arbeit" teil, in dem der geschichtliche Kampf um die Emanzipation, von der Sklavenrevolte der Antike bis zur russischen Revolution dargestellt wurde. Der berühmte Film "Panzerkreuzer Potemkin" von Sergej Eisenstein wurde unter Beteiligung von Tausenden von Bürgerinnen und Bürgern Odessas gedreht.[14]

➻ "für Gemeineigentum des Volkes erklärt" worden wäre (vgl. "Die russischen Frauen", in: *Im kommunistischen Rußland,* S. 150-160, Zitate S. 154, 155/156). - Ein "Dekret betreffs Nationalisierung der Frauen" aus Samara wurde von der Föderation der Anarchisten von Samara sofort leidenschaftlich als Fälschung und Provokation dementiert; vgl. ihr Plakat "betreffend das 'Dekret'", das als Faksimile und in Übersetzung im Anhang zu A. R. Williams' Buch *Durch die russische Revolution* abgedruckt ist (S. 254/255, Kommentar S. 247; in der DDR-Ausgabe nicht enthalten).

11. Alfons Paquet, *Der Geist der russischen Revolution,* Leipzig 1919, S. 68; 2. Aufl., München 1920, S. 69.
12. A. Morizet, *Chez Lénine et Trotsky,* Paris 1922, S. 194/195.
13. D. Mitchell, *1919,* S. 156.
14. Vgl. B. Williams, *The Russian Revolution,* S. 93/94.

Es gibt einen unbestreitbaren wechselseitigen Zusammenhang zwischen diesem proletarischen und Volks"geist" sowie dem Wesen der Revolution auf dem Gebiet der Institutionen. Hier sei noch einmal Alfons Paquet zitiert, der in seiner Schrift über den "Geist der Revolution" immerhin das Wesentliche an diesem Geist zu erkennen gewußt hat:

"Das Problem des Kampfes gegen den Kapitalismus in seinen Formen des privaten und staatlichen Eigennutzes unbedingt und mit eherner Härte aufgestellt zu haben, das ist der unvergängliche Prima der russischen Revolution (...). Der Zusammenbruch Europas wird sich vor unseren Augen noch vollenden, aber zum Wiederaufbau ist schon der Grund gelegt. Laßt uns den Gedanken der Revolution tief verstehen und aus ihm die Hoffnungen der Zukunft verstehen!"[15]

Und er zieht eine Schlußfolgerung von packender Aktualität:

"Wenn einmal die Arbeiter von Basel, Straßburg, Mannheim, Mainz, Ruhrort, Emmerich und Rotterdam beispielsweise in einem gemeinsamen Rheinischen Rat Einfluß auf die Ausgestaltung des Rheines zu einer großen europäischen Schiffahrtsstraße geltend machen, so werden sie über die alten staatlichen Grenzen und Hoheitsrechte, die da zu überwinden sind, einfach hinweggehen. (...) Der Gedanke der Räte kann also in einem ganz besonderen Maße dem europäischen Ziele dienen, das ein Ziel des gemeinsamen Wirtschaftsaufbaues und des Friedens ist."[16]

Hier macht sich unbestreitbar ein Klassen"geist" bemerkbar. Dies ist ja auch der Grund, warum die Anhänger der Macht des Privateigentums, des Geldes laut Anklage erheben. Für uns entspricht dieses Bewußtsein weiterhin den Erfordernissen der sozialen Gerechtigkeit und den historischen Gegebenheiten und ist es in jeder Hinsicht - nicht zuletzt vom moralischen Standpunkt - zu verteidigen.

Alfons Goldschmidt hat diesen Klassengeist in Moskau wahrgenommen:

"Auch Moskau ist eine Stadt der Arbeiter. Äußerlich nicht so sehr wie wie Petrograd. Aber das Proletariat beherrscht die Stadt. (...) Es ist noch viel Eleganz in Moskau, und doch herrscht das Proletariat."[17]

Und Alfons Paquet stellt fest:

---

15. *Der Geist der russischen Revolution*, S. 28/29, 29.
16. *Der Geist der russischen Revolution*, S. 51, 52.
17. *Moskau 1920*, S. 31; neue Ausg. S. 131/132.

"In den Betrieben, in den Stadtteilen, in den Landkreisen und den Provinzen herrschen die ausschließlich aus Proletariern zusammengesetzten Räte."[18]

Während des Bürgerkrieges hat die bolschewistische Regierung in praktisch allen Städten des Landes Waffen an die Arbeiter verteilen lassen. Ist das nicht der Beweis, daß es sich keineswegs um die Regierung eines Clans oder einer Sekte handelte, sondern um eine Klassenregierung, die überzeugt war, das Vertrauen der Mehrheit dieser Klasse zu besitzen? Viele Historiker haben behauptet, die Bolschewiki hätten die aktive Zustimmung bzw. die Unterstützung der Arbeiterklasse nach dem Abschluß des Friedens von Brest-Litowsk und der Auslösung des Roten Terrors 1918 verloren. Selbst ein wohlwollender Kritiker wie William G. Rosenberg behauptet das.[19] Dieser Behauptung widerspricht aber der systematische Aufruf zum Eintritt der Fabrikarbeiter in die Rote Armee, um die Sowjetmacht zu verteidigen. Die übergroße Mehrheit der Arbeiter hat positiv auf diesen Aufruf reagiert.[20] Sicher hat es 1918, 1919 und 1920 in der Haltung der Arbeiterklasse zu den Bolschewiki nicht zu bestreitende Fluktuationen gegeben. Aber ihnen blieb die Unterstützung der Mehrheit der Lohnarbeiter und -arbeiterinnen sicher, wie kritisch sie auch gewesen sein mögen.

Im übrigen war die Rote Armee vom proletarischen Klassengeist durchdrungen. In der "Instruktion des Soldaten" gab es unter anderem folgende Passagen:

"Du sollst unter deinen Kameraden sein. Deine Vorgesetzten sind Brüder, die erfahrener und geschulter sind. Du hast ihnen im Kampf, bei der Übung, in der Kaserne, bei der Arbeit zu gehorchen. Sowie du die Kaserne verlassen hast, bist du völlig frei. (...) Wenn man dich fragt, wie du kämpfst, antworte: Ich kämpfe mit dem Gewehr, dem Bajonett, dem Maschinengewehr, und auch mit dem Wort der Wahrheit, welches ich an diejenigen unter den feindlichen Soldaten richte, die Arbeiter und Bauern sind, damit sie wissen, daß ich in Wirklichkeit nicht ihr Feind, sondern ihr Bruder bin".[21]

Auch W. H. Chamberlin merkt an:

---

18. *Der Geist der russischen Revolution*, S. 74; 2. Aufl. S. 75.

19. W. G. Rosenberg, "Russian Labor and Bolshevik Power: Social Dimensions of Protest in Petrograd after October", in: D. H. Kaiser (Hrsg.), *The Workers' Revolution in Russia, 1917*, S. 98/99.

20. Siehe hierzu insbesondere A. F. Ilyin-Zhenevsky, *The Bolsheviks in Power*, S. 32/33, sowie A. Morizet, *Chez Lénine et Trotsky*.

21. Zit. nach: A. Morizet, *Chez Lénine et Trotsky*, S. 111.

"Charakteristisch für die Propaganda der Roten Armee war eine intensive Erziehungspropaganda. In den Soldatenklubs, die überall, wo es die Umstände nur erlaubte, errichtet wurden, spielte man Theater und hielt kommunistische Vorträge. Bunte Plakate belehrten die Arbeiter und Bauern darüber, was ihnen geschehen würde, wenn der Fabrikbesitzer wieder in den Besitz seines Eigentums käme, wenn der Grundbesitzer sich seien Boden wiedernähme und die alten zaristischen Beamten und Kosaken wieder die Macht ergriffen."[22]

Halten wir unter den vielen anderen Zeugnissen für den Klassengeist ein Beispiel fest, das S. A. Smith mitteilt. Als Ende Dezember 1917 in den Petrograder Munitionsfabriken und in den Putilow-Werken Arbeitsplätze abgebaut werden mußten, stellten die Arbeiter und Arbeiterinnen die Listen für die Weiterbeschäftigung auf. Dabei wurde keinerlei Parteizugehörigkeit, auch nicht zur bolschewistischen Partei, berücksichtigt.[23]

Entbehrungen, Hoffnung, Enthusiasmus

Maxim Gorki hat den historischen Sinn der Oktoberrevolution bewundernswert formuliert - obwohl er sie scharf kritisiert hat:

"Jeder, der ehrlich daran glaubt, daß die unwiderstehliche Sehnsucht der Menschheit nach Freiheit, Schönheit und einem vernunftgemäßen Leben kein müßiger Traum ist, sondern eine wirkliche Kraft, die allein neue Formen des Lebens zu schaffen vermag, allein der Hebel ist, der die Welt bewegen kann - jeder ehrliche Mensch muß die allgemeine Bedeutung der Tätigkeit dieser ernsten Revolutionäre Rußlands anerkennen.

Die Revolution muß aufgefaßt werden als ein ungeheurer Versuch, die großen von den Lehrern der Menschheit verkündeten Ideen und Losungsworte zu verkörpern. (...)

Kommt mit uns dem neuen Leben entgegen, an dessen Erschaffung wir arbeiten (...). (...) Vorwärts, der Freiheit und Schönheit des Lebens entgegen!"[24]

Es gibt noch eine weitere Rechtfertigung für die Revolution. Geliefert wird sie beispielsweise von dem wüst antibolschewistischen Autor Leonard Schapiro, der auf der Grundlage seiner eigenen Erinnerung an seine Zeit als Jugendlicher Ende 1920 in Petrograd schreibt:

"Das Leben war außerordentlich hart. (...) Dennoch denke ich (...) mit an Enthusiasmus und Erregung zurück. Das Leben war neu, hoffnungs-

---

22. W. H. Chamberlin, *Die russische Revolution*, 2. Bd., S. 31/32.
23. Vgl. S. A. Smith, *Red Petrograd*, S. 242/243.
24. Maxim Gorki, "Gestern und heute", zitiert nach: A. R. Williams, *Durch die russische Revolution*, S. 242, 243.

voll, es bewegte sich vorwärts auf eine große Zukunft zu. Trotz der Entbehrungen und der Brutalität des Regimes war der Geist der Euphorie, den der Sturz der Monarchie im März 1917 wachgerufen hat, noch nicht tot."[25]

Besser läßt es nicht sagen. Und David Mitchell bemerkte:

"Libertäre wie [Victor] Serge, denen es ernst war, konnten empfinden, daß Trotzki recht hatte, dies waren große Zeiten, daß ein kühner, manchmal blutiger, stets aber geistvoller Versuch unternommen wurde, den Frühling einer neuen Zeit herbeizuführen."[26]

Die Geschichte ist eine strenge, aber gerechte Richterin; man muß ihr die für die Vollendung ihres Werks nur die nötige Zeit gewähren. 1810 oder gar 1815 gab es außer in einigen sehr kleinen revolutionären Kreisen nicht mehr viel Sympathie für die französische Revolution von 1789. Aber 1848, ganz zu schweigen von 1889, hatte sich das Urteil stark verändert. Wir sind davon überzeugt, daß es sich mit dem Urteil über die Oktoberrevolution ebenso verhalten wird.

---

25. *1917*, S. 219.
26. *1919*, S. 166.

ANHANG

Oktober 1917 und Frauenbewegung

Die Mobilisierung der Frauen verlief in der Revolution von 1917 viel direkter, als dies in der russischen Revolution von 1905 der Fall gewesen war. Die Sowjetmacht hat ein beträchtliches Werk in Angriff genommen, um allen Frauen gesetzliche, geschlechtliche und soziale Gleichheit zu garantieren. Doch ist das eigenständige Potential, das in der autonomen Bewegung von Frauen besteht, nie klar anerkannt worden. Dadurch ist nicht nur der Kampf um Emanzipation, sondern auch die revolutionäre Dynamik in der Gesellschaft insgesamt geschwächt worden.

Weil die Geschichte der Revolutionen - auch die von den Revolutionären selbst geschriebene - die Frauen kaum und die Fortschritte, die die Frauen betrafen, lediglich als Nebenprodukte des allgemeinen sozialen Fortschritts behandelt hat, war die Vorstellung vom Verhältnis von gesellschaftlichen Veränderungen zur Frauenbefreiung oft vereinfachend. In bezug auf die russische Revolution hat man oft den Eindruck vermittelt, (...) während der zwanziger Jahre habe es [vor der Bürokratisierung der Sowjetunion] einen stetigen Fortschritt zur Befreiung der Frauen gegeben, in den dreißiger Jahren wäre mit der Festigung der politischen Macht Stalins unmerklich eine Rückschritt eingetreten, der sich in der Änderung der Gesetze zur Abtreibung, zur Scheidung und zur Homosexualität ausgedrückt habe. (...) eine solche Bilanz (klammert) zu viele Probleme aus und schließt eine zu unkritische Billigung der Politik der Bolschewiki ein. (...)

Der Fortschritt, der in den letzten zehn Jahren von der Frauenbewegung bei der theoretischen Aufarbeitung der Frauenunterdrückung erzielt wurde, gibt uns die Instrumente einer kritischen Analyse an die Hand. (...) Um jedoch konstruktiv zu sein, muß ein kritisches Herangehen auch einen historischen Gesichtspunkt einbeziehen. Es reicht nicht, (...) die Bolschewiki und die russische Revolution mit heutigen Kriterien zu beurteilen. (...)

Es ist legitim, sich zu überlegen, ob eine bessere Politik in bezug auf die Beziehungen zwischen den Geschlechtern den Lauf der Dinge hätte beeinflussen können. Wenn man diese Frage stellt, darf man die Politik der Bolschewiki zur Frauenbefreiung nicht isoliert sehen oder mit einer abstrakten Vorstellung davon konfrontieren, wie sie hätte gewesen sein sollen, sie muß vielmehr in den Zusammenhang der Entwicklung der Beziehungen zwischen Partei und Arbeiterklasse, des Rückgangs der demokratischen Normen, der wachsenden Passivität der Massen stellen und den Zusammenhang zwischen der Entwicklung der Lage und der Bewußtseinsbildung sowie dem allgemeinen politischen Leben von damals herstellen, wobei die eigenständige Dynamik der Frauenbewegung herauszuarbeiten wäre; das Auf und das Ab der "Frauenfrage" waren nicht mit dem Aufstieg und dem Niedergang der proletarischen Demokratie und der Arbeiterkontrolle identisch, vor allem weil weder die kommunistischen Leitungen noch die Basismitglieder den Problemen der Frauen große politische Bedeutung zumaßen. (...)

Es erscheint gegenwärtig verfrüht zu sein, eine Schlußfolgerung ziehen zu wollen, derzufolge die Rückschläge der zwanziger Jahre hauptsächlich diesem oder jenem Faktor zuzuschreiben wäre. (...)

Aber es ist sehr wohl klar, daß die Geschichte der Sowjetunion in den zwanziger Jahren zeigt, welch eine bedeutende Rolle eine Frauenbewegung in einer Periode des Übergangs zum Sozialismus zu spielen hat, insofern sie eine Theorie und eine Praxis der Frauenbefreiung entwickelt, die bürokratischen und antidemokratischen Praktiken bekämpft und dafür sorgt, daß die Revolution Veränderungen im Produktionsbereich mit einer Veränderung der Familie und der Beseitigung der geschlechtlichen Arbeitsteilung verknüpft.

Alix Holt, "Die Bolschewiki und die Frauenunterdrückung", in: Frauen und Arbeiterbewegung, Frankfurt/M 1984, S. 88/89, 89, 91, 126 (Übersetzung stellenweise revidiert).

Die Ideen der Mehrheit der Bolschewiki über die Unterdrückung der Frauen und die Aufgaben der Partei, die das implizierte, waren alles andere als klar: Die Furcht, jede Aktivität oder Initiative, die von den Genossinnen ergriffen würde, könne von bürgerlichen Einflüssen befleckt sein, herrschte bis 1917 und darüber hinaus vor.

Nicht nur die Männer hegten Verdacht, beileibe nicht. Dies geht aus den Debatten, die zum Zeitpunkt der Oktoberrevolution in der Leitung der Bolschewiki geführt wurde, hervor. Nach einem Beschluß vom Oktober

1917, das "Büro", das schon zehn Jahre zuvor bestanden hatte, wieder auf die Beine zu stellen, wurde die Parteiführung dessen gewahr, daß ein einfaches Organ "zur Agitation unter den Bauern- und Soldatenfrauen" nicht ausreichte. Der Erfolg der Ersten Gesamtrussischen Arbeiterinnenkonferenz [November 1918], zu dem eintausend Delegierte zusammenkamen, besiegte schließlich den Widerstand derjenigen, die wie die Samoilowa 1917 noch zu Gegnern und Gegnerinnen der Idee gehörten, daß spezifische Gremien für die Arbeit unter den Frauen geschaffen werden müßten. Es dauerte aber noch mehr als ein Jahr, bis die Kommissionen, die nach der Konferenz entstanden waren (und die damals als einfache technische Apparate definiert worden waren, die mit der Umsetzung der Beschlüsse des Zentralkomitees beauftragt waren), in Abteilungen (*Shenotdel*) umgewandelt wurden, deren Aufgabe es war, vor Ort Frauen zu organisieren, die keine Parteimitglieder waren, um ihnen ihre Rechte beizubringen und sie zur Mitarbeit am Aufbau des sozialistischen Staates zu gewinnen. Die Vertreterinnen der *Shenotdel* wurden zwar in alle Parteikomitees aufgenommen, doch funktionierten sie recht unterschiedlich. Die Bedeutung und der Einfluß ihres Eingreifens hingen weitgehend von der Haltung der örtlichen Parteileitungen ihnen gegenüber ab. Das Problem einer autonomen Frauenorganisation außerhalb der Partei wurde nie aufgeworfen. Die Widerstände, denen die Frauen bei der Teilnahme an diesen Gruppen begegnete, die Drohungen ihrer Ehemänner, die der Idee feindselig gegenüberstanden, daß ihre Frauen nun "Politik machen" sollten, erschütterte - wie es scheint - nie die Überzeugung der Mehrzahl der Bolschewiki, daß das Engagement der Arbeiterinnen und Bäuerinnen am gesellschaftlichen Leben von den ökonomischen Veränderungen abhing, die der Sowjetstaat herbeiführen könne, und die spezifischen Organisationsstrukturen seien ganz und gar zweitrangig.

Jacqueline Heinen, Einleitung zu: Alexandra Kollontai, Conférences sur la libération des femmes, Paris 1978, S. XVIII/XIX.

ZEITTAFEL

1898-1903

-- Gründung der SDAPR (März 1898)
-- erste Ausgabe der *Iskra* (Dezember 1900)
-- II. Parteitag der SDAPR, Spaltung in Bolschewiki und Menschewiki (Juli/August 1903 in Brüssel und London)

1904-1907

-- *russisch-japanischer Krieg (Januar 1904 bis Juli 1905)*
-- Aufschwung und Niedergang der russischen Revolution (1905-1907)
-- *Stuttgarter Kongreß der II. Internationale (August 1907)*

1907-1912

-- Jahre der Reaktion und der Schwäche der SDAPR
-- Bolschewiki erklären sich auf Prager Konferenz zu eigenständiger Partei (Januar 1912)
-- *Außerordentlicher Kongreß der II. Internationale in Basel (November 1912)*

1912-1914

-- Erstarken der russischen Arbeiterbewegung (und der Bolschewiki)
-- *Beginn des Ersten Weltkriegs (Juli 1914)*
-- *Krise der II. Internationale*

1914-1917

-- *Ausdehnung des Weltkriegs; ein endloses Gemetzel?*

1917

-- Februarrevolution: Sturz des Zarismus; Herausbildung der Doppelherrschaft
-- Julitage: Revolution oder Konterrevolution?
-- Oktoberrevolution: Bildung der Sowjetmacht
-- *Protestbewegungen gegen den Krieg in den kriegführenden Staaten*

1918-1920

-- Auflösung der Konstituierenden Versammlung (Januar 1918)
-- *Räterepublik in Finnland (Januar-Mai 1918)*
-- Unterzeichnung des Vertrags von Brest-Litowsk (März 1918)
-- Beginn des Bürgerkriegs im gesamten Land (Sommer 1918)
-- *revolutionärer Aufschwung in Österreich (Oktober/November 1918)*
-- *erste revolutionäre Welle in Deutschland (November 1918)*
-- *Ende des Ersten Weltkriegs (November 1918)*
-- *"Spartakusaufstand" in Berlin, Ermordung von Luxemburg und Lieb-knecht (Januar 1919)*

-- *Gründung der III. Internationale (März 1919)*
-- *Räterepubliken in Ungarn (März bis August 1919) und in Bayern (April/Mai 1919)*
-- *Kapp-von-Lüttwitz-Putsch in Deutschland (März 1920)*
-- *Fabrik- und Landbesetzungen in Nord- und Mittelitalien (September 1920)*
-- *Erster Kongreß der Völker des Ostens in Baku (September 1920)*
-- *außerordentlicher Parteitag der USPD in Halle, Spaltung in Linke und Rechte (Oktober 1920)*

1921-1924

-- "Banditenbewegung" in Tambow (August 1920 bis ca. Juni 1921), Aufstand in Kronstadt (März 1921)
-- Ende des Bürgerkriegs (Ende 1920), X. Parteitag der KPR (B), Beginn der NEP (März 1921)
-- *"Märzaktion" in Mitteldeutschland (1921)*
-- *Machtübernahme durch die Faschisten (Mussolini) in Italien (Oktober 1922)*
-- Gründung der UdSSR (Dezember 1922)
-- *neue revolutionäre Krise nach Besetzung des Ruhrgebiets (Januar 1923),* Streikbewegung gegen Regierung Cuno (August 1923), Bildung von "Arbeiterregierungen" (SPD/KPD) in Sachsen und Thüringen (10./16. Oktober 1923), Scheitern des deutschen Revolution (Ende Oktober *1923)*
-- Debatte um "neuen Kurs", Beginn der linken Opposition (Oktober 1923)
-- Erkrankung Lenins (erster Schlaganfall Mai 1922), Tod (Januar 1924)

1925-1935

-- schrittweise Durchsetzung der stalinistischen Herrschaft
-- definitiver Sieg des Parteiapparats über die Opposition, 15. Parteitag (Dezember 1927)
-- *Beginn der Politik der "Dritten Periode" der Komintern (Juli-September 1928)*
-- erster öffentlicher Angriff auf Bucharin (August 1929)
-- Ende der NEP, Zwangskollektivierung der Landwirtschaft (November 1929)
-- *Weltwirtschaftskrise (Oktober 1929)*
-- *Hitler wird Kanzler (30. Januar 1933), Errichtung der Nazidiktatur*
-- Einsetzen des Massenterrors nach Kirow-Mord (Dezember 1934)

1936-1939

-- *Wahlsieg der Volksfront in Frankreich (April/Mai 1936), Streikwelle (Juni* 1936)
-- *Ausbruch der spanischen Revolution (Juli 1936), Niederlage der* revolutionären Kräfte im republikanischen Lager (Mai 1937), Niederlage der Republikaner (März 1939)
-- Moskauer Prozesse (August 1936, Januar 1937, März 1938)
-- *Hitler-Stalin-Pakt (August 1939)*
-- *Beginn des Zweiten Weltkriegs mit Einmarsch der Wehrmacht nach Polen (September 1939)*

Die internationalen Ereignisse sind kursiviert. Die übrigen beziehen sich auf Rußland bzw. die Sowjetunion.

LITERATURVERZEICHNIS

Über die russische Revolution ist eine Fülle von Schriften unterschiedlicher Art veröffentlicht worden. Hier soll keine Bibliographie oder Auswahl von empfehlenswerten Büchern geboten werden. Verzeichnet sind mit wenigen Ausnahmen die zitierten bzw. benutzten Titel.

Die Texte von Marx und Engels sind nach den Marx-Engels-Werken (MEW) nachgewiesen, die vom Institut für Marxismus-Leninismus beim ZK der SED bzw. dem Institut für Geschichte der Arbeiterbewegung Berlin herausgegeben worden sind (43 Bände sowie 2 Registerbände, Berlin/DDR 1956-1990). Die Lenin-Texte sind mit wenigen Ausnahmen nach der Lenin-Werkausgabe nachgewiesen, die von demselbem "IML" herausgegeben worden ist und auf der 4. russischen Ausgabe beruht (40 Bände sowie 2 Ergänzungsbände sowie zwei Registerbände, Berlin/DDR 1961-1971).

Adler, Max: *Ausgewählte Schriften,* hrsg. von Alfred Pfabigan u. Norbert Leser, Wien (Österreichischer Bundesverlag) 1981, (Quellen und Studien zur österreichischen Geistesgeschichte im 19. und 20. Jahrhundert, Bd. 2).

Adler, Max: *Démocratie et conseils ouvriers,* hg. von Yvon Bourdet, Paris (François Maspero) 1967, (Bibliothèque socialiste, Bd. 19).
Originalausg.: *Demokratie und Rätesystem,* Wien 1919; ebenfalls in: *Ausgewählte Schriften,* S. 133-162.

Allgemeiner Kongreß der Arbeiter- und Soldatenräte Deutschlands. Vom 16. bis 21. Dezember 1918 im Abgeordnetenhause zu Berlin. Stenographische Berichte, Berlin (Zentralrat der sozialistischen Republik Deutschlands) 1919.
Unveränd. Nachdruck: Berlin (Verlag Olle & Wolter) 1973.

Altrichter, Helmut (Hrsg.), *Die Sowjetunion.* Von der Oktoberrevolution bis zu Stalins Tod, Bd.1: Staat und Partei, München (Deutscher Taschenbuch Verlag) 1986, (dtv dokumente 2948).

Anderson, Evelyn: *Hammer oder Amboß,* Frankfurt a. M. (Verlag Neue Kritik) 1981. Zuerst engl.: London 1945; 1. dt. Ausg.: Nürnberg 1948.

Anweiler, Oskar: *Die Rätebewegung in Rußland 1905-1921,* Leiden (E. J. Brill) 1958.

Außerordentlicher Internationaler Sozialisten-Kongreß zu Basel am 24. und 25. November 1912, Berlin (Buchhandlung Vorwärts Paul Singer) 1912.
Unveränd. Nachdruck in: *Congrès international extraordinaire.* Bâle 24-25 novembre 1912. *Conférence internationale socialiste de Stockholm 1917,* mit e. Einl. von Georges Haupt, Genève (Minkoff Reprint) 1980, (Histoire de la IIe Internationale, Bd. 22).

Der Austromarxismus - eine Autopsie. Drei Studien, von Raimund Löw, Siegfried Mattl, Alfred Pfabigan, Frankfurt/M. (isp-Verlag) 1986.

Babeuf, [François Noël]: *Der Krieg zwischen Reich und Arm.* Artikel, Reden, Brief, hrsg. von Peter Fischer, Berlin (Verlag Klaus Wagenbach) 1975, (Wagenbachs Taschenbücherei 9).

[Babeuf, François Noël]: _*uvres de Babeuf,* hrsg. von Victor Daline, A. Saitta, Albert Soboul, Bd. I: Babeuf avant la Révolution, Paris (Bibliothèque Nationale) 1977, (Commission d'Histoire Économique et Sociale de Révolution Française, Mémoires et documents, Bd. XXXIII).

Baron, Salo W.: *The Russian Jew.* Under Tsars and Soviets, New York (The Macmillan Company) · London (Collier-Macmillan) 1964, (Russian Civilization Series).
2., überarb. Ausg.: New York (Schocken) 1987.

Bater, James H.: "St. Petersburg and Moscow on the Eve of the Revolution", in: D. H. Kaiser (Hrsg.), *The Workers' Revolution in Russia, 1917,* S. 20-57.

Bauer, Otto: *Die österreichische Revolution,* Wien (Wiener Volksbuchhandlung) 1923.
Ebenfalls in: *Werkausgabe,* Wien (Europaverlag) 1976, Bd. 2, S. 489-866.

Bauer, Otto: *Der Weg zum Sozialismus,* Wien (Wiener Volksbuchhandlung) 1919. Erw. 12. Aufl. Wien 1921; deutsche Ausg. Berlin 1919; 1. Aufl. ebenfalls in: *Werkausgabe,* Bd. 2, S. 89-131.

Benoist-Méchin, Jacques: *Geschichte der deutschen Militärmacht 1918-1946,* Bd. 1: Das Kaiserreich zerbricht, 1918-1919; Bd. 2: Jahre der Zwietracht, 1919-1925, Oldenburg · Hamburg (Gerhard Stalling Verlag) 1965.
Zuerst frz.: Paris 1936 bzw. 1938; neue Ausg.: Paris 1964; 1. dt. Ausg. von Bd. 1: Berlin 1939.

Bolshevik Culture. Experiment and Order in the Russian Revolution, hrsg. von Abbott Gleason, Peter Kenez, Richard Stites, Bloomington (Indiana University Press) 1985, (Studies of the Kennan Institute for Advanced Russian Studies, The Wilson Center, Bd. 5).

Borkenau, Franz: *Der europäische Kommunismus.* Seine Geschichte von 1917 bis zur Gegenwart, Bern (A. Francke) 1952.

von Bothmer, Karl: *Mit Graf Mirbach in Moskau.* Tagebuch-Aufzeichnungen und Aktenstücke vom 19. April bis 24. August 1918, Tübingen (Osiander'sche Buchhandlung) 1922.

Bourdet, Yvon: "Présentation", in: *Otto Bauer et la révolution,* Paris (Études et Documentation Internationales) 1968, S. 9-69.

Braunthal, Julius: *Geschichte der Internationale,* 3. Aufl., 3 Bde., Berlin · Bonn (Verlag J. H. W. Dietz Nachf.) 1978, (Internationale Bibliothek, Bd. 108-110).
1. Aufl. Bd. 1: 1961, Bd. 2: 1963, Bd. 3: 1971.

Brecher, Jeremy: *Streiks und Arbeiterrevolten.* Amerikanische Arbeiterbewegung 1877-1970, gekürzte Ausg., Frankfurt/M. (Fischer Taschenbuch Verlag) 1975, (Arbeiterbewegung - Theorie und Geschichte; Fischer Taschenbücher 6605).
Originalausg.: San Francisco 1972.

Broué, Pierre: *Révolution en Allemagne, 1917-1923,* Paris (Les Éditions de Minuit) 1971.

Bunyan, James: *The Origin of Forced Labor in the Soviet State, 1917-1921.* Documents and Materials, Baltimore, Maryland (The Johns Hopkins Press) 1967.

Carr, E. H.: *The Bolshevik Revolution 1917-1923,* 3 Bde., London . Basingstoke (The Macmillan Press) 1950-1953, (A History of Soviet Russia, Bd. 1-3).

Taschenbuchausg.: Harmondsworth 1966.
Carr, Edward Hallett: *Die Russische Revolution.* Lenin und Stalin 1917-1929, Stuttgart usw. (W. Kohlhammer) 1980.
Originalausg.: London · Basingstoke 1979.
Chamberlin, William Henry: *Die russische Revolution 1917-1921,* 2 Bde., Frankfurt/M. (Europäische Verlagsanstalt) 1958.
Originalausg.: New York 1935; 2. Aufl. mit neuer Einleitg.: New York 1952; neue Ausg., hrsg. von Diane P. Koenker: Princeton 1987.
Clark, Ronald W.: *Lenin.* The Man Behind the Mask, London · Boston (Faber and Faber) 1988.
Verb. Paperbackausg.: London · Boston 1989.
Cohen, Stephen F.: "Bolshevism and Stalinism", in: R. C. Tucker (Hrsg.), *Stalinism,* S. 3-29.
Erweiterte Fassung als Kapitel 2 in: *Rethinking the Soviet Experience,* S. 38-70.
Cohen, Stephen F.: *Rethinking the Soviet Experience.* Politics and History Since 1917, New York · Oxford (Oxford University Press) 1985.
Comte, Gilbert: *La révolution russe par ses témoins,* Paris (La Table ronde) 1963.
Crankshaw, Edward: *The Shadow of the Winter Palace.* The Drift to Revolution, 1825-1917, London · Basingstoke (Macmillan) 1976.
Taschenbuchausg.: Harmondsworth 1978.
Dan, Th.: "Die Sozialdemokratie Rußlands nach dem Jahre 1908" (Zweiter Teil), in: J. Martow, *Geschichte der russischen Sozialdemokratie,* S. 223-329.
Daniels, Robert V.: "Czar Wars" (Besprechung von B. Moynahan, Comrades), in: *New York Times Book Review,* New York, Jg. XCVII, Nr. 18, 3. Mai 1992, S. 39.
Daniels, Robert Vincent: *Das Gewissen der Revolution.* Kommunistische Opposition in Sowjetrußland, Köln · Berlin (Kiepenheuer & Witsch) 1962.
Unveränd. Nachdruck: Berlin (Olle & Wolter) 1978; zuerst engl.: Cambridge, Mass. 1960.
Daniels, Robert Vincent: *Red October.* The Bolshevik Revolution of 1917, New York (Charles Scribner's Sons) 1967.
Documents of the 1923 Opposition, London (New Park Publications) 1975.
Degras, Jane (Hrsg.), *Soviet Documents on Foreign Policy,* Bd. 1: 1917-1924, London · New York · Toronto (Oxford University Press) 1951.
Elwood, Ralph Carter (Hrsg.), *The Russian Social Democratic Labour Party, 1898 - October 1917,* Toronto · Buffalo (University of Toronto Press) 1974, (Resolutions and Decisions of the Communist Party of the Soviet Union, hg. von Robert H. McNeal, Bd. 1).
Enteen, George M.: *The Soviet Scholar-Bureaucrat.* M. N. Pokrovskii and the Society of Marxist Historians, University Park · London (The Pennsylvania State University Press) 1978.
Fainsod, Merle: *How Russia Is Ruled,* Cambridge, Cambridge, Mass. (Harvard University Press) 1953.
2., überarb. Ausg.: New York 1963; dt. Ausg.: *Wie Rußland regiert wird,* Köln · Berlin (Kiepenheuer & Witsch) 1965.
Farber, Samuel: *Before Stalinism.* The Rise and Fall of Soviet Democracy,

Cambridge (Polity Press) 1990.
Ferro, Marc: *La révolution russe de 1917,* Paris (Flammarion) 1967, (Questions d'histoire 1).
2., durchges. u. erw. Ausg.: Paris 1976; engl. Ausg.: London 1972.
Ferro, Marc: *Octobre.* Naissance d'une société, Paris (Aubier-Montaigne) 1976, (La révolution de 1917, Bd. 2; Collection historique).
Engl. Ausg.: London 1980.
Ferro, Marc [Hrsg.], *Des soviets au communisme bureaucratique.* Les mécanismes d'une subversion, Paris (Gallimard/Julliard) 1980, (Collection Archives 80).
Fischer, Louis: *Das Leben Lenins,* Köln · Berlin (Kiepenheuer & Witsch) 1965.
Taschenbuchausg., 2 Bde.: München 1970; Originalausg.: New York 1964.
Frauen und Arbeiterbewegung. Deutschland vor 1914, Russische Revolution, Spanischer Bürgerkrieg, Frankfurt a. M. (isp-Verlag) 1984.
Frz. Originalausg.: Paris (Éditions La Brèche) 1979.
Frölich, Paul: *Rosa Luxemburg.* Gedanke und Tat, 3., von Rose Frölich durchges. u. bearb. Ausg., mit e. Nachw. von Iring Fetscher (Europäische Verlagsanstalt) 1967.
1. Ausg.: Paris 1939; zuletzt, mit e. Nachw. von Klaus Kinner: Berlin /DDR (Dietz) 1990.
Frölich, Paul: *10 Jahre Krieg und Bürgerkrieg,* I. Teil: Der Krieg, 2., verb. Aufl., Berlin (Vereinigung Internationaler Verlags-Anstalten) 1924.
1. Aufl.: Berlin 1924.
Gautschi, Willi: *Lenin als Emigrant in der Schweiz,* Zürich . Köln (Benziger) 1973.
Geyer, Dietrich: *Die Russische Revolution.* Historische Probleme und Perspektiven, 2., durchges. u. bibliogr. erg. Ausg., Göttingen (Vandenhoeck & Ruprecht) 1977, (Kleine Vandenhoeck-Reihe 1433).
1. Ausg.: Stuttgart 1968.
Gitelman, Zvi: *A Century of Ambivalence.* The Jews of Russia and the Soviet Union, 1881 to the Present, New York (Schocken Books) 1988.
Goldschmidt, Alfons: *Moskau 1920.* Tagebuchblätter, Berlin (Ernst Rowohlt) 1920.
Neue Ausg.: hrsg. von Wolfgang Kießling, Berlin/DDR (Dietz) 1987.
Gorki, Maxim: "Gestern und heute", in: A. R. Williams, *Durch die russische Revolution,* S. 241-243.
Groener, Wilhelm: *Lebenserinnerungen.* Jugend - Generalstab Weltkrieg, hrsg. von Friedrich Frhr. Hiller von Gaeringen, Göttingen (Vandenhoeck & Ruprecht) 1957, (Deutsche Geschichtsquellen des 19. und 20. Jahrhunderts, Bd. 41).
Guilbeaux, Henri: *Wladimir Ijitsch Lenin.* Ein treues Bild seines Wesens, Berlin (Verlag Die Schmiede) 1923.
Hahlweg, Werner (Hrsg.), *Lenins Rückkehr nach Rußland 1917.* Die deutschen Akten, Leiden (E. J. Brill) 1957, (Studien zur Geschichte Osteuropas, Bd. IV).
Haimson, Leopold H.: *The Russian Marxists & The Origins of Bolshevism,* Cambridge, Mass. (Harvard University Press) 1955.
Heinen, Jacqueline: "Introduction", in: A. Kollontai, *Conférences sur la libération des femmes,* S. I-XXVI.
Heintel, Peter: *System und Ideologie.* Der Austromarxismus im Spiegel der

Philosophie Max Adlers, Wien . München (R. Oldenbourg) 1967, (Überlieferung und Aufgabe, Abhandlungen zur Geschichte und Systematik der europäischen Philosophie, hg. von Erich Heintel, Bd. V).

Illustrierte Geschichte der deutschen Novemberrevolution, 1918/1919, hrsg. vom Institut für Marxismus-Leninismus beim ZK der SED, Berlin/DDR (Dietz Verlag) 1978.

Illustrierte Geschichte der Deutschen Revolution, Berlin (Internationaler Arbeiter-Verlag) 1929.
Unveränd. Nachdruck: Frankfurt/M. (Verlag Neue Kritik) 1970.

Illustrierte Geschichte der russischen Revolution, herausgegeben von W. Astrow, A. Slepkow, J. Thomas, Berlin (Neuer Deutscher Verlag · Willi Münzenberg) 1928.
Unveränd. Nachdruck: Frankfurt/M. (Verlag Neue Kritik) 1970.

Ilyin-Zhenevsky, A. F.: *The Bolsheviks in Power.* Reminiscences of the Year 1918, London (New Park Publications) 1984.
Originalausg.: Leningrad 1929.

Ingerflom, Claudio Sergio: *Le citoyen impossible.* Les racines russes du léninisme, Paris (Payot) 1988, (Bibliothèque historique).

Internationaler Sozialisten-Kongreß zu Stuttgart, 18. bis 24. August 1907, Berlin (Buchhandlung Vorwärts · Hans Weber) 1907.
Unveränd. Nachdruck in: *Congrès socialiste international.* Stuttgart 6-24 août 1907, mit e. Einl. von Georges Haupt, Genève (Minkoff) 1985, (Histoire de la IIe Internationale, Bd. 17).

Jaurès, Jean: *Histoire socialiste de la Révolution française,* hrsg. von Albert Soboul, Bd. I: La Constituante, Erster Teil, Paris (Éditions Sociales) 1983, (Bibliothèque du Bicentenaire de la Révolution française, Bd. 2).
Zuerst veröffentlicht als Faszikel: Paris 1900; 1. Buchausg.: Paris 1901; neue Ausg., hg. von Albert Mathiez: Paris 1922; 1. Aufl. der von A. Soboul hg. Ausg.: Paris 1968.

Jegorowa, Anna Grigorewna: *Rabotschi klass w Welikoi Okjabrskoi Sozialistitscheskoi Rewoljuzii,* (Die Arbeiterklasse in der Großen Sozialistischen Oktoberrevolution), Moskwa (Snanije) 1967.

Kaiser, Daniel H. (Hrsg.), *The Workers' Revolution in Russia, 1917.* The View from Below, Cambridge usw. (Cambridge University Press) 1987.

Kamenew, L. B.: *Lenins literarisches Erbe,* Hamburg (Verlag Carl Hoym Nachf. Louis Cahnbley) 1924.

Kautsky, Karl: *Die Diktatur des Proletariats,* Wien (Verlag der Wiener Volksbuchhandlung Ignaz Brand) 1918.
Auszüge in: P. Lübbe (Hrsg.), *Kautsky gegen Lenin,* S. 28-77; ebenfalls in: H.-J. Mende (Hrsg.), *Demokratie oder Diktatur?* Bd. 1, S. 7-87.

Kerenski, Alexander F.: *Die Kerenski-Memoiren.* Rußland und der Wendepunkt der Geschichte, Wien Hamburg (Paul Zsolnay Verlag) 1966.
Taschenbuchausg.: Reinbek 1989; zuerst engl.: New York 1965.

Klugmann, James: *History of the Communist Party of Great Britain,* Bd. 1: Formation and Early Years, 1919-1924, London (Lawrence & Wishart) 1968.

Kochan, Lionel / Abraham, Richard: *The Making of Modern Russia,* London . Basingstoke (The Macmillan Press) 1983.
1. Ausg., von L. Kochan: London 1962.

Koenker, Diane P.: "Moscow in 1917: The View from Below", in: D. H. Kaiser (Hrsg.), *The Workers' Revolution in Russia, 1917,* S. 81-97.

Kohn, Richard (Hrsg.), *Die Russische Revolution in Augenzeugenberichten,* Düsseldorf (Karl Rauch) 1964.
Taschenbuchausg.: München 1977.

Kollontai, Alexandra: *Conférences sur la libération des femmes,* mit e. Einl. von J. Heinen, Paris (Éditions La Brèche) 1978.
Vorträge, gehalten April bis Juni 1921; russ. Buchausg.: Moskau 1923; 2. Aufl.: Moskau · Leningrad 1928; schwedische Ausg.: Stockholm 1926; überarb. schwed. Ausg. 1971; dt, nach d. 2. schwed. Ausg.: Frankfurt/M. (Verlag Neue Kritik) 1976.

Kopp, Anatole: *Changer la vie, changer la ville.* De la vie nouvelle aux problèmes urbains, U.R.S.S., 1917-1932, Paris (Union Générale d'Éditions) 1975, (10/18, Nr. 932).

Kritsman, L.: *Die heroische Periode der Großen Russischen Revolution.* Ein Versuch der Analyse des sogenannten "Kriegskommunismus", Wien Berlin (Verlag für Literatur und Politik) 1929.
Um eine Einleitung von Richard Lorenz erw. Nachdruck: Frankfurt/M. (Verlag Neue Kritik) 1971; zuerst russ. 1. Aufl. 1924, 2., erw. Aufl. 1926.

Krupskaja, N. K.: *Erinnerungen an Lenin,* Wien · Berlin (Verlag für Literatur und Politik) 1929.
Umfangreichere Ausg.: Berlin/DDR (Dietz) 1959.

Kulemann, Peter: *Am Beispiel des Austromarxismus.* Sozialdemokratische Arbeiterbewegung in Österreich von Hainfeld bis zur Dollfuß-Diktatur, Hamburg (Junius) 1979.

Le Blanc, Paul: *Lenin and the Revolutionary Party,* New Jersey · London (Humanities Press International) 1990.

Leggett, George: *The Cheka: Lenin's Political Police.* The All-Russian Extraordinary Commission for Combating Counter-Revolution and Sabotage (December 1917 to February 1922), Oxford (Clarendon Press) 1981.

Lenin, W. I.: "Das Agrarprogramm der Sozialdemokratie in der ersten russischen Revolution von 1905 bis 1907" (verfaßt November/Dezember 1907, erste Buchausg. Petersburg 1908, 2. Ausg. Petrograd 1917), in: *Werke,* Bd. 13, S. 213-437.

Lenin, W. I.: "Das Agrarprogramm der Sozialdemokratie in der russischen Revolution. Autorreferat" (veröffentlicht auf poln. August 1908), in: *Werke,* Bd. 15, S. 151-175.

Lenin, W. I.: "An L. B. Kamenew" (geschrieben 29.11.1921, zuerst veröffentlicht 1965), in: *Briefe,* Bd. IX: November 1921 - März 1923, Berlin (Dietz) 1974, S. 42.

Lenin, W. I.: "An M. N. Pokrowski" (geschrieben 5.12.1920, zuerst veröffentlicht 1928), in: *Werke,* Bd. 36, S. 520.

Lenin, W. I.: "Appell an die Partei von den Delegierten des Vereinigungsparteitages, die der ehemaligen Fraktion der 'Bolschewiki' angehört haben" (April 1906), in: *Werke*, Bd. 10, S. 311-316.

Lenin, W. I.: "Die Arbeiter sollen entscheiden" (Juni 1906), in: *Werke*, Bd. 10, S. 505-509.

Lenin, W. I.: "Die Aufgaben der Revolution" (geschrieben erste Hälfte September; veröffentlicht 26. und 27.9.1917), in: *Werke*, Bd. 26, S. 42-51.

Lenin, W. I.: "Bemerkung zum Diskussionsbeitrag Kisseljows zur Resolution über die Einheit der Partei" (auf dem X. Parteitag der KPR [B], 16. März 1921; veröffentl. 1933), in: *Werke*, Ergänzungsband, Oktober 1917 - März 1923, S. 286.

Lenin, W. I.: "Bemerkungen anläßlich des Abänderungsantrags Rjasanows zur Resolution über die Einheit der Partei" (auf dem X. Parteitag der Kommunistischen Partei Rußlands [Bolschewiki], 16.3.1921), in: *Werke*, Bd. 32, S. 267.

Lenin, W. I.: "Bericht über die Tätigkeit des Rats der Volkskommissare" (auf dem Dritten Gesamtrussischen Kongreß der Arbeiter-, Soldaten- und Bauerndeputierten, 11. [24.] Januar 1918), in: *LW*, Bd. 26, S. 455-472.

Lenin, W. I.: "Deklaration der Rechte des Werktätigen und ausgebeuteten Volkes" (geschrieben zwischen 1. und 3.1.1918, veröffentlicht 17.1.1918), in: *Werke*, Bd. 26, S. 422-426.

Lenin, W. I.: "Freiheit der Kritik und Einheit der Aktionen" (Mai 1906), in: *Werke*, Bd. 10, S. 446-448.

[Lenin, W. I.:] *W. I. Lenin und die Gesamtrussische Tscheka.* Dokumentensammlung (1917-1922), Potsdam (Ministerium für Staatssicherheit, Juristische Hochschule Potsdam) 1977.
Russ. Originalausg.: Moskau 1975.

Lenin, W. I.: "Marxismus und Aufstand (Brief an das Zentralkomitee der SDAPR)" (geschrieben September 1917; zuerst veröffentl. 1921), in: *Werke*, Bd. 26, S. 4-10.

Lenin, W. I.: "Die proletarische Revolution und der Renegat Kautsky" (geschrieben Oktober/November 1918), in: *Werke*, Bd. 28, S. 225-327; in: H.-J. Mende (Hrsg.), *Demokratie oder Diktatur?* Bd. 1, S. 89-175.

Lenin, W. I.: "Rede über den Frieden" (auf dem Zweiten Gesamtrussischen Kongreß der Sowjets der Arbeiter- und Soldatendeputierten, 26.10.1917), in: *LW*, Bd. 26, S. 239-243.

Lenin, W. I.: "Rohentwurf eines Beschlusses des Politbüros des ZK der KPR(B) über die Gesamtrussische Tscheka" (geschrieben 1.12.1921; zuerst veröffentl. 1959), in: *Werke*, Ergänzungsband, Oktober 1917 - März 1923, S. 382/383.

Lenin, W. I.: "Schlußwort zum Bericht des ZK der KPR(B)" (auf dem X. Parteitag, 9. März 1921), in: Werke, Bd. 32, S. 192-208.

Lenin, W. I.: "Über unsere Revolution (Aus Anlaß der Aufzeichnungen N. Suchanows)" (diktiert 16./17. Januar 1923, zuerst veröffentlicht 30.5.1923), in: *Werke*, Bd. 33, S. 462-467.

Lenin, W. I.: "Unsere Aufgaben und der Sowjet der Arbeiterdeputierten (Brief an die Redaktion [von *Nowaja Shisn*])" (geschrieben November 1905; zuerst veröffentl. 1940), in: *Werke*, Bd. 10, S. 1-12.

Lenin, W. I.: "Vorwort zum Sammelband '12 Jahre'" (geschrieben September 1907;

veröffentl. November 1907 in St. Petersburg), in: *Werke,* Bd. 13, S. 86-105.

Lenin, W. I.: "*Was tun?* Brennende Fragen unserer Bewegung" (geschrieben Herbst 1901 bis Februar 1902; zuerst veröffentl. russ. März 1902 in Stuttgart), in: *Werke,* Bd. 5, S. 355-551.

Lenin, W. I.: "Wie wir gereist sind" (geschrieben 4., veröffentlicht 5.4.1917), in: *Werke,* Bd. 24, S. 9-11.

Lenin, W. I.: "Zur Frage der Nationalitäten oder der 'Autonomisierung'" (diktiert 30.12.1922; in der UdSSR veröffentl. 1956), in: *Werke,* Bd. 36, S. 590-596.

Leser, Norbert: *Zwischen Reformismus und Bolschewismus.* Der Austromarxismus als Theorie und Praxis, Wien · Frankfurt/M. · Zürich (Europa Verlag) 1968.

Levi, Paul: *Zwischen Spartakus und Sozialdemokratie.* Schriften, Aufsätze, Reden und Briefe, hg. von Charlotte Beradt, Frankfurt/M. (Europäische Verlagsanstalt); Wien (Europa Verlag) 1969, (Politische Texte).

Lewin, Moshé: *Lenins letzter Kampf,* Hamburg (Hoffmann und Campe) 1970.
Zuerst frz.: Paris 1967; 2., um e. Vorw. von Daniel Bensaïd erw. Ausg.: Paris 1978.

Liebman, Marcel: *Le léninisme sous Lénine,* 2 Bde., Paris (Éditions du Seuil) 1973, (Collection Esprit).
Gekürzte engl. Ausg.: London 1975.

Liebman, Marcel: *La révolution russe.* Origines, étapes et signification de la victoire bolchevique, Verviers (Marabout) 1967.

Lincoln, W. Bruce: *Red Victory.* A History of the Russian Civil War, New York usw. (Simon and Schuster) 1989.

Longuet, Jean: *Le mouvement socialiste international,* Paris (Aristide Quillet) 1913. Unveränd. Nachdruck: Genève (Minkoff Reprint)1976, (Histoire de la IIe Internationale, Bd. 4).

Lorenz, Richard (Hrsg.), *Die russische Revolution 1917.* Der Aufstand der Arbeiter, Bauern und Soldaten. Eine Dokumentation, München (Nymphenburger Verlagshandlung) 1981.

Lübbe, Peter (Hrsg.), *Kautsky gegen Lenin,* Berlin . Bonn (Verlag J. H. W. Dietz Nachf.) 1981, (Internationale Bibliothek, Bd. 122).

Lunatscharski, Anatoli W.: *Profile der Revolution,* Frankfurt a. M. (Europäische Verlagsanstalt) 1968.
1. russ. Ausg. Berlin 1919, 2., veränd. russ. Ausg. Moskau 1923.

Luxemburg, Rosa: "Die russische Revolution" (Fragment, geschrieben September 1918, zuerst veröffentlicht Januar 1922), in: dies., *Politische Schriften,* hrsg. von Ossip K. Flechtheim, Bd. III, Frankfurt/M. (Europäische Verlagsanstalt) 1968, (Politische Texte), S. 106149.

Luxemburg, Rosa: "[Zur russischen Revolution]", in: dies., *Gesammelte Werke,* hrsg. vom Institut für Marxismus-Leninismus beim ZK der SED, Berlin/DDR (Dietz) 1974, Bd. 4, S. 332-365.

Mandel, David: *The Petrograd Workers and the Soviet Seizure of Power.* From the July Days 1917 to July 1918, London · Basingstoke (Macmillan) 1984, (Studies in Soviet History and Society).

Mandel, Ernest: *Power and Money.* A Marxist Theory of Bureaucracy, London · New York (Verso) 1992.

Mandel, Ernest: *Trotzki als Alternative,* Berlin (Dietz Verlag) 1992.
Martov, Jules: *Le bolchevisme mondial,* mit e. Vorwort von J. Lebas, [hrsg. u.] mit e. Einleitung von Th. Dan, Paris (Société d'Éditions "Nouveau Prométhée") 1934.
Geschrieben 1919; russ. Buchausg., hg. von Th. Dan: Berlin 1923.
Martov, Julij: *Bolscevismo mondiale.* La prima critica marxista del leninismo al potere, Torino (Einaudi) 1980.
Martow, J.: *Geschichte der russischen Sozialdemokratie.* Mit einem Nachtrag von Th. Dan, Die Sozialdemokratie Rußlands nach dem Jahre 1908, Berlin (J. H. W. Dietz Nachfolger) 1926.
Reprint, mit e. Vorwort von Hartmut Mehringer: Erlangen (Politladen) 1973.
Martow, L.: "Der Weltbolschewismus" (übers. von A. Stein), in: *Der Sozialist.* Unabhängige sozialdemokratische Wochenschrift, Berlin, hrsg. von Rudolf Breitscheid, 6. Jg., Nr. 46, 20.11.1920, S. 911-916; Nr. 48, 4.12.1920, S. 946/947; Nr. 49, 11.12.1920, S. 992-994.
Marx, Karl / Engels, Friedrich: "*Die deutsche Ideologie.* Kritik der neuesten deutschen Philosophie in ihren Repräsentanten Feuerbach, B. Bauer und Stirner und des deutschen Sozialismus in seinen verschiedenen Propheten" (geschrieben 1845/1846, zuerst veröffentlicht 1932), In: *MEW,* Bd. 3, S. 9-530.
Marx, Karl / Engels, Friedrich: "[Zirkularbrief an Bebel, Liebknecht, Bracke u.a.]" (17./18. September 1879), in: *MEW,* Bd. 19, S. 150-166.
Medwedjew, Roy A.: *Oktober 1917,* Hamburg (Hoffmann und Campe) 1979.
Mende, Hans-Jürgen (Hrsg.), *Demokratie oder Diktatur?* Bd. 1, Berlin (Dietz Verlag) 1990, (Soziales Denken des 19. und 20. Jahrhunderts).
Meyer, Alfred G.: *Leninism,* Cambridge, Mass. (Harvard University Press) 1957.
Mitchell, David: *1919.* Red Mirage, London (Macmillan) 1992.
Morizet, André: *Chez Lénine et Trotsky.* Moscou 1921, Paris (La Renaissance du Livre) 1922.
Moynahan, Brian: *Comrades.* 1917 - Russia in Revolution, Boston (Little, Brown & Company) 1992.
Müller, Richard: *Der Bürgerkrieg in Deutschland.* Geburtswehen der Republik, Berlin (Phöbus-Verlag) 1925.
Nachdrucke: Berlin 1974, 1979.
Müller, Richard: *Die Novemberrevolution,* Wien (Malik-Verlag) 1925.
Nachdrucke: Berlin 1973, 1974, 1976, 1979.
Müller, Richard: *Vom Kaiserreich zur Republik.* Ein Beitrag zur Geschichte der revolutionären Arbeiterbewegung während des Weltkrieges, Wien (Malik-Verlag) 1924.
Nachdrucke: Berlin 1974, 1979.
Nekritsch, Alexander / Grigorenko, Pjotr: *Genickschuß.* Die Rote Armee am 22. Juni 1941, hrsg. von Georges Haupt, Wien · Frankfurt/M. · Zürich (Europa Verlag) 1969.
Originalausg. des Buchs von A. N. russ.: Moskau 1965.
Noske, Gustav: *Von Kiel bis Kapp.* Zur Geschichte der deutschen Revolution, Berlin (Verlag für Politik und Wirtschaft) 1920.
von Oertzen, Peter: *Betriebsräte in der Novemberrevolution.* Eine politikwissen-

schaftliche Untersuchung über Ideengehalt und Struktur der betrieblichen und wirtschaftlichen Arbeiterräte in der deutschen Revolution 1918/19, 2., erw. Ausg., Berlin Bonn · Bad Godesberg (Verlag J. H. W. Dietz Nachf.) 1976.
1. Ausg.: Düsseldorf 1963.

Oktjabrskaja rewoljuzija i fabsawkomy. Materialy po istorii fabritscho-sawodskich komitetow (Die Oktoberrevolution und die "fabsawkomy". Materialien zur Geschichte der Fabrik- und Betriebskomitees), 2 Bde., Moskwa (Isdatelstwo WZSPS) 1927.
Zusammengestellt von ehemaligen Mitgliedern und Mitarbeitern des Zentralrats der Fabrikkomitees in Petrograd 1924/25; Nachdruck, 1 Bd., hrsg. von S. A. Smith: Millwood, New York · London · Schaan, Liechtenstein (Kraus International Publications) 1983.

Pankratowa, A. M.: Fabrikräte in Rußland. Der Kampf um die sozialistische Fabrik, red. von M. N. Pokrovskij, (gekürzte) dt. Ausg. hrsg. von Hartmut Mehringer, Frankfurt (Fischer Taschenbuch Verlag) 1976, (Arbeiterbewegung - Theorie und Geschichte; Fischer Taschenbuch 6602).
Originalausg.: Moskau 1923.

Paquet, Alfons: *Der Geist der russischen Revolution,* Leipzig (Kurt Wolff) 1919.
2., erw. Aufl. München (Kurt Wolff) 1920.

Paquet, Alfons: *Im kommunistischen Rußland.* Briefe aus Moskau, Jena (Eugen Diederichs) 1919.

Pfabigan, Alfred: *Max Adler.* Eine politische Biographie, Frankfurt/M. · New York (Campus) 1982.

Pipes, Richard: *History of the Russian Revolution,* New York (Alfred A. Knopf) 1990.
Dt. Ausg. in 4 Bdn.: *Die Russische Revolution,* Berlin (Rowohlt Berlin) 1992- (bislang 2 Bde. erschienen).

Platten, Fritz: *Die Reise Lenins durch Deutschland im plombierten Wagen,* Berlin (Neuer Deutscher Verlag) 1924.
Erw. neue Ausg.: Frankfurt/M. (isp) 1985; erw. russ. Ausg.: Moskau 1925.

Pokrowski, M.: *Geschichte Rußlands* von seiner Entstehung bis zur neuesten Zeit, hrsg. von Wilhelm Herzog, übers. von Alexandra Ramm, Leipzig (C. L. Hirschfeld) 1929.
Zuerst russ. in 3 Bdn.: Moskau 1920-1923.

Pokrowski, M.: *Russische Geschichte.* Von den ältesten Zeiten bis zum Jahre 1917, übers. von A. Maslow, Berlin (Büchergilde Gutenberg) 1930.

Price, M. Philips: *Die russische Revolution.* Erinnerungen aus den Jahren 1917-1919, Hamburg (Verlagsbuchhandlung Carl Hoym Nachf. Louis Cahnbley) 1921.
Unveränd. Nachdruck: Berlin (Oberbaumverlag) 1977; zuerst engl.: London 1921.

Protokoll des III. Kongresses der Kommunistischen Internationale. Moskau, 22. Juni bis 12. Juli 1921, 2 Bde., o. O. (Verlag der Kommunistischen Internationale) 1921, (Bibliothek der Kommunistischen Internationale, Bd. XXIII).

Raëff, Marc: *Comprendre l'Ancien régime russe.* État et société en Russie impériale. Essai d'interprétation, Paris (Seuil) 1982, (L'univers historique).

Rakowski, Ch. G.: "Die Ursachen der Entartung von Partei und Staatsapparat (Brief an Walentinow)" (6.8.1928; zuerst veröffentlicht auf russ. Oktober 1929), in: L. Trotzki, *Sowjetgesellschaft und stalinistische Diktatur,* Bd. 1.2, S. 1344-1363; .

Reed, John: *Zehn Tage, die die Welt erschütterten,* Berlin (Dietz Verlag) 1957.
Zuerst engl.: New York 1919; 1. dt. Ausg.: Hamburg (Verlag der Kommunistischen Internationale) 1922; 2. dt. Ausg. Wien · Berlin (Verlag für Literatur und Politik) 1927.

Rees, John: "In Defence of October", in: *International Socialism.* A Quarterly Journal of Socialist Theory, London, [2. Folge], Nr. 52, Herbst 1991, S. 3-79.

Reisberg, Arnold (Hrsg.), *Wladimir Iljitsch Lenin - Dokumente seines Lebens,* 1870-1924, 2 Bde., Frankfurt/M. (Röderberg-Verlag) 1977, (Röderberg-Taschenbuch 62, 63).
Originalausg.: Leipzig 1977.

Remington, Thomas F.: *Building Socialism in Bolshevik Russia.* Ideology and Industrial Organization, 1917-1921, Pittsburgh, Pa. (University of Pittsburgh Press) 1984, (Series in Russian and East European Studies, Bd. 6).

La révolution d'octobre et le mouvement ouvrier européen, hrsg. von Victor Fay, Paris (EDI) 1967.

Riasanovsky, Nicholas V.: *A History of Russia,* New York (Oxford University Press) 1963.

Rosdolsky, Roman: *Studien über revolutionäre Taktik.* Zwei unveröffentlichte Arbeiten über die II. Internationale und die österreichische Sozialdemokratie, Berlin (VSA) 1973, (archiv-drucke 2).

Rosenberg, Arthur: *Entstehung und Geschichte der Weimarer Republik,* hrsg. von Kurt Kersten, Frankfurt a. M. (Europäische Verlagsanstalt) 1955.
Erstausgaben: "Die Entstehung der Deutschen Republik, 1871-1918", Berlin 1928, "Geschichte der Deutschen Republik", Karlsbad 1935; zahlr. Aufl., teils in 1 Bd., teils in 2 Bdn.; zuletzt in 2 Bdn.: Hamburg 1991.

Rosenberg, William G.: "Conclusion: Understanding the Russian Revolution", in: D. H. Kaiser (Hrsg.), *The Workers' Revolution in Russia, 1917,* S. 132/141.

Rosenberg, William G.: "Russian Labor and Bolshevik Power: Social Dimensions of Protest in Petrograd after October", in: D. H. Kaiser (Hrsg.), *The Workers' Revolution in Russia, 1917,* S. 98-131.

Rosenberg, William G. (Hrsg.), *Bolshevik Visions.* First Phase of the Cultural Revolution in Soviet Russia, Ann Arbor, Michigan (Ardis) 1984.

Sadoul, Jacques: *Briefe aus der Sowjet-Republik,* Moskau 1918, Berlin-Wilmersdorf (Verlag der Wochenschrift Die Aktion [Franz Pfemfert]) 1919, (Der rote Hahn, Buch 45/46).
Unveränd. Nachdruck. in: *Der rote Hahn,* hrsg. von Franz Pfemfert, Nr. 45/46-58/59, Nendeln/Liechtenstein (Kraus Reprint) 1973.

Sadoul, Jacques: *Notes sur la révolution bolchevique,* octobre 1917-janvier 1919, mit e. Vorwort von Henri Barbusse, Paris (Éditions de la Sirène) 1919.
1. Ausg., hrsg. von Fritz Platten: Bern-Belp 1918; 2. Aufl. Paris 1920; unveränd. Nachdruck.: Paris (François Maspero) 1971, (Bibliothèque Socialiste, Bd. 19).

Salvemini, Gaetano: *The Fascist Dictatorship in Italy,* 2 Bde., New York (Henry Holt) 1927.

Neue Ausg. in 1 Bd.: New York 1967.
Salvemini, Gaetano: *Scritti sul fascismo,* 3 Bde., Milano (Feltrinelli Editore) 1966/74, (Opere, Bd. 6).
Schapiro, Leonard: *1917.* The Russian Revolutions and the Origins of Present-Day Communism, Hounslow, Middlesex (Maurice Temple Smith) 1984.
Scheidemann, Philipp: *Memoiren eines Sozialdemokraten,* 2 Bde., Dresden (Carl Reißner) 1928.
Schützler, Horst / Striegnitz, Sonja (Hrsg.), *Die ersten Dekrete der Sowjetmacht.* Eine Auswahl von Erlassen und Beschlüssen 25. Oktober 1917 bis 10. Juli 1918, Berlin/DDR (Dietz Verlag) 1987, (Schriftenreihe Geschichte).
Senn, Alfred Erich: *The Russian Revolution in Switzerland,* 1914-1917, Madison · Milwaukee · London (The University of Wisconsin Press) 1971.
Serge, Victor: *L'an I de la révolution russe,* 2., erw. Ausg., 3 Bde., Paris (François Maspero) 1971 (petite collection maspero 88, 89, 90).
Zuerst frz.: Paris 1930; engl. Ausg.: London 1972.
Serge, Victor: *Erinnerungen eines Revolutionärs,* 1901-1941, 2., erw. Ausg., hrsg. von der Zeitung "Der Lange Marsch", mit Vorw. und Anm. von Erich Wollenberg, Wiener Neustadt (Räteverlag) 1974.
Geschrieben 1942/1943, vom Autor überarbeitet 1945/1946; auf frz. erschienen: Paris 1951; neue Ausg., hg. von Jean Rière, Paris 1978; dt.: Frankfurt/M. 1967; 4. Aufl.: Hamburg 1991.
Severing, Carl: *1919/1920 im Wetter- und Watterwinkel.* Aufzeichnungen und Erinnerungen, Bielefeld (Buchhandlung Volkswacht) 1927.
Shanin, Teodor: *Russia as a "Developing Society",* London (Macmillan) 1985, (The Roots of Otherness. Russia's Turn of Century, Bd. 1).
Shanin, Teodor: *Russia, 1905-07.* Revolution as a Moment of Truth, London (Macmillan) 1986, (The Roots of Otherness. Russia's Turn of Century, Bd. 2).
Shlyapnikov, Alexander: *On the Eve of 1917,* London · New York (Allison & Busby) 1982.
Zuerst russ.: Moskau 1923; Auszüge (9 Folgen) frz. "_ la veille de la Révolution", in: *Bulletin Communiste.* Organe du Parti Communiste (S.F.I.C.), Paris, 5. Jg. und 6. Jg., Ende Dezember 1923 bis Mitte März 1924.
Sinowjew, G.: *Geschichte der Kommunistischen Partei Rußlands (Bolschewiki).* Abriß in 6 Vorträgen, o.O. (Verlag der Kommunistischen Internationale) 1923. Unveränd. Nachdruck: Erlangen (Politladen) 1972.
Smith, S. A.: *Red Petrograd.* Revolution in the Factories, 1917-18, Cambridge [usw.] (Cambridge University Press) 1983, (Soviet and East European Studies).
Smith, Steve A.: "Petrograd in 1917: The View from Below", in: D. H. Kaiser (Hrsg.), *The Workers' Revolution in Russia, 1917,* S. 59-79.
Stites, Richard: *Revolutionary Dreams.* Utopian Vision and Experimental Life in the Russian Revolution, New York . Oxford (Oxford University Press) 1989.
Suchanow, Nikolai Nikolajewitsch: *1917. Tagebuch der russischen Revolution,* hrsg. von Nikolaus Ehlert, München (R. Piper) 1967.
Zuerst russ.: 7 Bde., Berlin · Petrograd 1919-1922; neue russ. Ausg.: Moskau 1991-?; umfangreichere engl. Auswahl: N. N. Sukhanov, *The Russian Revolution*

1917. A Personal Record, hrsg. von Joel Carmichael, geringfügig erw. Ausg.: Princeton, New Jersey (Princeton University Press) 1984; 1. Aufl. dieser Ausg.: New York 1955.

Tomin, W. P.: *Urowen obrasowannija naselenija SSSR* (Der Bildungsgrad der Bevölkerung der UdSSR), Moskwa (Finansy i statistika) 1981.

Trotsky, Leon: *The First 5 Years of the Communist International,* 2 Bde., 2. Ausg., New York (Monad Press) 1972.
1. engl. Ausg.: New York 1945/1953; russ. Originalausg.: Moskau 1924.

Trotzki, Leo: *Geschichte der russischen Revolution,* 2 Bde., Berlin (S. Fischer) 1931/1933.
Taschenbuchausg., 3 Bde.: Frankfurt/M. 1973.

Trotzki, L.: *Die neue Etappe.* Die Weltlage und unsere Aufgaben, o. O. (Verlag der Kommunistischen Internationale) 1921, (Bibliothek der Kommunistischen Internationale, Bd. 24).

Trotzki, L.: *Die russische Revolution 1905,* 2., erw. Ausg., Berlin (Vereinigung Internationaler Verlagsanstalten) 1923.
Geschrieben 1908/1909, mit Texten aus 1905 bis 1907; 1. Ausg. dt. unter dem Titel: *Rußland in der Revolution,* Dresden o.J. [1910]; russ. zuerst: Moskau 1922, 4. Aufl.: Moskau 1925.

Trotzki, Leo: *Sowjetgesellschaft und stalinistische Diktatur,* 2 Bde., hrsg. von Helmut Dahmer, Rudolf Segall, Reiner Tosstorff, Hamburg (Rasch und Röhring) 1988, (Schriften 1).

Trotzki: *Der Todeskampf des Kapitalismus und die Aufgaben der 4. Internationale.* Übergangsprogramm der 4. Internationale. Schriften zum Programm. Zur Geschichte der 4. Internationale, Essen (Verlag Ergebnisse und Perspektiven) o.J. [1975?].
Entwurf unter dem Titel "Der Todeskampf des Kapitalismus und die Aufgaben der IV. Internationale (Massenmobilisierung durch Übergangsforderungen als Vorbereitung zur Eroberung der Macht)" ohne Autorenangabe auf russ. veröffentlicht Juni 1938; geringfügig veränderte Fassung angenommen September 1938; verschiedene dt. Ausg. u. Übersetzungen, zuerst: o.O., 1947.

Trotzki, Leo: *Verratene Revolution.* Was ist die U.S.S.R. und wohin treibt sie? Antwerpen (Éditions de Lee), Zürich · Antwerpen · Prag (o.J. [1937]).
Geschrieben russ. September 1935 bis August 1936, zuerst veröffentlicht frz.: Paris 1936; zahlreiche Reprints der dt. Erstausg.; kommentiert in: *Sowjetgesellschaft und stalinistische Diktatur,* Bd. 1.2, S. 687-1011.

Trukan, G. A.: *Rabotschi klass w borbe sa pobedu i uprotschenije Sowjetskoi wlasti* (Die Arbeiterklasse im Kampf um Erfolg und Festigung der Sowjetmacht), Moskwa (Nauka) 1975.

Tucker, Robert C. (Hrsg.), *Stalinism.* Essays in Historical Interpretation, New York (W. W. Norton) 1977.

Valentinov, Nikolay (Volsky, N. V.): *Encounters with Lenin,* London usw. (Oxford Univerity Press) 1968.
Russ. Ausg.: New York 1953.

[Vierte Internationale:] *Für Rätedemokratie und Arbeiterselbstverwaltung.* Thesen des XII. Weltkongresses der IV. Internationale (1985) über sozialistische Demokratie und Diktatur des Proletariats, Frankfurt/M. (isp-Verlag) 1985, (isp-pocket 11).

Waite, Robert G. L.: *Vanguard of Nazism.* The Free Corps Movement in Postwar Germany, 1918-1923, Cambridge, Mass. (Harvard University Press) 1952, (Harvard Historical Studies, Bd. LX).

Wallace, Donald Mackenzie: *Rußland,* Würzburg (C. Kabitzsch) 1906.
1. dt. Ausg. in 2 Bd.: Leipzig 1878/79; 1. engl. Ausg. 1877, 2., überarb. u. erw. engl. Ausg. 1905; neue Ausg., hrsg. von Cyril E. Black: New York 1961.

Williams, Albert Rhys: *Ein Amerikaner im revolutionären Rußland.* Reportagen, Berlin/DDR (Dietz) 1982.
Drei Arbeiten aus den Jahren 1919, 1921, 1932, nach russ. Ausg. (Moskau 1960); engl.: Moskau 1967.

Williams, Albert Rhys: *Durch die russische Revolution,* 1917-1918, Berlin (Vereinigung Internationaler Verlagsanstalten) 1922.
Zuerst engl.: New York 1921; ohne Anhang, stellenweise bearbeitet, mit anderen Abbildungen enthalten in dem Sammelband von 1982.

Williams, Beryl: *The Russian Revolution 1917-1921,* London (Basil Blackwell) 1987, (Historical Association Studies).

Williams, William A.: "American Intervention in Russia 1917-1920", in: *Studies on the Left.* A Journal of Research, Social Theory and Review, New York, Bd. 3, Nr. 4, Herbst 1963; Bd. 4, Nr. 1, Winter 1964, S. 39-57.

Wolter, Ulf (Hrsg.), *Die Linke Opposition in der Sowjetunion.* Texte von 1923 bis 1928, Bd. I: Texte von 1923 bis 1924, Berlin (Verlag Olle & Wolter) 1976, (Edition Prinkipo, Nr. 7).

PERSONENREGISTER MIT KURZBIOGRAPHIEN

Adler, Victor (1852-1918), ab 1899 österreichischer sozialistischer Parteiführer, seit 1905 Abgeordneter, Mitbegründer und einflußreich in der II. Internationale, während des Weltkriegs Zentrist, Oktober/November 1918 Staatssekretär des Äußeren.

Allende Gossens, Salvador (1908-1973), chilenischer sozialistischer Politiker, 1933 Mitbegründer der chilenischen Sozialistischen Partei, 1937 Abgeordneter, 1945 Senator, 1964 als Präsidentschaftskandidat der Sozialisten und Kommunisten von den Christdemokraten geschlagen, 1970 als Kandidat der "Unidad Popular" Wahlsieger, kam im September 1973 bei dem konterrevolutionären Militärputsch (Erstürmung des Präsidentenpalasts) ums Leben.

Antonow-Owsejenko, Wladimir Antonowitsch (1883-1939), 1903 Mitglied der SDAPR, beendete 1904 die Offiziersschule, führte eine Meuterei an, zum Tode verurteilt, floh nach Umwandlung der Strafe in 20 Jahre Zwangsarbeit aus der Haft, schloß sich 1910 in der Emigration den Menschewiki an, während des Weltkriegs Mitarbeiter der Zeitung "Nasche Slowo" in Paris, schloß sich nach der Rückkehr nach Rußland 1917 den Meshrayonzi und mit ihnen den Bolschewiki an, in den Tagen der Oktoberrevolution Sekretär des Revolutionären Militärkomitees, beteiligt an der Einnahme des Winterpalais und der Verhaftung der Provisorischen Regierung, im Bürgerkrieg Militärbefehlshaber, später Diplomat, 1923 bis 1928 Linksoppositioneller, 1936/37 Generalkonsul der Sowjetunion in Katalonien, an der Liquidierung der "Trotzkisten" beteiligt, nach der Rückkehr ohne Urteil erschossen, 1956 rehabilitiert.

Aulard, Alphonse (1849-1928), französischer Historiker, 1886-1922 Professor für Revolutionsgeschichte an der Pariser Sorbonne.

Awksentjew, Nikolai Dimitrijewitsch (1878-1943), Führer der Sozial-Revolutionäre, nahm an der Studentenbewegung von 1899 teil, nach der Revolution von 1905 in Verbannung, floh und ging ins Ausland, entwickelte sich nach rechts, unterstützte 1914 den russischen Kriegseintritt, nach der Februarrevolution Vorsitzender des Gesamtrussischen Bauernsowjets, übernahm im September 1918 auf einer Allrussischen Reichskonferenz verschiedener antiboschewistischer Parteien und Gruppierungen den Vorsitz einer Provisorischen Regierung, des fünfköpfigen Direktoriums (der Konstituierenden Versammlung) in Ufain Omsk, verhaftet, konnte der Hinrichtung entkommen, emigrierte 1919 nach Paris, 1940 nach New York, war in Emigrantenorganisationen tätig.

Axelrod, Pawel Borissowitsch (1850-1928), lebte seit 1874 vorwiegend in Westeuropa, Mitbegründer der ersten russischen marxistischen Gruppe in Rußland (Befreiung der Arbeit), ab 1900 Anhänger der "Iskra", seit 1903 Menschewik, im Weltkrieg Sprecher der menschewistischen Internationalisten, aber für Wiederbelebung der II. Internationale, nach der Oktoberrevolution entschiedener Gegner der Sowjetmacht.

Babeuf, François Noël, genannt: *Gracchus* (1760-1797), französischer Revolutionär, trat für eine Republik ein, in der das Privateigentum abgeschafft werden sollte, Organisator der "Verschwörung der Gleichen" gegen das Direktorium, nach deren Aufdeckung hingerichtet.

Bakunin, Michail Alexandrowitsch (1814-1876), russischer Revolutionär, führender Anarchist, nahm an der deutschen Revolution 1848/49 teil, Mitglied der I. Internationale, in der er die "Allianz der sozialistischen Demokratie" bildete und Gegner von Marx und Engels war, 1872 ausgeschlossen.

Bauer, Otto (1881-1938), österreichischer sozialdemokratischer Politiker und Theoretiker, führender Kopf des Austromarxismus, im Weltkrieg Führer der Linken, von der sich seit dem Januarstreik 1918 die "Linksradikalen" absetzten, 1918/19 Staatssekretär im Außenministerium, wichtiger Führer der II. Internationale, bis 1934 der wichtigste Parteiführer.

Bebel, August (1840-1913), bekannter Führer der SPD und der II. Internationale, gehörte der I. Internationale an, gründete 1869 mit W. Liebknecht die Sozialdemokratische Arbeiterpartei ("Eisenacher"), wurde mehrfach in den Reichstag gewählt, sprach sich wiederholt gegen den Revisionismus in der SPD aus.

Beethoven, Ludwig van (1840-1913), deutscher Komponist, gilt als einer der Größten der (europäischen) klassischen Musik.

Bernstein, Eduard (1850-1932), deutscher Sozialdemokrat, Mitglied seit 1872, arbeitete wegen des Sozialistengesetze 1879-88 in der Schweiz, 1881-1890 Redakteur des offiziellen Exilorgans "Der Sozialdemokrat", lebte 1888-1901 in London, Engels' Testamentsvollstrecker, trat seit 1896 als Befürworter einer Revision des Marxismus auf und wurde theoretischer Begründer des Revisionismus, während des Weltkriegs Kriegsgegner, 1916-1919 in der USPD, November 1918 bis Februar 1919 Unterstaatssekretär im Finanzministerium.

Bettelheim, Ernst (Ernö), ungarischer Kommunist, kam als Verbindungsmann der ungarischen Räterepublik nach Österreich, setzte die gewählte Leitung der österreichischen kommunistischen Partei ab und betrieb im Juni 1919 Aufstandsvorbereitungen einer kleinen Minderheit der Arbeiter- und Soldaten, seine Methoden und Pläne wurden von der Komintern kritisiert ("Bettelheimerei").

Blanc, Louis (1811-1882), französischer Sozialist, setzte 1848 als Präsident des Amtes für Arbeit die Einrichtung einer Arbeiterkommission durch und fordert die Errichtung "sozialer Werkstätten".

Blanqui, Auguste (1805-1881), vielleicht der größte französischer Revolutionär des 19. Jahrhunderts, Organisator mehrerer Geheimgesellschaften und Verschwörungen, nahm aktiv an den Revolutionen 1830 und 1848 teil, 1871 in Abwesenheit in die Pariser Kommune gewählt, verbrachte insgesamt 36 Jahre im Gefängnis und Strafkolonien.

Bracke, Wilhelm (1842-1880), deutscher Sozialdemokrat, Herausgeber sozialistischer Literatur in Braunschweig, zunächst Lassalleaner, 1869 Mitbegründer und Vorstandsmitglied der Sozialdemokratischen Arbeiterpartei, 1877-79 Reichstagsabgeordneter.

Bucharin, Nikolai Iwanowitsch (1888-1938), seit 1905 in der revolutionären Bewegung, seit 1906 Bolschewik, emigrierte 1910, 1917 in das ZK gewählt, 1918

Organisator der Linken Kommunisten, 1919 Politbüro-Kandidat, 1924 Vollmitglied, 1923-27 Verbündeter von Stalin, 1926-29 de facto Vorsitzender der Exekutive der Komintern, 1928/1929 Führer der "rechten Opposition", 1929 trotz öffentlicher "Selbstkritik" aus dem Politbüro und der Leitung der "Prawda" entfernt, schrieb 1936 die "Stalinsche" Verfassung, 1937 verhaftet, Hauptangeklagter im dritten Moskauer Prozeß, zum Tode verurteilt.

Byron, George (1788-1824), englischer Dichter, starb auf dem Weg nach Griechenland, um im Freiheitskampf der Griechen gegen die türkische Herrschaft Hilfe zu leisten.

Chopin, Frédéric (Fryderyk) (1810-1849), polnisch-französischer Pianist und Komponist.

Dan, Fjodor Iljitsch (dt.: Theodor), eigtl.: F. I. Gurwitsch (1871-1947), russischer sozialdemokratischer Politiker, Arzt, 1895 Mitbegründer des Petersburger "Kampfbundes zur Befreiung der Arbeiterklasse", wurde bald zu einem der einflußreichsten Füher der Menschewiki, stand nach der Februarrevolution auf dem rechten Flügel der Menschewiki, der die Provisorische Regierung unterstützte, sprach sich im Bürgerkrieg mit der Mehrheit der Führung für eine kritische Unterstützung der Roten Armee gegen die Weißen aus, 1920 Deputierter des Moskauer Sowjets, im Januar 1922 in das Ausland verwiesen, gehörte zu den Führern der Exilgruppe und spielte in der II. Internationale eine wichtige Rolle.

Danton, Georges (1759-1794), französischer Jakobiner, trug 1791 wesentlich zur Radikalisierung der Pariser Stadtverwaltung bei, ab 1793 führendes Mitglied des Wohlfahrtsausschusses, organisierte den revolutionären Terror, mobilisierte Widerstandgeist und französischen Patriotismus gegen die Intervention europäischer Mächte, 1794 verhaftet, verurteilt und guillotiniert.

Darwin, Charles Robert (1809-1882), englischer Naturforscher, Begründer der modernen Abstammungslehre.

Dejanow, Iwan Dawidowitsch (1818-1898), zaristischer Bildungsminister 1882-1898.

Denikin, Anton Iwanowitsch (1872-1947), zaristischer General, 1917 Oberbefehlshaber der Westfront, Ende 1917 an der Aufstellung der Freiwilligenarmee im Nordkaukasus beteiligt, die er nach dem Tod Kornilows führte, 1919 vereinigte er alle weißen Armeen im Süden unter seinem Befehl und unternahm nach der Eroberung des Donbas einen Vorstoß nach Moskau, im Oktober/November 1919 wurden seine Truppen von der Roten Armee geschlagen, er floh im März 1920 auf die Krim, übergab den Oberbefehl an Wrangel und emigrierte nach Großbritannien, 1945 in die USA.

Dostojewski, Fjodor Michailowitsch (1821-1881), russischer Schriftsteller, 1849 wegen revolutionärer Betätigung zu Zwangsarbeit in Sibirien verurteilt; schildert in seinen Romanen oft menschliche Erniedrigung und Leiden.

Dsherschinski, Felix Edmundowitsch (Feliks Dzierzynski) (1877-1926), polnisch-russischer Revolutionär, seit 1895 Mitglied und Führer der Sozialdemokratie Polens und Litauens, seit dem 4. Parteitag (1906) Mitglied des ZK der SDAPR, seit Dezember 1917 Vorsitzender der Tscheka, 1918 Linker Kommunist, seit März

1919 Volkskommissar für Inneres, seit der "georgischen Affäre" mit Stalin verbündet, 1924 Vorsitzender des Obersten Volkswirtschaftsrates, 1924/25 Kandidat des Politbüros.

Ebert, Friedrich (1871-1925), sozialdemokratischer Politiker, seit 1889 in der SPD, 1905 Sekretär des Parteivorstands, 1913-1919 einer der beiden Vorsitzenden der SPD, trat im Weltkrieg für Burgfrieden und Landesverteidigung ein, 1916 Vorsitzender der SPD-Reichstagsfraktion, am 9.11.1918 Reichskanzler, schloß 1918 mit dem Militär einen Geheimpakt zur Niederwerfung der Revolution, 1918/19 Vorsitzender des Rats der Volksbeauftragten, seit Februar 1919 Reichspräsident, half entscheidend bei der Niederschlagung der revolutionären Tendenzen in der Novemberrevolution, in den letzten Amtsjahren Objekt der Hetze völkischer Kreise.

Eisenstein, Sergej Michailowitsch (1898-1948), russischer Filmregisseur, der durch "Panzerkreuzer Potemkin" (1925) Weltruhm erlangte und durch seine frühen Werke dazu beigetragen hat, dem Film Anerkennung als Kunstform zu verschaffen.

Engels, Friedrich (1820-1895)

Fischer, Louis (1896-1970), Journalist aus den USA, berichtete vor allem für die linksliberale Wochenzeitung "The Nation", rechtfertigte bis zum Hitler-Stalin-Pakt die Politik der UdSSR, brach dann mit dem Stalinismus und wurde Antikommunist.

Foch, Ferdinand (1851-1929), französischer Marschall, 1918 Oberbefehlshaber der alliierten Streitkräfte in Frankreich, 1919 Präsident des Obersten Kriegsrats, maßgeblich beteiligt an der Organisierung der Intervention gegen Sowjetrußland.

France, Anatole (1844-1924), französischer Erzähler, Essayist, Literaturkritiker, verkörpert die humanistischen Traditionen der Aufklärung, engagierte sich für progressive Fragen.

Garibaldi, Giuseppe (1807-1882), italienischer Nationalheld, eine der bedeutendsten Gestalten des "Risorgimento", Führer der demokratischen Bewegung und Vorkämpfer für die staatliche Einheit Italiens, kämpfte gegen den Feudalismus, Österreich, das Königreich beider Sizilien, das Papsttum und das französische Kaiserreich.

Goethe, Johann Wolfgang von (1749-1832)

Gogol, Nikolaj Wassiljewitsch (1809-1852), russischer Schriftsteller, Stammvater des kritischen Realismus in der klassischen russischen Literatur.

Goltz, Rüdiger Graf von der (1865-1946)

Gontscharow, Iwan Alexandrowitsch (1812-1891), russischer realistischer Schriftsteller, der mit der Figur des Oblomow einen bedeutenden Charaktertyp der Weltliteratur schuf.

Gorki, Maxim, eigtl.: Alexej Maximowitsch Peschkow (1868-1938), russischer Schriftsteller, stand den Bolschewiki nahe, zeitweise der Gruppe "Wperjod", lebte 1906-1913 und 1921-1928 im Ausland, übte heftige Kritik an der Oktoberrevolution, nahm dann eine Haltung kritischer Unterstützung ein, söhnte sich

Ende der zwanziger Jahre mit dem Stalinismus aus, galt offiziell als Begründer des "sozialistischen Realismus".

Gotz, Abraham Rafailowitsch (1882-1940), Führer der Sozial-Revolutionäre, trat 1906 der "Kriegsorganisation" der Partei bei, wurde verhaftet und zu 8 Jahren Schwerarbeit verurteilt, nach der Februarrevolution Mitglied des Exekutivkomitees des Petrograder Sowjet, Mitglied des ZK der Sozial-Revolutionäre, Mitglied des ersten Zentralen Exekutivkomitees der Sowjets, unterstützte die Position der "revolutionären Vaterlandsverteidigung" und der Fortsetzung der Koalition mit den Kadetten, nach der Oktoberrevolution führend am bewaffneten Kampf gegen die Sowjetmacht beteiligt, Hauptangeklagter bei einem Prozeß Mitte 1922, wahrscheinlich Opfer des stalinistischen Terrors.

Grimm, Robert (1881-1958), führender Schweizer Sozialdemokrat, während des Ersten Weltkriegs Organisator der Zimmerwalder Bewegung, Zentrist, 1946 Präsident des Schweizer Nationalrats.

Groener, Wilhelm (1867-1939), deutscher General und Politiker, ab 1899 im Großen Generalstab, Oktober 1918 Nachfolger E. Ludendorffs als Erster Generalquartiermeister, leitete während der Novemberrevolution die Rückführung und Demobilisierung des Heeres und hatte maßgeblichen Anteil am Bündnis mit der SPD gegen die Rätebewegung, setzte sich für die Annahme des Versailler Vertrages ein, nahm im September 1919 seinen Abschied, 1920-23 Reichsverkehrsminister, 1928-32 Reichswehr- und 1931/32 zugleich Reichsinnenminister.

Herzen, Alexander Iwanowitsch (1812-1870), russischer revolutionärer Demokrat, Schriftsteller, 1833 aus Rußland verbannt, gründete 1852 in London die freie russische Druckerei.

Hilferding, Rudolf (1877-1941), österreichisch-deutscher sozialdemokratischer Politiker und Publizist, wurde 1906 von Bebel an die Parteischule geholt, 1907-16 Redakteur des "Vorwärts", veröffentlichte 1910 sein theoretisches bedeuten des Werk über "Das Finanzkapital", 1917-22 Mitglied der USPD, 1919-22 Chefredakteur der Berliner Tageszeitung der USPD, Mitglied der Sozialisierungskommission, einer der Führer der USPD-Rechten, 1922-33 Mitglied des Parteivorstands der SPD, 1923 und 1928/29 Reichsfinanzminister, entwickelte in den zwanziger Jahren die Theorie vom "organisierten Kapitalismus", nach 1933 in der Schweiz für den Exilvorstand tätig, lebte ab 1938 in Frankreich, von Behörden des Vichy-Regimes an Gestapo ausgeliefert, starb nach Selbstmordversuch.

Hindenburg, Paul von (1847-1934), deutscher Generalfeldmarschall, Chef der Obersten Heeresleitung, seit 1925 Reichspräsident, ernannte im Januar 1933 Hitler zum Reichskanzler.

Hitler, Adolf (1889-1945)

Höchberg, Karl (1853-1885), deutscher Schriftsteller und Verleger, seit 1876 Sozialdemokrat, Anhänger des ethischen Sozialismus.

Hugo, Victor (1802-1885), französischer Schriftsteller, entwickelte sich vom Royalisten zum Demokraten, mußte 1851 ins Exil gehen, nach seiner Rückkehr in 1871 in die Nationalversammlung, 1876 in den Senat gewählt, in der 3. Republik zu einer Leitgestalt des laizistishen Frankreich stilisiert.

Hutten, Ulrich von (1488-1523), deutscher Humanist und Publizist, Reichsritter, wurde ein entschiedener Gegner des Papsttums, trat seit 1919 für Luther ein, entwickelte ein umfassendes antirömisches Programm von Reformen des Reichs ein, flüchtete nach dem gescheiterten Aufstand der Reichsritter (1521) zu Zwingli in die Schweiz.

Ibsen, Henrik (1828-1906), norwegischer Dichter und Theaterautor, beeinflußt von der Nationalromatik, gegen deren konservative Züge er sich wandte, schuf die Gattung des "Gesellschaftsstücks", enthüllte in seinen Arbeiten die Brüchigkeit der bürgerlichen Ehe- und Familienbeziehungen, plädierte für die freie Persönlichkeitsentwicklung, die er durch die Konventionen seiner Zeit bedroht sah.

Iljin-Shenewski, Alexander Fjodorowitsch, eigtl.: A. F. Iljin (1894-1941), jüngerer Bruder von Fjodor Fjodorowitsch Iljin, bekannt als Raskolnikow (1892-1939), trat 1912 in Genf den Bolschewiki bei, dort erhielt er seinen Parteinamen (der Genfer), im Weltkrieg Offizier, arbeitete nach der Oktoberrevolution im Kriegsministerium, März bis Dezember 1918 Büroleiter des Petrograder Militärkommissariats bzw. Vorsitzender des Politischen Direktoriums des Petrograder Distriktkommissariats für Militärische Angelegenheiten, 1919/20 in Moskauer Militärverwaltung, Ende der zwanziger Jahre im Diplomatischen Dienst, ab 1933 Historiker.

Jaurès, Jean (1859-1914), französischer Sozialist, 1883-85 Abgeordneter der Linksrepublikaner, 1893-98 und 1902-14 die Sozialisten, gründete 1904 die Zeitung "L'Humanité", förderte den Zusammenschluß der verschiedenen sozialistischen Parteien (1905), vertrat nicht-marxistische (humanistische) Positionen, setze sich aber entschieden gegen Militarismus, Antisemitismus und Kolonialismus ein, am 30.7.1914 von Chauvinisten erschossen.

Judenitsch, Nikolai Nikolajewitsch (1862-1933), russischer weißer General, 1919 von Koltschak zum Befehlshaber der Interventionstruppen im Nordwesten ernannt, stieß zweimal bis Petrograd vor, zog sich im November 1919 nach Estland zurück, emigrierte nach Großbritannien.

Jurenew, Konstantin Konstantinowitsch, eigtl.: K. K. Krotowski (1888-1938), seit 1905 Mitglied der SDAPR, 1917 Mitglied der bolschewistischen Partei, Vorsitzender des Generalstabs der Roten Garden in Petrograd, später in der Roten Armee, dann im diplomatischen Dienst tätig.

Kaledin, Alexej Maximowitsch (1861-1918), General der zaristischen Armee, nahm am Kornilow-Putsch teil, Führer des erfolglosen Aufstands der Donkosaken (Dezember 1917 bis Februar 1918) gegen die Sowjetmacht, erschoß sich wegen Niederlagen an der Front.

Kamenjew, Lew Borissowitsch, eigtl.: L. B. Rosenfeld (1883-1936), 1901 Mitglied der SDAPR, Bolschewik, 1909-14 in der Emigration wichtiger Repräsentant der Bolschewiki, kehrte 1914 nach Petersburg zurück, verfolgte nach der Februarrevolution mit Stalin als Leitung der Bolschewiki in Petrograd einen gemäßigteren Kurs als Lenin und opponierte gegen Lenins April-Thesen, riet im Oktober mit Sinowjew zur Zurückhaltung, trat aus dem ZK aus, nach dem Aufstand kurze

Zeit Vorsitzender des Zentralexekutivkomitees der Sowjets, im März 1919 wieder in das ZK gewählt, 1919-26 Mitglied des Politbüros, 1920-26 Vorsitzender des Moskauer Sowjets, 1922 stellvertrender Vorsitzender des Rats der Volkskommissare, bildete Ende 1922 mit Sinojew und Stalin die informelle "Troika" (gegen Trotzki), im Herbst 1925 mit Sinowjew Führer der "neuen Opposition", die sich im Apri 1926 mit Trotzkis Opposition verbündete, nach dem 15. Parteitag (1927) ausgeschlossen, nach Unterwerfungserklärung wieder aufgenommen, 1932 zum zweiten, Ende 1934 zum dritten Mal ausgeschlossen, 1935 zu Gefängnisstrafen verurteilt, 1936 im ersten Moskauer Prozeß zum Tode verurteilt.

Kamkow, Boris Dawidowitsch, eigtl.: Katz oder Kaz (1885-1938), einer der Führer der Partei der Linken Sozial-Revolutionäre, 1918 einer der Organisatoren des Aufstands in Moskau, inhaftiert und verurteilt, danach in Statistikämtern tätig.

Kaplan, Fanny (Fanja, auch Dora) geborene Feiga Jefimowa Roitman (1890-1918), russische Sozial-Revolutionärin, wegen Attentat auf Lenin verurteilt und hingerichtet.

Kapp, Wolfgang (1858-1922), deutscher Jurist und Politiker, gründete 1917 die Deutsche Vaterlands-Partei und unternahm im März 1920 einen erfolglosen Putschversuch gegen die Reichsregierung.

Kautsky, Karl (1854-1938), sozialdemokratischer Theoretiker und Publizist, Mitglied der österreichischen Sozialdemokratie seit 1875, lebte 1885-90 als enger Mitarbeiter von Engels in London, 1883-1917 Herausgeber des bekanntesten theoretischen Organs der II. Internationale, "Die Neue Zeit", nach Engels' Tod einflußreichster Theoretiker des Marxismus (der II. Internationale), entwickelte sich nach der russischen Revolution 1905, in der "Massenstreikdebatte" (1910/11) zum theoretischen Kopf des "Zentrums", im Weltkrieg Pazifist, Mitbegründer der USPD, nach der Novemberrevolution Beigeordneter im Auswärtigen Amt, Mitglied der Sozialisierungskommission, entschiedener Gegner der Oktoberrevolution und der Bolschewiki, ab 1919 wieder Mitglied der SPD.

Kerenski, Alexander Fjodorowitsch (1881-1970), russischer Politiker, Rechtsanwalt, gehört zunächst zur Partei der Sozial-Revolutionäre, 1912 Fraktionsvorsitzender der "Trudowiki" (Volkssozialisten), trat 1914 für die nationale Verteidigung ein, 1917 wieder Mitglied der Sozial-Revolutionäre, im März 1917 Justizminister, im Kriegsminister, seit Juli 1917 Ministerpräsident, setzte sich für eine von den westlichen Alliierten verlangte Offensive gegen die Mittelmächte ein, nach der Niederschlagung des Kornilowputsches auch Oberbefehlshaber des Heeres, versuchte nach seinem Sturz durch die Oktoberrevolution vergeblich, die Truppen der Nordfront gegen die Sowjetmacht zu mobilisieren, emigrierte 1918 nach England, dann Frankreich, 1940 in die USA.

Kisseljow, Alexej Semjonowitsch (1879-1938), Metallarbeiter, seit 1898 Mitglied der SDAPR, 1914 Mitglied des bolschewistischen ZK, nach der Februarrevolution Vorsitzender des Sowjets von Iwano-Wosnessensk, im August 1917 zum ZK-Kandidaten gewählt, 1920 Vorsitzender des Verbands der Bergarbeiter, 1920/21 Anhänger der Arbeiteropposition, auf dem 10. Parteitag als Kandidat in das ZK gewählt, ebenso auf dem 11. und 14. bis 16. Parteitag, 1921-23 Vorsitzender des

Kleinen Rats der Volkskommissare und Mitglied des Präsidiums des Zentralexekutivkomitees der Sowjets, 1938 verhaftet, im Gefängnis umgebracht.

Kollontai, Alexandra Michailowna (1872-1952), 1906-15 Menschewiki, seit 1915 Bolschewikin, gehörte der ersten Regierung nach der Oktoberrevolution als Volkskommissarin für soziale Fürsorge an, 1918 Linke Kommunistin, 1920 Leiterin der Frauenabteilung des ZK, leitete 1921/22 das Frauensekretariat der Komintern, seit 1923 (als erste Botschafterin) im diplomatischen Dienst.

Koltschak, Alexander Wassiljewitsch (1874-1920), Admiral der zaristischen Flotte, 1918/19 Regent der konterrevolutionären Regierung in Omsk, Sibirien, die von ihm befehligte weiße Armee eroberte den Ural, Sibirien und den Fernen Osten, 1919 von der Roten Armee vernichtend geschlagen, wurde nach seiner Verhaftung vom Revolutionskomitee in Irkutsk im Februar 1920 zum Tode verurteilt und erschossen.

Kornilow, Lawr Georgijewitsch (1870-1918), zaristischer Infanteriegeneral, im Juli 1917 zum Oberbefehlshaber ernannt, organisierte im August/September 1917 den nach ihm benannten Putschversuch, der die Beseitigung der Räte und die Errichtung einer Militärdiktatur zum Ziel hatte, wurde inhaftiert und flüchtete an den Don, kommandierte im Bürgerkrieg die weiße "Freiwilligenarmee".

Krasnow, Pjotr Nikolajewitsch (1869-1947), russischer General, Führer der Konterrevolution in Südrußland, im Mai 1918 Ataman des Donheeres, floh 1919 nach Deutschland, arbeitete 1941-45 mit der deutschen Wehrmacht zusammen, nach seiner Gefangennahme von Gericht der UdSSR zum Tode verurteilt.

Krizman (Kritsman), L. N. (1890-1938), russischer marxistischer Ökonom, 1905 Mitglied der SDAPR, kehrte Anfang 1918 aus der Emigration zurück und trat der KPR(B) bei, stand 1918 den Linken Kommunisten nahe, zahlreiche Funktionen im staatlichen Wirtschaftsapparat, seit 1921 Mitglied, 1925-1931 stellvertretender Vorsitzender der Plankommission (Gosplan), seit 1923 im Präsidium der Kommunistischen Akademie.

Krupskaja, Nadeshda Konstantinowa (1869-1939), russische Revolutionärin, Pädagogin, Ehefrau Lenins, nahm seit 1890 an studentischen marxistischen Zirkeln teil, trat 1898 der SDAPR bei, folgte Lenin in die Emigration, arbeitete als Redaktionssekretärin für bolschewistische Zeitungen, arbeitete nach der Oktoberrevolution im Bildungswesen, unterstützte 1925 die neue Opposition, 1926 die vereinigte linke Opposition.

Kun, Béla (1886-1939), ungarischer Revolutionär, Journalist, geriet 1916 in russische Kriegsgefangenschaft, Mitglied der KPR(B) und Mitbegründer der internationalen Formationen der Roten Armee, Mitbegründer und Sekretär der Kommunistischen Partei Ungarns, in der ungarischen Räterepublik Volkskommissar für Auswärtige Angelegenheiten, dann im Volkskommissariat für Kriegswesen, 1921-36 für die Komintern tätig.

Larin, Ju., eigtl.: Michail Alexandrowitsch Lurje (1882-1932), XY Parteimitglied seit August 1917, 1918/19 Mitglied des Präsidiums des Obersten Volkswirtschaftsrats, 1920/21 Mitarbeiter der Staatlichen Plankommission, ab November 1921 Mitglied ihres Präsidiums

Lassalle, Ferdinand (1825-1864), deutscher Sozialist, nahm an der Revolution 1848/

49 teil, gründete 1863 den Allgemeinen Deutschen Arbeiterverein, war dessen erster Präsident.

Lenin, Wladimir Iljitsch, eigtl.: W. I. Uljanow (1870-1924)

Lermontow, Michail Jurjewitsch (1814-1841), russischer Dichter und Romancier, Hauptvertreter der Weltschmerzpoesie in der russischen Literatur.

Liber, Mark, eigtl.: Michal. I. Goldman (1880-1937), einer der Führer des "Bund".

Liebknecht, Karl (1871-1919), einer der Führer der deutschen Linken, Rechtsanwalt, trat 1900 der SPD bei, Begründer der sozialistischen Jugendbewegung, stimmte im Dezember 1914 als einziger Reichstagsabgeordneter gegen die Kriegskredite, 1916 wegen seines Kampfs gegen den Krieg zu Zuchthaus verurteilt, Mitbegründer der Gruppe "Internationale" (1918 Spartakusbund) und der KPD, mit R. Luxemburg ihr Vorsitzender, am 15.1.1919 von Konterrevolutionären ermordet.

Liebknecht, Wilhelm (1826-1900), nahm an der Revolution 1848/49 teil, arbeitete als Journalist, trat 1862 in den lassalleanischen Allgemeinen Deutschen Arbeiterverein ein, gründete 1866 mit Bebel die Sächsische Volkspartei, 1869 die Sozialdemokratische Arbeiterpartei in Eisenach, hauptsächlicher Betreiber der Vereinigung der beiden Arbeiterparteien (1875 in Gotha).

Lindhagen, Carl (1860-1946), schwedischer Politiker, seit 1909 Sozialdemokrat, Bürgermeister von Stockholm, 1917 der Linken Sozialdemokratischen Partei Schwedens, die sich 1919 der Komintern anschloß, 1921 ausgeschlossen, kehrte zur Sozialdemokratie zurück.

Lloyd George, David (1863-1945), englischer Staatsmann und Diplomat, seit 1890 Mitglied des Unterhauses, Führer der Liberalen, 1916-22 Premierminister, organisierte die Kriegsführung gegen Deutschland, führend beteiligt am Abschluß des Versailler Vertrags, einer der Inspiratoren der Intervention gegen den Sowjetstaat.

Losowski, Alexander, eigtl.: Salomon Abramowitsch Dridso (1878-1952), seit 1901 Mitglied der SDAPR, Bolschewik, schloß sich 1911 in Paris dem Flügel der "Versöhnler" der Bolschewiki an, im Juli 1917 zum Sekretär der Gesamtrussischen Gewerkschaftskonferenz gewählt, trat im selben Monat der bolschewistischen Partei bei, wurde im Januar 1918 ausgeschlossen, führte die Sozialdemokraten-Internationalisten, trat im Dezember 1919 wieder der KPR(B) bei, 1920 Vorsitzender des Moskauer Gewerkschaftsrates, 1921-37 Generalsekretär der Roten Gewerkschaftsinternationale, 1939 in das ZK gewählt, 1939-46 stellvertretender Volkskommissar bzw. Minister des Äußeren der UdSSR, überlebte alle stalinistischen Säuberungen mit Ausnahme der letzten, 1949 verhaftet, 1952 hingerichtet.

Ludendorff, Erich (1865-1937), preußischer General, 1916-18 Erster Generalquartiermeister der Obersten Heeresleitung, 1920 am Kapp-Putsch, 1923 an Hitlers Putschversuch in München beteiligt.

Lunatscharski, Anatoli Wassiljewitsch (1875-1933), seit 1892 Revolutionär, seit 1898 Mitglied der SDAPR, seit 1903 Bolschewist, führte ab 1908 die Gruppe "Wperjod", im Weltkrieg Internationalist, schloß sich im Mai 1917 der Meshrayonka an, 1917, nach der Oktoberrevolution Volkskommissar für Aufklärung, trat im Frühjahr 1929 zurück, schreib zahlreiche Artikel, Dramen, hielt Reden über kulturelle, philosophische, politische Themen.

Lüttwitz, Walther, Freiherr von (1859-1942), deutscher General, 1918/19 Oberbefehlshaber in den Marken, 1919/20 Reichswehrbefehlshaber, führend am Kapp-Putsch beteiligt.

Luxemburg, Rosa (1871-1919), marxistische Theoretikerin, seit 1887 Sozialdemokratin, 1894 Mitbegründerin der Sozialdemokratie des Königreiches Polen, seit 1898 Mitglied der SPD, nahm 1905/06 in Warschau an der Revolution teil, mit K. Liebknecht Führerin der deutschen Linken, im Weltkrieg an der Gründung der Gruppe "Internationale" (1918 Spartakusbund) beteiligt, über 3 Jahre im Zuchthaus, Mitbegründerin der KPD, von Angehörigen der Gardekavallerieschützendivision ermordet.

Lwow, Georgi Jewgenjewitsch, Fürst (1861-1925), russischer Großgrundbesitzer, März bis Juli 1917 Vorsitzender der Provisorischen Regierung.

Machno, Nestor Iwanowitsch (1889-1934), ukrainischer Anarchist, organisierte in der Südukraine eine Bauernarmee, verbündete sich 1919 mit der Roten Armee gegen Denikin, 1920 gegen Wrangel, nachdem das Bündnis nach der Niederlage der Weißen zerbrochen war, wurden seine Einheiten im Frühjahr 1921 geschlagen, er floh nach Rumänien, dann nach Paris.

MacLean, John (1879-1923)

Martow, Leo, eigtl.: Juli Ossipowitsch Zederbaum (1873-1923), Sozialdemokrat seit 1895, Mitbegründer des Petersburger Kampfbundes zur Befreiung der Arbeiterklasse und der "Iskra", seit dem 2. Parteitag führender Menschewik, 1917 Führer der Menschewiki-Internationalisten, konnte im Herbst 1920 die RSFSR verlassen, um am Parteitag der USPD in Halle teilzunehmen (Rede gegen den Beitritt zur Komintern).

Martynow, Alexander Samoilowitsch, eigtl.: A. S. Piker (1865-1935), Narodnik, seit 1899 Mitglied der SDAPR, Führer des "Ökonomismus", nach dem 2. Parteitag Menschewik, nach der Revolution von 1905/06 Sprecher des "Liquidatoren"-Flügels der Menschewiki; während des Weltkriegs und 1917 Mitglied der Menschewiki-Internationalisten, wandte sich nach der Oktoberrevolution von den Menschewiki ab, wurde 1923 in die KPR(B) aufgenommen, arbeitete für das Marx-Engels-Institut, ab 1924 in der Redaktion der Zeitschrift "Die Kommunistische Internationale", rechtfertigte 1926/27 die Politik der Komintern in China.

Marx, Karl (1818-1883)

Masin, Wladimir Ossipowitsch, eigtl.: W. O. Lichtenstadt

Medwedjew, Roy Alexandrowitsch (geb. 1925)

Mérimée, Prosper (1803-1870), französischer Schriftsteller, steht zwischen Romantik und Realismus, wurde Berater der Kaiserin Eugénie, 1853 Senator.

Meunier, Constantin (1831-1905), belgischer Bildhauer und Maler, entdeckte das Elend der Bergleute und heroisierte von 1879 an die arbeitenden Menschen.

Michailowski, Nikolaj Michailowitsch (1842-1904), russischer Publizist, Literaturkritiker und führender Theoretiker der Bewegung der Narodniki (Volkstümler, Populisten).

Miljutin, Wladimir Pawlowitsch (1884-1937), seit 1903 Mitglied der SDAPR, zunächst Menschewik, 1910 Bolschewik, nach der Februarrevolution Vorsitzender des Sowjets in Saratow, im April 1917 in das ZK gewählt, wurde im Oktober/ November 1917 Volkskommissar für Landwirtschaft, trat aus ZK und Regierung aus, 1918-21 stellvertretender Vorsitzender des Obersten Volkswirtschaftsrates, 1920-22 ZK-Kandidat, übte zahlreiche Ämter in der Wirtschaftsverwaltung aus und veröffentlichte eine Reihe von Schriften zu Problemen der Sowjetwirtschaft, verhaftet, im Gefängnis verstorben.

Mjasnikow, Gawril I (1889-1946),

Mussorgski, Modest (1839-1891), russischer Komponist, für dessen unkonventionellen Stil eine musikalisch-realistische Ausdeutung von Sprache sowie Elemente russischer Volksmusik charakteristisch sind.

Napoleon I. (Napoléon Bonaparte), ursprüngl.: Napoleone Buonaparte) (1769-1821), 1785 Artillerieleutnant, 1794 Brigadegeneral, errang mit dem Italienfeldzug 1796/97 nicht nur militärischen Ruhm, unternahm am 18. Brumaire (9.11.1799) einen Staatsstreich gegen das Direktorium, 1799-1804 erster Konsul, 1804-1814 und 1815 erblicher französischer Kaiser, gilt als hervorragender Feldherr.

Nekrassow, Nikolaj Alexejewitsch (1821-1878), russischer Dichter und Literaturkritiker, der in seinen Gedichten die Leiden des Volkes, aber auch seine ungebrochene Kraft und Freiheitssehnsucht gestaltete.

Nogin, Viktor Pawlowitsch (1878-1924), Mitglied der SDAPR seit 1898, nach der Februarrevolution einer der Organisatoren des Moskauer Sowjets, seit September 1917 Vorsitzender, in der ersten Sowjetregierung Volkskommissar für Handel und Industrie, trat im November 1917 aus dem ZK und der Regierung aus, 1921 in der Genossenschaftsbewegung, 1922-24 in der Leitung der Textilindustrie tätig.

Noske, Gustav (1868-1946), SPD-Reichstagsabgeordneter, 1918 Gouverneuer von Kiel, 1918/19 Mitglied des Rats der Volkskommissare, 1919/20 Reichswehrminister, hauptverantwortlich für die Niederschlagung der revolutionären Arbeiterbewegung in der Novemberrevolution, 1920-33 Präsident der Provinz Hannover.

Ossinski, N., eigtl.: Walerian Walerianowitsch Obolenski (1887-1941), seit 1907 Mitglied der SDAPR, nach der Februarrevolution in der Parteileitung des Bezirks Moskau, nach der Oktoberrevolution Direktor der Staatsbank der RSFSR, erster Vorsitzender des Obersten Volkswirtschaftsrats (bis März 1918), einer der Mitverfasser der Plattform der Linken Kommunisten, 1920/21 einer der Führer der Demokratischen Zentralisten, unterstützte 1923 die Opposition um Trotzki, 1927, 1930, 1934 als ZK-Kandidat gewählt, während der "Säuberungen" verhaftet, sagte 1938 als Zeuge gegen Bucharin aus, danach verschwunden.

Ostrowski, Alexander Nikolajewitsch (1823-1886), russischer Dramatiker, dessen gesellschaftskritische Stücke vor allem die Welt der Kaufleute, Kleinbürger, Beamten und des Theaters schildern.

Owen, Robert (1771-1858), englischer utopischer Sozialist.

Paquet, Alfons (1881-1944), deutscher Journalist und Schriftsteller, arbeitete 1916-43 für die "Frankfurter Zeitung", Juli bis November 1918 als Presseattaché Mitglied der Kaiserlichen Diplomatischen Mission des Grafen Mirbach in

Moskau und berichtete als erster deutscher Korrespondent über die Revolution, sagte im September 1918 von sich selbst, er habe sich unter dem Eindruck dieses historischen Ereignisses zum Sozialdemokraten gewandelt, schloß sich nach seiner Rückkehr nach Frankfurt den Quäkern an, trat im März 1933 aus der Sektion Dichtkunst der Preußischen Akademie aus, in die er im Januar 1932 gewählt worden war.

Pestel, Pawel Iwanowitsch (1793-1826), russischer Revolutionär, Oberst, verfaßte als einer der Führer der Dekabristen ein Programm, mit dem die Abschaffung von Autokratie und Leibeigenschaft und die Errichtung eines zentralistischen republikanischen Staates angestrebt wurde.

Petljura, Simon Wassiljewitsch (1877-1926),

Pinochet Ugarte, Augusto (1915-), chilenischer General, seit 1969 Stabschef beim Oberbefehlshaber des Heeres, im August 1973 zum Oberbefehlshaber berufen, leitete im September 1973 den Militärputsch gegen die Arbeiter- und Volksbewegung und die sich entwickelnden Volksmachtorgane, 1973/74 Chef der Militärjunta, ab 1974 Präsident Chiles, auch nach der Wiederherstellung formaler demokratischer Verhältnisse Oberbefehlshaber der Streitkräfte.

Platten, Fritz (1883-1942), seit 1911 Mitglied der Sozialdemokratischen Partei der Schweiz, seit 1912 Sekretär ihres Vorstands, gehörte zur Zimmerwalder Linken, nahm am Gründungskongreß der Komintern teil, Mitbegründer der Kommunistischen Partei der Schweiz, lebte seit 1923 in der UdSSR, wo er eine landwirtschaftliche Kommune gründete, wissenschaftlicher Mitarbeiter am Internationalen Agrarinstitut in Moskau, 1938 verhaftet, 1942 in einem nordrussischen Arbeitslager gestorben, 1956 rehabilitiert.

Plechanow, Georgi Walentinowitsch (1856-1918)

Pobedonoszew, Konstantin Petrowitsch (1827-1907),

Pokrowski, Michail Nikolajewitsch (1868-1932), marxistischer Historiker, seit 1905 Mitglied der SDAPR und der Bolschewiki, gehörte zur Gruppe "Wperjod", während des Weltkriegs Internationalist, November 1917 bis März 1918 Vorsitzender des Moskauer Sowjets, gehörte zu den Linken Kommunisten, nach 1918 stellvertretender Volkskommissar für Bildungswesen, leitete die Gesellschaft Marxistischer Historiker.

Polkownikow, Georgi Petrowitsch (1883-1918), Oberst in der zaristischen Armee, unterstützte während des Kornilow-Putsches die Proviorische Regierung, im September /Oktober 1917 Oberbefehlshaber der Streitkräfte im Militärbezirk Petrograd, an der Organisierung der Revolte der Junker im November 1918 beiteiligt, floh nach nach dem Fehlschagen in das Dongebiet, im März 1918 von Sowjetrepräsentanten verhaftet, von einem revolutionären Tribunal verurteilt und hingerichtet.

Prokopowitsch, Sergej Nikolajewitsch (1871-1955), Wirtschaftswissenschaftler und Publizist, ab 1906 Mitglied des ZK der Kadetten, 1917 Minister für Handel und Industrie, dann Minister für Versorgung in der Provisorischen Regierung, dann in der Genossenschaftsbewegung tätig, 1922 ausgewiesen.

Puschkin, Alexander Sergejewitsch (1799-1837).

Radek, Karl, eigtl.: K. Sobelsohn (1885-1939), polnischer Revolutionär, seit 1902 in der polnischen sozialistischen Bewegung aktiv, lebte 1908-14 in Deutschland, wo er als Journalist arbeitete und zur radikalen Linken zählte, während des Weltkriegs in der Schweiz, wo er in der Zimmerwalder Linken mit Lenin zusammenarbeitete, fuhr im April 1917 mit Lenin nach Petrograd und trat der bolschewistischen Partei bei, arbeitete im Volkskommissariat für Auswärtige Angelegenheiten, 1918 Linker Kommunist, kam in geheimer Mission nach Deutschland, nahm am Gründungsparteitag der KPD teil, ab 1919 Mitglied des ZK, März 1920 Sekretär des Exekutivkomitees der Komintern, bis 1923 Berater der Zentrale der KPD, gehörte 1923/24 und 1926-29 zur linken Opposition, 1927 ausgeschlossen und verbannt, arbeitetete nach seiner Kapitulation für die "Prawda", 1936 verhaftet und 1937 im zweiten Moskauer Prozeß zu 10 Jahren Haft verurteilt.

Radin, eigtl.: B. M. Knunjanz (1878-1911)

Rakowski, Christian Georgejewitsch (Krastiu Racovski) (1873-1941), in der bulgarischen und rumänischen Sozialdemokratie aktiv, Mitbegründer der Sozialistischen Balkanföderation, während des Weltkriegs Internationalist, seit 1917 Mitglied der Bolschewiki, 1918-23 Vorsitzender des Rats der Volkskommissare der Ukraine, Botschafter der UdSSR in Frankreich und England

Renner, Karl (1870-1950), österreichischer Sozialdemokrat, 1918-20 Staatskanzler der Republik Österreich.

Riasanovsky, Nicholas V.

Rimski-Korsakow, Nikolaj Andrejewitsch (1844-1908), russischer Komponist, Dirigent und Musikpädagoge.

Rjasanow, David Borisowitsch, eigtl.: D. B. Goldendach (1870-1938), zunächst Narodnik, ab ca. 1889 Marxist, gründete 1900 im Exil eine eigene marxistische Gruppe, die an der "Iskra" Kritik übte, Historiker der Arbeiterbewegung, 1911-16 an der Herausgabe von Schriften von Marx und Engels beteiligt, während des Weltkriegs Internationalist, arbeitete an "Nasche Slowo" mit, wurde 1917 Vorsitzender des Petrograder Büros der Gewerkschaften, schloß sich den Meshrayonzy an, im Oktober gegen den Aufstand, im November für eine Koalitionsregierung, im Januar 1918 gegen die Auflösung der Konstituierenden Versammlung, trat aus Protest gegen die Politik der Parteimehrheit im Zusammenhang mit dem Friedensvertrag von Brest-Litowsk kurzzeitig aus der Partei aus, 1918 Mitgründer der Sozialistischen Akademie, 1922-31 Direktor des Marx-Engels-Instituts, Herausgeber der ersten Marx-Engels-Gesamt-Ausgabe (MEGA) und der Schriften von Plechanow, 1931 ausgeschlossen, verhaftet und verbannt, starb in Gefangenschaft.

Robespierre, Maximilien (1758-1794).

Rolland, Romain (1866-1944), französischer Schriftsteller, bekämpfte während des Ersten Weltkriegs in zahlreichen Schriften den Krieg und den Imperialismus der europäischen Staaten.

Rousseau, Jean-Jacques (1712-1778), Moralphilosph, Schriftsteller, Erziehungstheoretiker, Komponist Schweizer Herkunft, forderte in seiner politischen Philosophie gleiche Rechte für alle Bürger.

Rykow, Alexej Iwanowitsch (1881-1938), Mitglied der SDAPR seit 1899, seit dem

3. Parteitag ZK-Mitglied, Oktober/November 1917 Volkskommissar für Inneres, Anhänger einer Koalitionsregierung, trat aus dem ZK und der Regierung aus, 1918-21 Vorsitzender des Obersten Volkswirtschaftsrats, Mitglied des Politbüros, nach Lenins Tod Vorsitzender des Rats der Volkskommissare.

Rylejew, Kondrati Fjodorowitsch (1795-1926), russischer Dichter, als einer der Führer des Dekabristenaufstands hingerichtet, seine Dichtungen behandelten meistens aufrüttelnde revolutionäre Themen, gilt als bedeutendster Dichter der progressiven Adelsbewegung.

Saltykow-Schtschedrin, Michail Jewgrafowitsch (1826-1889), russischer satirischer revolutionär-demokratischer Erzähler und Publizist.

Salvemini, Gaetano (1873-1957), italienischer antifaschistischer Publizist.

Samoilowa, Konkordija Nikolajewna, eigtl.: K. N. Gromowa (1876-1921), nahm an der Studentenbewegung von 1900/01 teil, wurde Sozialdemokratin, wollte 1914 eine bolschewistische Zeitung für die Arbeiterinnen herausgeben, was durch Verhaftungen verhindert wurde, kehrte nach der Februarrevolution nach Petrograd zurück, gehörte zur Redaktion von "Rabotniza", stellte sich aus der Sorge, die Partei würde solche Initiativen als (bürgerlichen) Feminismus verurteilen, gegen Kollontais Vorschlag, eigene Abteilungen für politische Frauenarbeit zubilden, nach der Bildung der Shenotdel (Frauenabteilungen) im Herbst 1919 wurde sie Herausgeberin deren Zeitschrift, "Kommunistka", starb auf einer Agitationsreise an der Cholera.

Schljapnikow, Alexander Gawrilowitsch (1885-1937), seit 1901 Mitglied der SDAPR, arbeitete 1904-07 in Fabriken in Frankreich, England, Deutschland, während des Weltkriegs Verbindungsmann zwischen dem russischen Büro und dem Auslandsbüro des ZK der Bolschewiki, nach der Februarrevolution Mitglied des Petrograder Komitees der Bolschewiki, des Exekutivkomitees des Petrograder Sowjets und Vorsitzender der Petrograder Metallarbeitergewerkschaft, Oktober 1917 bis März 1918 Volkskommissar für Arbeit, 1919-22 Vorsitzender des ZK des Verbandes der Metallarbeiter, 1920-1922 Mitorganisator der Arbeiteropposition, seit Mai 1921 Mitglied des Präsidiums des Obersten Volkswirtschaftsrates, 1933 ausgeschlossen, starb in Gefangenschaft.

Schramm, Karl August (1830-1905), deutscher Versicherungsbeamter und Ökonom, seit Beginn der siebziger Jahre Sozialdemokrat, seit der zweiten Hälfte des Jahrzehnts führender Theoretiker des "Staatssozialismus", wandte sich 1886 von der Arbeiterbewegung ab.

Scott, Walter, Sir (1771-1832), schottischer Dichter, Begründer des historischen Romans, einer der Hauptvertreter der schottischen Romantik.

Semjonow, Grigori Michailowitsch (1890-1946), Kosakenrittmeister, organisierte im November/Dezember in dem Gebiet östlich des Baikalsees (im Fernen Osten) einen antisowjetischen Aufstand, der schnell niedergeschlagen wurde, stellte in der Mandschurei neue Truppen auf und errichtete im August 1918 Transbaikalien ein blutiges Regime.

Sensinow, Wladimir Michailowitsch

Serge, Victor, eigtl.: Viktor Lwowitsch Kibaltschitsch (1890-1947), Sohn eines russischen Revolutionärs, wuchs in Brüssel auf, Mitglied der sozialdemokratischen Partei, entwickelte sich zum Anarchismus, fuhr 1919 nach Rußland, Mitarbeiter von Sinowjew, arbeitete ab 1922 für die Komintern in Westeuropa, hielt sich von 1926 wieder in der UdSSR auf, aktiv in der Linken Opposition, 1933 verhaftet, erhielt erst nach Intervention von Romain Rolland und André Gide eine Ausreisegenehmigung, floh 1940 nach Mexiko.

Sinowjew, Georgi Jewsejewitsch, eigtl.: G. Je. Radomylski (1883-1936), seit 1901 Mitglied der SDAPR, 1917 Vorsitzender des Petrograder Sowjets, Mitglied des Politbüros der KPR(B) und Vorsitzender des Exekutivkomitees der Komintern.

Skobelew, Matwej Iwanowitsch (1885-1938)

Skrjabin, Alexander Nikolajewitsch (1872-1915)

Skrypnik, Nikolai Alexejewitsch (1872-1933)

Spartacus (-71 v.u.Z.), römischer Gladiator, Führer des größten Sklavenaufstandes des alten Rom (73-71 v.u.Z.).

Spiridonowa, Marija Alexandrowna (1884-1941), seit 1905 Mitglied der Partei der Sozial-Revolutionäre, führte 1906 ein Attentat auf einen Beamten durch, das folgende Todesurteil wurde in lebenslängliche Haft umgewandelt, wurde nach der Februarrevolution in Tschita zur Bürgermeisterin gewählt, hielt sich ab Juni 1917 in Petrograd auf, wo die Linke das Parteikomitee dominierte, spielte eine führende Rolle auf dem ersten Kongreß der Linken Sozialrevolutionären Partei im November 1917 und wurde in das ZK gewählt, trat im März 1918 für die Annahme der deutschen Friedensbedingungen und die Fortführung der Koalition mit den Bolschewiki ein, stimmte im Juni der Entscheidung zu, einen Aufstand gegen die bolschewistische Regierungspolitik zu unternehmen, wurde verhaftet, im November 1918 nach Gerichtsverfahren fast sofort freigelassen, im Februar 1919 erneut verhaftet und zu einem Jahr Verbannung verurteilt, lebte illegal in Moskau, ab 1920 im Gefängnis oder unter Hausarrest, wahrscheinlich beim Anrücken deutscher Truppen hingerichtet.

Stalin, Jossif Wissarionowitsch, eigtl.: J. W. Dshugaschwili (1879-1953)

Stamboliski, Alexandar (1879-1923), bulgarischer Politiker, seit 1908 Vorsitzender der Agrarpartei und Abgeordneter, seit 1919 Ministerpräsident, führte eine diktatorisches Regime mit radikalen Reformen zugunsten der Bauern, im Juni 1923 durch einen Militärputsch gestürzt.

Ström, Frederik (1880-1948), führender schwedischer linker Sozialdemokrat, nahm an der Zimmerwalder Bewegung teil, 1921-24 Sekretär der schwedischen kommunistishen Partei, trat 1924 aus, kehrte 1926 zur Sozialdemokratie zurück.

Suchanow, Nikolaj Nikolajewitsch, eigtl.: N. N. Himmer (1882-1940), russischer sozialdemokratischer Volkswirtschaftler und Publizist, zunächst Sozial-Revolutionär, dann Menschewik, nach dem Sieg der Oktoberrevolution Mitarbeiter sowjetischer Wirtschaftsinstitutionen.

Theodorowitsch, Iwan Adolfowitsch (1875-1937), seit 1895 Sozialdemokrat, Anhänger der "Iskra" und der Bolschewiki1907 in das ZK der SDAPR gewählt, nach der Oktoberrevolution Volkskommissar für Ernährungswesen, trat im November zurück, im dem Bürgerkrieg Mitarbeiter im Volkskommissariat für Landwirtschaft, 1928-30 Generalsekretär der Bauerinternationale und Direktor des Agrarinstituts.

Tkatschew, Pjotr Nikititsch (1844-85), russischer politischer Schriftsteller und Revolutionär, floh 1873 nach Westeuropa, arbeitete mit P. L. Lawrow zusammen, bis sie sich zerstritten, legte in seinen Schriften dar, die Revolution müsse von einer disziplinierten, gut organisierten Elite aufopferungsvoller Berufsrevolutionäre geführt werden, die Intelligenzija müsse im Namen des Volkes die Führung der revolutionären Bewegung übernehmen.

Tolstoi, Lew Nikolajewitsch (1828-1910), russischer Schriftsteller, übte schonungslose Gesellschaftskritik, neigte den Ideen des Uchristentums zu, trat für Gewaltlosigkeit ein, näherte sich immer stärker anarchistischen Ideen.

Troelstra, Pieter Jelles (1860-1930), niederländischer Schriftsteller und Politiker, gründete 1894 die Sozialdemokratische Arbeiterpartei, war bis 1925 deren Führer.

Trotzki, Lew Dawidowitsch, eigtl.: Leib Bronstein (1879-1940)

Tschcheïdse, Nikolai Semjonowitsch (1864-1926), einer der führenden Menschewiki, Abgeordneter in der Duma, im Weltkrieg Internationalist, nach der Februarrevolution Vorsitzender des Petrograder Sowjets und des Zentralexekutivkomitees, nach der Oktoberrevolution Vorsitzender der menschewistischen Regierung Georgiens, emigrierte nach deren Sturz 1921 nach Frankreich.

Tschechow, Anton Pawlowitsch (1860-1904), russischer Schriftsteller und Dramatiker

Tschernow, Viktor Michailowitsch (1873-1952), einer der Führer der Partei der Sozial-Revolutionäre, Redakteur ihres Zentralorgans, 1917 Landwirtschaftsminister der Provisorischen Regierung, emigrierte 1920.

Tschubar, Wlas Jakowlewitsch (1891-1939)

Turgenjew, Iwan Sergejewitsch (1818-1883), russischer realistischer Schriftsteller, stark von westlichem Gedankengut beeinflußt, in seinen Romanen sind fast durchweg die sozialen und politischen Probleme der Zeit enthalten.

Ungern-Sternberg, Roman Feodorowitsch von (1886-1921)

Urizki, Moissej Solomonowitsch (1873-1918)

Verhaeren, Émile (1855-1916), belgischer Dichter, schrieb auf französisch, begann mit symbolistischen Gedichten über seine flämische Heimat, wurde nach seiner Hinwendung zum Sozialismus zum "Sänger des Maschinenzeitalters", feierte in seiner Poesie Industriestädte, Energie, die Menge, die Solidarität, setzte sich für Frieden und Völkerfreundschaft ein.

Voltaire, eigtl. François Marie Arouël (1694-1778), französischer Schriftsteller, Philosoph, Historiker des Zeitalters der Aufklärung, der wichtigste Ideologe des Bürgertums, nicht so radikal wie Voltaire.

Wallace, Donald Mackenzie (1841-1919)

Wardin (Mgeladse), I., eigtl.: Illarion Wissarionowitsch Mgeladse (1890-1943), Mitglied der SDAPR seit 1907, nach der Oktoberrevolution im Gouvernementskomitee der Partei von Saratow, 1918 in Petrograd, 1918 Linker Kommunist, 1919 im Moskauer Parteikomitee, 1920 im Kiewer Gebietskomitee, Juni 1920 bis Januar 1921 Leiter der Politabteilung der 1. Reiterarmee, 1921 bevollmächtigter Referent der Tscheka und Mitarbeiter der "Prawda", ab Ende 1921 Leiter der Unterabteilung Presse des ZK.

Weygand, Maxime (1867-1965), französischer General, 1914-20 Stabschef von Foch, im polnisch-sowjetishen Krieg (1920/21) Berater des polnischen Generalstabs.

Wilhelm II. (1859-1941), 1888-1918 deutscher Kaiser und König von Preußen.

Williams, Albert Rhys (1883-1962), Journalist aus den USA, Berichterstatter und Teilnehmer an der Oktoberrevolution, trat 1918 in die Rote Armee ein und organisierte eine internationale Legion, blieb ein "Freund der Sowjetunion".

Wilson, (Thomas) Woodrow (1856-1924), Historiker, Staatswissenschaftler und Politiker der USA, Mitglied der Demokratischen Partei, 1910 Gouverneur von New Jersey, 1913-1921 Präsident, trat als "progressiver Reformer" auf, bediente sich in der Außenpolitik der "Dollardiplomatie" und bewaffneter Interventionen in Mexiko und der Karibik, proklamierte im August 1914 die Neutralität der USA im Weltkrieg, nach dem Scheitern seines Versuch einen "Frieden ohne Sieg" zwischen den Kriegführenden zu vermitteln Kriegseintritt der USA im April 1917, formulierte die Nachkriegsziele der USA im 14-Punkte-Programm von Januar 1918.

Wolodarski, W., eigtl.: Moissej Markowitsch Goldstein (1891-1918), 1905 Bund, dann Menschewik, 1917 Bolschewik, nach der Oktoberrevolution Kommissar für Angelegenheiten der Presse, Propaganda und Agitation und Redakteur einer Petrograder Zeitung, im Juni 1918 ermordet.

Wrangel, Pjotr Nikolajewitsch (1878-1928), zaristischer General, baltischer Baron, Kommandeur der weißen Freiwilligenarmee unter Denikin, nach dessen Niederlage im April 1920 Oberkommandierender aller weißen Streitkräfte im Süden, mit dem Sieg über die Armee des "Schwarzen Baron" auf der Krim im Oktober / November 1920 ging der Bürgerkrieg im europäischen Teil Sowjetrußlands im wesentlichen zu Ende, flüchtete ins Ausland.

Zereteli, Irakli Georgijewitsch (1881-1959), während des Weltkriegs Zentrist, im Mai 1917 Minister für Post- und Telegrafenwesen, gehörte der menschewistischen Regierung in Georgien an, emigrierte nach Frankreich.

Zola, Émile (1840-1902), französischer Romancier, Kritiker, Journalist.

ABKÜRZUNGSVERZEICHNIS

KPdSU	--	Kommunistische Partei der Sowjetunion
KPR(B)	--	Kommunistische Partei Rußlands (Bolschewiki)
NEP	--	Nowaja Ekonomistitscheskaja Politika, Neue Ökonomische Politik
RKP	--	Russische Kommunistische Partei
RSFSR	--	Russische Sozialistische Föderative Sowjetrepublik
SDAPR	--	Sozialdemokratische Arbeiterpartei Rußlands
Tscheka	--	Wserossiskaja Tschreswitschainaja Kommissija po Borbe s Kontrrewoljuizija i Sabotashem, Gesamtrussische Außerordentliche Kommission zur Bekämpfung von Konterrevolution und Sabotage
SR	--	Sozial-Revolutionäre
SS	--	Schutzstaffel
UdSSR	--	Union der Sozialistischen Sowjetrepubliken
USPD	--	Unabhängige Sozialdemokratische Partei
ZK	--	Zentralkomitee

GLOSSAR

Agnostizismus, Sammelbezeichnung für alle philosophischen u. theologischen Lehren, die eine rationale Erkenntnis des Göttlichen oder Übersinnlichen leugnen.
Ancien Régime, das vorrevolutionäre Regime
Baku, Hauptstadt Aserbaidschans
Charkow, von 1919-34 Hauptstadt der ukrainischen Sowjetrepublik
Desjatine, altes russisches Flächenmaß, 1,09 ha
egalitär, von égalité, frz. Gleichheit
etatistisch, von État, frz. Staat; politische Konzeption, die dem Staat die Hauptrolle bei der Gestaltung der gesellschaftlichen Verhältnisse zuweist
Konstituante, verfassungsgebende Versammlung
Parameter, Bestimmungsgröße
paternalistisch, bevormundend
Pauperisierung, Verarmung
Scholastik, engstirnige, dogmatische Betrachtungsweise
"Schwarzhunderter", reaktionäre, terroristische Banden in Rußland nach 1905, die gewaltsam gegen Juden und Oppositionelle vorgingen
Subsistenz, materielle Lebensgrundlage
teleologisch, abgeleitet von Teleologie, die Lehre von der Zielgerichtetheit jeder Entwicklung
Tscheka, "Außerordentliche Kommission zum Kampf gegen Konterrevolution und Sabotage", Name der sowjetischen Geheimpolizei von 1917 bis 1922; danach in GPU umbenannt
virtuell, der Möglichkeit nach vorhanden

ÜBER DEN AUTOR

Ernest Mandel wurde 1923 in Frankfurt am Main geboren. Er ist in Antwerpen aufgewachsen. Seit 1940 ist er aktives Mitglied der IV. Internationale. Sein Studium der Wirtschafts- und Sozialgeschichte, das er im Herbst 1941 an der Universität Brüssel begann, mußte er wegen der Schließung der Universität durch die deutschen Besatzungsbehörden und seiner Verfolgung unterbrechen. Während der Résistance wurde er dreimal verhaftet, zweimal konnte er entkommen. Dann wurde er vor ein deutsches Militärgericht gestellt und 1944 ins Reich deportiert. Bis April 1945 wurde er in Zuchthäusern und Lagern gefangengehalten. Schon im Krieg nahm er an der illegalen Arbeit des Provisorischen Europäischen Sekretariats der IV. Internationale teil; seit 1946 ist er gewähltes Mitglied der internationalen Leitung dieser Organisation. 1954 bis 1963 arbeitete er als Sachverständiger in der wirtschaftlichen Studienkommission des belgischen Gewerkschaftsbundes (FGTB). Sein 1962 in zwei Bänden erschienener "Traité d'économie marxiste" (dt.: Marxistische Wirtschaftstheorie) stieß nicht nur in politischen Kreisen, sondern auch in der wissenschaftlichen Welt und einer größeren Öffentlichkeit auf beträchtliches Interesse. Nach dem Abschluß dieses Werks, in dem er die Gültigkeit der Marxschen Kritik der politischen Ökonomie (für den zeitgenössischen Kapitalismus und die Sowjetwirtschaft) u.a. mit umfangreichen empirischen Daten nachwies, nahm er an der École Pratique des Hautes Études der Pariser Sorbonne das Studium wieder auf; 1967 schloß er es mit einem Diplom ab. Seit 1971 ist er Dozent, seit 1982 Ordinarius für Wirtschaftswissenschaften an der (flämischen) Freien Universität in Brüssel. 1972 promovierte er an der Freien Universität Berlin; für die mündliche Prüfung mußte eine Kommission der FU ihn in Brüssel aufsuchen, da der Innenminister der BRD ihm kurz zuvor ein Einreiseverbot erteilte, das erst 1978 wieder aufgehoben wurde. Der West-Berliner Senat untersagte ihm im selben Jahr mit politischer Begründung eine Professur an derselben Universität.

Während er im Westen als "überzeugter und erklärter Gegner der freiheitlich-demokratischen Grundordnung" (d.h. der bürgerlichen Gesellschaftsordnung, der Herrschaft des Großkapitals) angegriffen wird, galt er in den Staaten des angeblich "real existierenden Sozialismus" als "exponierter Politökonom des Linksradikalismus der Gegenwart". Er hat an zahlreichen Kämpfen teilgenommen und weltweit zahllose politische Reden, Schulungsvorträge und Universitätsvorlesungen usw. gehalten, in denen er unermüdlich für Selbsttätigkeit, Vergesellschaftung der Produktionsmittel, Selbstverwaltung, Rätedemokratie, einen Übergang zum Sozialismus mit Mehrparteiensystem, Abbau der Geld- und Warenwirtschaft und das Projekt des "schwierigen Sozialismus", einer klassenlosen Gesellschaft eintritt.

Wichtigste Buchveröffentlichungen in deutscher Sprache

Einführung in die marxistische Wirtschaftstheorie (1967), *Marxistische Wirtschaftstheorie* (1968), *Die EWG und die Konkurrenz "Europa - Amerika"* (1968), *Entstehung und Entwicklung der ökonomischen Lehre von Karl Marx* (1968), *Über die Bürokratie* (1971), *Der Spätkapitalismus* (1972), *Kritik des Eurokommunismus* (1978), *Einführung in den Marxismus* (1979), *Offener Marxismus,* mit Johannes Agnoli (1980), *Leo Trotzki* (1981), *Revolutionärer Marxismus heute* (1982), *Die Langen Wellen des Kapitalismus* (1983), *Karl Marx - Die Aktualität seines Werks* (1984), *Die Krise - Weltwirtschaft 1974-1986* (1987), *Cash, Crash & Crisis,* mit W. Wolf (1989), *Das Gorbatschow-Experiment* (1989), *Kontroversen um "Das Kapital"* (1991), *Trotzki als Alternative* (1992)

Lieferbare deutschsprachige Schriften von Ernest Mandel

Die Bürokratie, 4. Aufl. (10.-12. Tsd.), Frankfurt (ISP) 1976, (ISP· Theorie 4). - 59 S., DM 4,50.

Einführung in den Marxismus, 4. Aufl. (10.-12. Tsd.), Frankfurt (ISP) 1988, (isp-pocket 4). - 223 S., DM 15,80.

Friedliche Koexistenz und Weltrevolution, 3. Aufl., Frankfurt (ISP) 1975, (ISP· Theorie 1). - 37 S., DM 3,50

Karl Marx -- Die Aktualität seines Werks, Frankfurt (ISP) 1984. - 191 S., DM 18,00.

Kontroversen um "Das Kapital", Berlin (Dietz) 1991, (Soziales Denken des 19. und 20. Jahrhunderts). - 310 S., DM 32,00.

Die Krise. Weltwirtschaft 1974-1986, Hamburg (Konkret Literatur) 1987. - 385 S., DM 34,00.

Die Langen Wellen im Kapitalismus. Eine marxistische Erklärung, 2. Aufl., Frankfurt (ISP) 1987. - 130 S., DM 17,00

Marxistische Wirtschaftstheorie, Bd. 1, 6. Aufl., Frankfurt (Suhrkamp) 1985, (edition suhrkamp 595). - 494 S., DM 16,00.

E. Mandel / J. Agnoli: *Offener Marxismus.* Ein Gespräch über Dogmen, Orthodoxie und die Häresie der Realität, Frankfurt · New York (Campus) 1980. - 152 S., DM 7,00.*

Revolutionäre Strategien im 20. Jahrhundert. Politische Essays, Wien (Europa) 1978. - 352 S., DM 12,00.*

Revolutionärer Marxismus heute, Frankfurt (ISP) 1982. -274 S., DM 22,00.

Die Rolle der Intelligenz im Klassenkampf, Frankfurt (ISP) 1975, (Rote Hefte 11). - 63 S., DM 3,80.

Ein schöner Mord. Sozialgeschichte des Kriminalromans, 2., durchges. Aufl., Frankfurt (Athenäum) 1988, (Die kleine weiße Reihe 103). - 172 S., DM 16,80.

Der Spätkapitalismus. Versuch einer marxistischen Erklärung, 3. Aufl. (25.-32. Tsd.), Frankfurt (Suhrkamp) 1972, (edition suhrkamp 521). - 542 S., DM 12,00.

Die Stellung des Marxismus in der Geschichte, Frankfurt (ISP) 1989, (Studienheft Nr. 1). - 30 S. (Format DIN A 4, DM 7,00.

Trotzki als Alternative, Berlin (Dietz) 1992. - 252 S., DM 38,00.

Der Zweite Weltkrieg, Frankfurt (ISP) 1991. - 245 S., DM 34,00.

Nicht aufgeführt sind einige noch lieferbare Bücher und Broschüren mit Beiträgen von Ernest Mandel.

* Restexemplare im Vertrieb des Neuen ISP Verlag, Köln.